U0678159

本书由
西北民族大学"双一流"和特色发展引导专项经费
资助出版

MASK
DANCE

王艳 著

面具之舞

白马人的
神话历史与文化表述

Myth-history and Culture Expression of
Bod-dmag Tibetan People

社会科学文献出版社
SOCIAL SCIENCES ACADEMIC PRESS (CHINA)

目 录
CONTENTS

绪 论

一 研究缘起

20 世纪以来，在西学东渐的大背景下，人类学进入中国，对现代人文学术的建构起着至关重要的作用，它承载和反映了整个人文学术的嬗变轨迹和发展方向。加拿大学者菲尔兰多·波亚托斯（Fernando Poyatos）把文学人类学称为"跨学科研究"，一种"经由"（through）文学而建立起来的"人类学与民族学科学"，是以对不同文化之叙事文学的人类学式使用为基础的。①不管是口传的还是文字的都可以当作"文学作品"来看待，比如小说、戏剧、编年史、游记等都可以作为分析和研究人类思想和行为的丰富资源。"文学人类学"是比较文学新兴的分支，即在全球化背景下，采用跨文化、跨学科的视角，"用文化人类学的理论与方法来研究文学，而又以中外古今的文学材料来充实和推进传统的人类学研究"②。人类学的参与同样也为中国文学的研究提供了新的研究方法和研究思路，其特点可以概括为：

> 人类学与以往的社会科学的贵族化倾向针锋相对，更加关注所谓"精英文化"的对立面即"俗民文化""大众文化"和形形色色的"亚文化"群体……这种平民化的知识取向对于解构文史哲各学科的精英主义偏向，在帝王将相和杰出人物之外去挖掘历

---

① 〔加〕菲尔兰多·波亚托斯：《文学人类学源起》，徐新建、史芸芸译，《民族文学研究》2015 年第 1 期，第 58 页。
② 萧兵：《"人学"的复归：文学人类学实验报告》，《淮阴师专学报》1997 年第 1 期，第 68 页。

史和文化真相，具有充分的示范意义。①

中国文学人类学的学术渊源最早可追溯到 20 世纪初的民国年间，1932 年，郑振铎尝试着用弗雷泽（James George Frazer）《金枝》的人类学方法解释古书，《汤祷篇》《玄鸟篇》《释祎篇》等可视为中国文学人类学的开端；而后，鲁迅提出"神话是文学"，并从理论上阐释中国文学史是以神话为开端的，如《中国小说史略》和《中国小说的历史的变迁》；茅盾引进比较神话学梳理古代神话，如《中国神话研究》试图把中国神话置于世界神话之林；闻一多从民俗学的角度出发研究《诗经》《楚辞》中的神话；王国维开创了文献与考古互释的"二重证据法"等。在中西学术交融的浪潮下，西方人类学知识的传播与应用为传统的国学研究提供新的研究思路和方法，也为后来文学人类学的兴起奠定了基础。

2017 年 4 月，第七届中国文学人类学年会在上海交通大学召开，会议主题为"重述中国：文学人类学的新话语"。至此，文学人类学在一代代学人的艰苦探索和不断努力下已经走过了三十年的历程。时任文学人类学研究会会长的叶舒宪研究员代表学会做了《文学人类学三十年》的工作报告。他回顾了文学人类学作为一门新兴的交叉学科在改革开放语境中发生、发展的历程，强调重建"中国话语"的目标任重而道远，不是在一朝一夕就能实现的。文学人类学在众多的新兴学科中已经坚持跨学科研究三十余年，近十年来终于走向中国本土文化理论体系建设的方向，以文化符号编码论和四重证据法为其特有的内容。② 报告中，叶舒宪把文学人类学的三十年分为三个阶段：前十年，跨学科的译介和酝酿阶段（1986～1996）；中十年，全国性学术团体阶段（1996～2006）；后十年，建构理论与方法阶段（2006～2016）。

前十年（1986～1996），文学人类学研究肇端于神话－原型批评，

---

① 叶舒宪：《文学与人类学——知识全球化时代的文学研究》，社会科学文献出版社，2003，第 9～10 页。
② 叶舒宪、徐新建：《重述中国：文学人类学的新话语》,《百色学院学报》2017 年第 3 期，第 2 页。

如：萧兵的《中国文化的精英——太阳英雄神话比较研究》（1989），叶舒宪的《神话－原型批评》（1987）、《中国神话哲学》（1992），方克强的《文学人类学批评》（1992）都是用文化人类学的方法研究中西神话。由萧兵、叶舒宪、王子今、臧克和等主编的《中国文化的人类学破译》系列丛书，"以传统训诂考据之学为先导，详细占有包括甲骨文、金文和地下实物在内的材料，运用文献、考古、田野三重证据，在世界文化的比照和印证中，诠释、破译中国上古文化典籍的众多疑难问题"①。其中萧兵对《〈楚辞〉的文化破译》再诠释和意义的再发掘以及《〈山海经〉的文化寻踪》《〈中庸〉的文化省察》，叶舒宪的《〈诗经〉的文化阐释》中对中国诗歌发生的文化背景及"六义"原始面目的探讨，以及与萧兵合著的《〈老子〉的文化解读》，臧克和的《〈说文解字〉的文化说解》，王子今的《〈史记〉的文化挖掘》等都是对中国古代典籍的文化阐释，开启了运用人类学方法和理论贯通和革新古今文学研究的序幕。另外，徐新建《从文化到文学》对苗族诗歌、庆坛与傩戏、哭嫁歌等本土文学和文化的研究无疑是应用人类学的方法阐发本民族文化。

中十年（1996～2006），1996年，在长春举行的"中国比较文学第五届年会"上，中国文学人类学研究会作为中国比较文学学会的二级学会成立。1997年，第一届文学人类学年会在厦门大学顺利召开。2004年，四川大学文学人类学专业招收硕士、博士研究生，学会的成立和学位点的建立标志着文学人类学学科在国内的进一步拓展，而后，厦门大学、上海交通大学、陕西师范大学、兰州大学等二十余家高校相继设置了文学人类学的学科点和研究机构。这一时期，叶舒宪研究员、彭兆荣教授、徐新建教授在各自的研究领域取得了丰硕的成果。叶舒宪的《文学人类学教程》《文学与人类学：知识全球化时代的文学研究》系统地梳理了文学人类学在全球知识化背景下的发生与发展过程，打开了文学研究新的世界；彭兆荣的《文学与仪式：酒神及其祭

---

① 乐黛云：《文学人类学与〈中国文化的人类学破译〉》，《东方丛刊》1999年第4辑，第2页。

祀仪式的发生学原理》里神话与仪式内部关联的阐释；徐新建的《民歌与国学——民国早期"歌谣运动"的回顾与思考》从民国时期的"歌谣运动"入手，回顾和反思中国文论转型的文化原因和历史过程。这一系列文学人类学标志性的里程碑作品皆用人类学的理论和方法，使"文学"不再局限于文人墨客写作的书面文本范围，把文学研究的视野拓展到了文学、文本和文化。

后十年（2006～2016），文学人类学倡导"本土文化自觉"下的文学研究和文学史观反思，他们以大汉族主义、中原中心主义和文本中心主义为三大切入点，批判现存的中国文学史观念①。这一阶段，三位先生作为首席专家于2010～2011年相继获得国家社科基金重大招标项目：叶舒宪研究员"中国文学人类学理论与方法研究"、徐新建教授"中国多民族文学共同发展研究"、彭兆荣教授"中国非物质文化遗产体系探索研究"。叶舒宪倡导以人类学的眼光重新审视中华文明，同时注重考据学和不同文化之间"互相证明、互相阐释"的原则，提出"大小传统二分的文化编码－解码论"、从"三重证据法"到"四重证据法""证据间性"，不断地向前推动文学人类学的理论建构；彭兆荣在对非物质文化遗产体系探索的基础上提出"非遗学"，以他为首的厦门大学的团队把田野调查的范围从华南一带拓展到中国的西南和西北；徐新建以跨文化的视野把目光转向口头传统、活态文学、文学生活等领域，提出"表述"理论和多民族文学与多民族中国论。

这十年，由叶舒宪、彭兆荣、徐新建三位先生领衔已经形成了以各自的博士生为主体的、成熟的科研团队，加上国家社科基金重大项目的支持和推动，学术成果可谓硕果累累。以四川大学的文学人类学团队为例，徐新建教授的民歌与国学、傩与鬼神世界、以那民间"庆坛"考察、月亮山苗族牯脏节考察、黔中"布依砍牛"实录、侗歌大歌研究、以山西介休为田野调查点的黄土文明的人类学考察、多民族文学与文化的阐释以及近年来对藏族《格萨尔》史诗的关注等，都是

---

① 叶舒宪：《本土文化自觉与"文学""文学史"观反思——西方知识范式对中国本土的创新与误导》，《文学评论》2008年第6期，第8页。

立足田野、以人类学的理论和方法在田野考察中生长出精辟的理论观点。梁昭的"刘三姐"歌圩研究、张中奎的"苗疆研究"、李菲的"嘉绒跳锅庄研究"、王立杰的"人观"研究、安琪的"博物馆民族志"研究、龙仙艳的"苗族古歌"人类学研究、银浩的仫佬族"节日"人观研究、罗庆春的西南彝族研究、邱硕的成都表述研究、张波的苗族东朗祭唱研究，也都继承了徐新建教授的学术思想和学术脉络，注重学术实践，以田野调查为基础，而又各有特点。诸多成果在此不一一罗列，仅从上述的文献来看，这些研究的选题，既有对历史文献的梳理，亦有对文学文本的解读；既有理论的分析，又有人类学个案的参与，充分彰显了文学人类学作为一门新兴的交叉学科在多元一体与多元共生文化研究中的方法论优势，也体现了当代研究者的本土文化自觉。

20 世纪以来的文学艺术创作和人文社会科学研究，无不深受人类学的影响。同时，20 世纪的人类学表述范式也经历了从"科学"到"文学"的转向。从文学研究领域，引申、拓展到人类学和文化研究领域，出现了"三级跳"现象，催生出"文化文本"这个核心概念：

> 文学作品（专指书面作品）—文学文本（包括口传的）—文化文本（包括文字的和文字以外的，如"图像叙事"、"博物馆象征"和"仪式展演"等）。①

文学人类学的学术宗旨是保护文化多样性，促进跨文化的交流和理解，有鉴于此，史诗、神话、歌谣、仪式、唐卡、博物馆等口传的、图像的、物像的文字与符号都成为文学人类学研究的"文本"，文学不仅仅是书面的、经典的、作家的文学作品，也包括口头的、民间的、活态的文学实践。文学人类学学科在新中国成立以来，一直试图突破单纯地移植西方的学科和研究范式。其方法是努力结合中国自身的历史文化和学术传统来探索中国的文学人类学方法，改变因袭西方模式、

---

① 叶舒宪、彭兆荣、徐新建：《"人类学写作"的多重含义——三种"转向"与四个议题》，《重庆文理学院学报》（社会科学版）2011 年第 2 期，第 41 页。

被西学话语遮蔽的可悲命运，促进中国文学人类学与西方的平等交流和深入对话。继承须续之以发展、借鉴须续之以创造，构建中国文学人类学自身的话语表述模式，成为其突破瓶颈之关键。① 从中国自身的历史文化来看，如何对其进行表述成为中国文学人类学研究的重点。长期以来，在表述中国文化方面的困境是：以汉文书写为载体的中国传统王朝正史习惯于以中原帝国为中心的叙事，多族群的边缘视角遭到长久的蔑视和忽略；以已作为文本的历史而言，"表述中国"则以"话本史"的样式与作为本文的"事本史"发生背离。② 文学人类学的建立和努力实际上是人类学在中国"本土化"的一种尝试，从"神话－原型批评"开始到后来的"大小传统""四重证据法"，"神话与仪式""多民族中国论"等都试图从整体上把握文学，在传统的文学研究基础上建立新的"地方性知识"，表述多民族中国的话语体系。

从现代学术意义的视角来看，文学人类学作为一门学科的演进轨迹是"多元汇聚，道同而合"③ 的双向交会，它拓展了文学研究的疆域，使文学不再囿于文本的狭隘天地，不管是以语言文字为载体的叙述文学还是以图像符号表述的"非语言"材料，人类学概念和方法的应用激活了原来的文本。从"文学和人类学"到"文学人类学"，从"文学文本"到"文化文本"，文学人类学在三十年间不断地打破学科之间的壁垒、扩展自身的学科边界，成为人文学界发展起来的新兴的交叉学科。目前，文学人类学已经在借鉴、吸收、融合中西方理论的基础上，形成了自成一体的理论体系和方法论，它见证着跨学科研究的趋势和研究范式的变革。

本书立足文学人类学的理论和方法，试图以"池哥昼/跳曹盖"仪式文本为中心，既阐述白马人的生命信仰与文化表述，又从文学的视角扩展人类学的诗化之维。"文化是自言的，其存在于不断的自在呈现

---

① 徐新建：《表述问题：文学人类学的起点和核心》，《西南民族大学学报》（人文社会科学版）2011 年第 1 期，第 149 页。

② 徐新建：《表述问题：文学人类学的起点和核心》，《西南民族大学学报》（人文社会科学版）2011 年第 1 期，第 149 页。

③ 徐新建：《一己之见：中国文学人类学的四十年和一百年》，《文学人类学研究》（2018 年第一辑），社会科学文献出版社，2018，第 22 页。

之中，我们的研究不过是接近它、发现它和阐释它罢了，更重要的是观察和揭示其中蕴含的文化表述。"① 在白马人的一生当中，仪式贯穿了他们整个生命，它像一扇窗户，透过这扇窗户，我们可以观察人们是如何阐释他们赖以生存的自然环境和社会环境。同时，也可以了解到他们的思想、文化，以及对自然、宇宙的认知和理解。在像白马人这样的无字族群里，仪式像一个文化的缩影，它是白马人对自己文化最好的诠释和表述。在仪式中，每一个步骤、每一个角色、每一个细节自古以来亘古不变，它是白马人的集体记忆，是实践的"史书"；在仪式中，戴的面具、穿的服饰、用的器具都蕴含着浓烈的宗教色彩，体现了白马人对宇宙、对世界、对神圣的认知与看法；在仪式中，每一个人、每个家庭都参与其中，每一个漂泊异乡的白马人都要回来，它是白马人族群认同的纽带，在它的连接和维护下，社会结构不断地被整合，变得团结稳定；在仪式中，每一首歌曲、每一个传说、每一段经文都是"族群叙事"，是文化的展演，是神与人的狂欢。白马人一年一度的"池哥昼/跳曹盖"仪式成为了解、认识白马社会、文化、历史、信仰的"钥匙"，是研究白马文化最好的"文化文本"。

二 国内外研究现状

白马人集中分布在四川和甘肃两省交界的摩天岭山脉的南北两侧，包括今四川省绵阳市平武县、广元市青川县、阿坝藏族羌族自治州南坪县（今九寨沟县）和松潘县，以及甘肃省陇南市文县等广大地域，其活动区域 7000 余平方公里。据 1990 年数据共约 14000 人，② 现有两万余人。白马人自称为"贝"或者"达布"，他们的 DNA 携带着东亚大陆上最古老的基因，他们的文化传承并融合了古代氏族、羌族以及古藏人的文化因子，被称为"东亚最古老的部族"③。在 20 世纪 50 年

---

① 徐新建：《表述问题：文学人类学的起点和核心》，《西南民族大学学报》（人文社会科学版）2011 年第 1 期，第 154 页。

② 平武县县志编纂委员会编《平武县志》，四川科学技术出版社，1997，第 219 页。

③ 纪录片《探寻东亚最古老的部族》，2010 年中央电视台 CCTV10《探索·发现》，拍摄于甘肃省文县铁楼藏族乡，"东亚最古老的部族"指祖祖辈辈生活在这里的白马人。

代展开的民族识别工作中，白马人被识别为藏族，从民族分类意义上来说，它是藏族的一个分支，所以地方志等历史典籍称之为白马藏族。后来白马人要求重新进行民族识别，根据名从其主的原则，最后将其归入待识别民族，所以本文对这个族群的称谓是白马人。

从目前可见的文献来看，国内迄今为止关于"白马人"的研究可追溯至 1978 年费孝通"关于我国民族的识别问题"为题的发言，自此以后，千百年来隐居于深山之中，与世隔绝的白马人跃入大众视野，成为学术界引人注目的热点话题，很多学者从白马人的族源族属、历史文化、宗教信仰、文学艺术、民俗语言、音乐舞蹈、社会变迁等多个方面研究白马人。围绕着白马人展开的不同学科取向下的研究使讨论空间得到拓展，综合文献和田野调查资料而进行的相关研究以时间为经线可以大致分为以下几个主题。

（一）"白马人" 族源族属之辩

国内对白马人的研究始于 1978 年费孝通在政协全国委员会民族组会议上的发言，提及白马人时说："对过去决定的族别还有需要重新审定的如四川的'平武藏人'。"① 白马人族属问题提出之后，学术界曾出现了一股白马人族源族属问题的争论，一时间成为学术界的热门话题，形成了白马人"氐"族说、"藏"族说和"羌"族说的争论。

孙宏开从语言学角度论证白马人并非藏族，他提出一个猜想："白马人就是历史上一支氐族的后裔，而最大的可能是古史上白马氐的后裔。"② 李绍明、徐中书、谭昌吉、赵卫邦、蒙默等也持此观点。③ 尚理、周锡银、冉光荣④通过实地调查指出："'白马藏人'在语言、风

---

① 费孝通：《关于我国民族的识别问题》，《中国社会科学》1980 年第 1 期，第 157 页。
② 孙宏开：《历史上的氐族和川甘地区的白马人——白马人族属初探》，《民族研究》1980 年第 3 期，第 43 页。
③ 四川省民族研究所：《白马藏人族属问题讨论集》，内部资料，1980。
④ 1978 年 8 月，四川省民族事务委员会组成"四川省民族事务委员会民族识别调查组"到平武白马藏族乡、木座藏族乡等白马人聚居的地方展开田野调查，召开座谈会，访问当地的群众、干部，对白马人的族属问题进行了专门的调查研究。其中，周锡银（四川省民族事务委员会二处）、冉光荣（四川大学历史系）都是专家组成员。

俗习惯、宗教信仰等方面都与藏族和羌族有明显的区别，而与史籍上记载的氐人情况却十分相似或相同。根据'名从主人'的原则，'白马藏人'应该正名为氐族。"① 张映全也强调："'白马人'是一个同而未化，融而未合，'古仇池国'白马氐杨氏氐族的一支。"② 以桑木旦、杨士宏为代表的藏族学者强烈反对将"白马藏人"从藏族中划出，他们从姓名、婚姻、宗教信仰、语言、居住房屋等方面逐一反驳"白马藏人"不是藏族、是氐族这一说法。③ 拉先通过汉藏历史资料及实地调查，认为："白马人是'藏族分支'，故称其为'白马藏人'。"④ 任乃强从历史文献出发对"氐族"这个名称是否成立提出质疑，又从语言分析：白马话是古羌语的"活化石"，藏族、普米、白马族源同出于"西羌"。⑤

四川省民族研究所曾结集《白马藏人族属问题讨论集》和《白马人族属研究文集》讨论白马人族源族属问题，四川省民族事务委员会民族识别调查组的《"白马藏人"调查资料辑录》对白马人传统的经济生活和民俗民风有较为详尽的考察记录。最初的调查与研究以民族识别为起点，主要围绕着白马人与藏族、羌族以及历史上已经消失的古部族氐族之间的关系而展开，关注点是白马人的族源族属问题。这一时期的研究虽然都是基于自己的观察和视角，难以摒除由于各个学科之间的差异造成的主观判断，但为我们了解中华民族多元一体格局构成的复杂性和多元性提供了多条进路，有着开先河的意义。

（二）人类学视域下的傩仪研究

在这样的历史语境下，白马人的傩祭仪式成为研究白马人族源族

---

① 尚理、周锡银、冉光荣：《论"白马藏人"的族属问题》，四川省民族研究所：《白马藏人族属问题讨论集》，内部刊印，1980，第 14 页。
② 张映全：《甘肃文县白马藏族考》，甘肃民族出版社，2009，第 9 页。
③ 桑木旦：《谈谈"达布人"的族别问题》，四川省民族研究所：《白马藏人族属问题讨论集》，内部刊印，1980；杨士宏：《"白马"藏族族源辨析》，《西北民族学院学报》（哲学社会科学版）1985 年第 4 期。
④ 拉先：《辨析白马藏人的族属及其文化特征》，《中国藏学》2009 年第 2 期，第 111 页。
⑤ 任乃强：《达布人的源问题》，四川省民族研究所：《白马藏人族属问题讨论集》，内部刊印，1980，第 34~48 页。

属问题的佐证。如王家祐、徐学书、格桑卓玛等对白马人的宗教信仰以及信仰的身体实践（祭祀舞）做了最初的文字描述和记录，[①] 但还是囿于族源族属问题的框架，强调白马人与藏族的异同，从而间接佐证白马人的族属问题。后来有学者把"跳曹盖"当作西南地区傩文化的古老遗存，是一种古老的傩祭仪式，试图把白马人"跳曹盖""十二相"等纳入傩文化的框架下进行分析研究。如李鉴踪认为："白马藏人的跳曹盖习俗是傩文化的一种原始形态。"[②] 庹修明也将白马藏族的"跳曹盖"界定为处于发展阶段的傩戏，认为其中保留了大量的巫的成分，是原始的巫傩向傩戏过渡，其中包含了祭祀和狂欢的成分。[③] 笔者也认为："'池哥昼'保持了最原始、最传统、最完整的傩祭仪式体系，是藏彝走廊上傩文化的'活化石'。"[④]

随着人类学在国内的发展，一些学者运用人类学的理论和方法对白马人的信仰习俗、社会文化，尤其是对"跳曹盖"进行了分析研究。如王越平对三个白马藏族村落"跳曹盖"仪式进行了对比研究，指出"'跳曹盖'仪式是驱鬼敬神与狂欢庆典仪式的耦合"。[⑤]《乡民闲暇与日常生活：一个白马藏族村落的民族志研究》[⑥] 是从"闲暇"概念出发书写的村落民族志。刘志扬通过对白马人居住环境、房屋形制、居住格局历史演变的分析，揭示了白马藏族近六十年来的社会文化变迁。[⑦]《藏彝走廊里的白马藏族：习俗、信仰与社会》一书是对四川平

---

① 王家祐：《白马藏人的宗教信仰》，《西藏研究》1982 年第 2 期；徐学书：《南坪"白马藏人""十二相"祭祀舞探索——兼论南坪"白马藏人"的族源》，《西藏艺术研究》1988 年第 3 期；格桑卓玛：《白马藏族的面具舞习俗》，《西藏民俗》1998 年第 2 期。

② 李鉴踪：《跳曹盖——一种古老的傩文化形态》，《西藏民族学院学报》（社会科学版）1993 年第 1 期，第 74 页。

③ 庹修明：《中国西南傩戏论述》，《贵州民族学院学报》（哲学社会科学版）2001 年第 4 期，第 24 页。

④ 王艳：《白马藏人的民俗遗产——"池哥昼"仪式的考察分析》，《中外文化与文论》（第 26 辑），四川大学出版社，2015，第 101 页。

⑤ 王越平：《敬神与狂欢——白马藏族三个村落"跳曹盖"仪式的比较研究》，《中南民族大学学报》（人文社会科学版）2008 年第 2 期，第 15 页。

⑥ 王越平：《乡民闲暇与日常生活——一个白马藏族村落的民族志研究》，民族出版社，2011。

⑦ 刘志扬：《居住空间的文化建构：白马藏族房屋变迁的个案分析》，《民族研究》2011 年第 3 期。

武白马藏族的信仰、习俗及社会全面的民族志研究。① 连玉銮分别从经济、社会、宗教文化三个方面分析了白马藏族在现代化进程中的社会变迁，并分析了变迁的原因和内在机理。② 邱月从"跳曹盖"仪式出发，剖析了其背后的结构和功能。③ 王万平对白马藏人傩舞祭祀仪式和苯教法师"北布"进行了全面系统的描述。④ 还有一些研究白马人信仰体系、神职人员的学术论文散见于国内期刊上，如藏族学者杨冬燕系统地梳理出了白马人现存的宗教信仰体系，拉先对白马人的神职人员"白布"的称谓、传承、分布区域、现状和特点做了梳理，认为"白布"是苯教神职人员的传承人。格桑卓玛、杨士宏、班旭东发现在白马藏族的宗教文化中，苯教仍然是其信仰的主流，且较完整地保留着它的原生形态。宗喀·漾正岗布、王万平通过对流传在白马藏人中的古歌"gLu"的研究发现："这些古歌与前佛教时期的斯巴苯教有着非常紧密的联系。"⑤ 与之前的研究有所不同的是，西方人类学理论与方法的介入使白马人的研究成为公共的学术资源，围绕着"仪式"而展开的研究吸引着研究者从各自不同的学科背景出发，提出了很多颇有见地的学术观点。虽然吸收了跨学科研究的新方法、新材料，但是因为太注重族源族属之辩而始终难以摆脱"元问题"的桎梏，从而使后来的研究大多停留在史料梳理、文化阐释和田野事象描述的层面，对于理论层面的探讨与分析显得着力不够。

① 刘志扬：《藏彝走廊里的白马藏族：习俗、信仰与社会》，民族出版社，2012。
② 连玉銮：《现代化进程中白马藏族的社会变迁研究》，硕士学位论文，四川大学，2005。
③ 邱月：《平武白马人"跳曹盖"仪式调查研究》，硕士学位论文，中央民族大学，2010。
④ 王万平：《族群认同视阈下的民间信仰研究——以白马藏人祭神仪式为例》，《西北民族研究》2016年第1期；王万平、王志豪：《白马藏人苯教法师"北布"调查研究》，《宗教学研究》2016年第1期。
⑤ 杨冬燕：《（白马）藏族信仰习俗现状调查研究》，《西北民族研究》2001年第3期；拉先：《白马藏区神职人员的渊源及现状调查研究》，《中国藏学》2010年第4期；格桑卓玛、杨士宏、班旭东：《白马藏族信仰与神灵体系的田野考察》，《中国藏学》2015年第2期；宗喀·漾正冈布、王万平：《白马藏人古歌"gLu"与斯巴苯教》，《西藏大学学报》（社会科学版）2016年第3期。

（三）民间文学与口头传统研究

　　文学，尤其是民间文学、口头传统的研究一直是研究者们追踪的视野。早在1982年，由四川大学中文系和中国民间文学研究会四川分会、平武县文化馆共同组成22人的采风队，对四川平武境内的白马人的民间文学及民俗文化，进行了23天的普查，将民间采集到的歌谣、谜语、谚语及传说故事整理成《四川白马藏族民间文学资料集》。甘肃省陇南白马人民俗文化研究会出版了《陇南白马人民俗文化研究》系列丛书，① 其中故事卷里面搜集了文县白马人中流传的民间故事与神话传说，收集了白马人的创世神话、族源神话、起源神话、神灵神话、英雄神话等，共计40万字，收录了迄今为止所有关于白马人的民间故事。赵逵夫通过对《二郎爷赶山》传说的分析，勾勒出氐人由仇池山、骆谷一带向南迁徙的踪迹。② 杨士宏对流传在白马人聚居地的《阿尼·格萨》，从诞生、求婚、征战三个方面对其进行客观记录，并与其他地区的《格萨尔》做比较，"再次印证白马藏族文化与其他藏区文化的一脉相承"。③ 蒲向明一直致力于白马人民间故事起源、题材、类型、功能和流变的研究，经考察发现白马藏族英雄神话《阿尼嘎萨》堪比蒙、藏等族的《格萨尔》④。张雪娇把白马人民间故事纳入文艺学、民俗学等学科的整体观照中，系统地研究白马人的民间故事。⑤ 笔者通过对藏族英雄史诗《格萨尔》在白马人中的流传与变异现象的对比提出：《格萨尔》史诗是一个跨文化、跨族群、跨地域、跨语言的文学文本。白马人的《阿尼·格萨》历经千年的流变，依然传承着藏族《格萨尔》的文化基

---

① 邱雷生、蒲向明：《陇南白马人民俗文化研究（故事卷）》，甘肃人民出版社，2011。

② 赵逵夫：《从〈二郎爷赶山〉的传说说到白马人的来源与其民俗文化的价值》，《西北民族研究》2009年第4期。

③ 杨士宏、杨峰：《白马藏族"阿尼格萨"研究》，《中央民族大学学报》（哲学社会科学版）2017年第4期，第163页。

④ 蒲向明：《论白马藏族神话的主要类型和述说特征——以陇南为中心》，《贵州文史丛刊》2013年第3期，第19页。另外，他的《族群历史、底层意识与地域叙事——论陇南白马藏族民间故事题材的主要类型》（《河南工业大学学报》（社会科学版）2014年第4期）、《论白马藏族民间故事——以陇南白马藏族故事为中心》（《井冈山大学学报》（社会科学版）2015年第3期）等数篇论文都以白马藏族的民间故事为中心展开。

⑤ 张雪娇：《白马人民间文学研究》，博士学位论文，四川大学，2015年6月。

因，承载着原始苯教的宗教色彩，保存着白马人的历史记忆。白马人把神话与历史、地方与空间、仪式与物象通过时空关联与记忆对接，使记忆在时间上不断延续，在历史中不断重构，以此维系和加强身份认同感。①另外，四川省绵阳市的作家陈霁在平武白马藏族乡挂职期间，以白马山寨的真人真事为创作源泉，写作了《白马叙事》《白马部落》两部非虚构文学作品，阿贝尔的《白马人之书》《飞地》以他者的视角勾勒出白马人的神话传说、历史逸事、民俗文化的生活图景。

（四）"非遗"视域下的艺术研究

白马人会说话就会唱歌。杨鸣键最早关注白马人的民歌："白马藏族民歌则是'楚些'这一古老诗歌体裁的活标本。"②何晓兵对白马藏族民歌的形态、文化、谱例进行了描述与解释。③汪丹认为："白马藏族歌谣的音乐风格是忧郁、哀伤的，但人们在歌唱过程中却有愉悦、哀思乃至迷狂的不同情感体验。"④张益琴对甘肃文县白马人音乐的传承和现状进行了考察研究，对民歌的艺术特色和文化内涵进行了分析⑤。武斌分析了白马藏族传统音乐元素在现代作品中的运用与创新。⑥白马人赵曼孜以本位视角完成了她的硕士学位论文《白马藏族民歌演唱与现状研究》⑦。

① 王艳：《史诗的田野——白马人〈阿尼·格萨〉田野调查报告》,《兰州大学学报》（社会科学版）2016 年第 5 期，第 104 页；王艳：《跨族群文化共存——〈格萨尔〉史诗的传播和比较》,《中外文化与文论》（第 35 辑），四川大学出版社，2017，第 276 页。王艳：《文化记忆与身分认同——白马人族源神话的多元叙事》,《民族文学研究》2019年第 6 期，第 38 页。

② 杨鸣键：《"楚些"今踪——谈白马藏族民歌中出现的"些"》,《中央民族学院学报》（哲学社会科学版）1988 年第 6 期，第 88 页。

③ 何晓兵：《四川白马藏族民歌的描述与解释（连载）》,《云南艺术学院学报》1999 年第 3~4 期，2000 年第 1~2 期。

④ 汪丹：《愉悦、哀思与迷狂：白马藏族歌谣的情感体验》,《学术研究》2011 年第 5期，第 42 页。

⑤ 张益琴：《文县白马藏族音乐文化传承现状的考察与研究》,《甘肃高师学报》2009年第 1 期；《白马藏族池哥昼傩音乐要素研究》,《民族艺术研究》2013 年第 3 期。

⑥ 武斌：《传统音乐元素在现代作品中的运用创新——以四川平武白马藏族民歌为例》,《人民音乐》2019 年第 12 期。

⑦ 赵曼孜：《白马藏族民歌演唱与现状研究》，硕士学位论文，四川师范大学，2012。

白马人的服饰是他们的"族徽"，王希隆和赵雨星阐述了清代康熙年间以来300年间，文县白马人服饰的发展演变，并分析其原因与生产方式变化、外来服饰文化的影响以及现代化对之冲击有关，另外，从白马服饰的文化功能、传承和变异两个方面展开深入研究。① 余永红对白马人服饰的图案、花纹、符号象征等做了文化的阐释，在《陇南白马藏族美术文化研究》② 一书里，从白马人的房屋建筑、家具、面具、服饰、刺绣、壁画、装饰品七个方面，对白马人的美术文化进行了全面而系统的梳理。笔者也认为："白马藏人的服饰是一件穿在身上的'史书'，通过符号、图案、颜色来表述历史，表述文化。"③

在国家非物质文化遗产名录中，两省三地的"仪式"都被列入了"传统舞蹈/民间舞蹈"。④ 在"非遗热"的推动下，有学者将"跳曹盖/池哥昼/㑇舞"置于非物质文化遗产的框架下进行研究，舞蹈成为一个崭新的研究视角。如白马人学者班运翔对白马人的舞蹈类别做了归纳，认为："白马藏区是历史上氐、羌、吐蕃、汉文化互相碰撞、融合的地带，特殊地理环境孕育出的舞蹈也当然具有多元文化烙印和自身的特殊风格。"⑤ 拉先对"巴"舞称谓、分类、渊源及功能进行研究。⑥ 王阳文把"池哥昼"作为舞蹈艺术，隐含了白马人对族群认同、

---

① 王希隆、赵雨星：《清代以来甘肃省文县白马藏族服饰演变探讨》，《中南民族大学学报》（人文社会科学版）2011年第1期，第39页。
② 余永红：《陇南白马藏族美术文化研究》，中国社会科学出版社，2016。
③ 王艳：《族群认同与文化表述——白马藏人服饰的遗产意义》，《文化遗产研究》（第5辑），巴蜀书社，2015，第152页。
④ 2006年6月2日，四川省九寨沟县白马藏族的"㑇舞"被列入第一批国家级非物质文化遗产名录民间舞蹈类。序号137，项目编号 Ⅲ-34，见《国务院关于公布第一批国家级非物质文化遗产名录的通知》（国发〔2006〕18号）。2008年6月16日，甘肃省文县"池哥昼"被列入第一批国家级非物质文化遗产扩展项目名录，传统舞蹈（傩舞）。序号110，项目编号 Ⅲ-7，见《国务院关于公布第二批国家级非物质文化遗产名录和第一批国家级非物质文化遗产扩展名录的通知》（国发〔2008〕19号）。2011年5月23日，四川省平武县申报的白马藏族"跳曹盖"成功入选第三批国家级非物质文化遗产名录传统舞蹈类。序号1091，项目编号 Ⅲ-102，见《国务院关于公布第三批国家级非物质文化遗产名录的通知》（国发〔2011〕14号）。
⑤ 班运翔：《白马藏族舞蹈生态探微》，《西北民族研究》2013年第2期，第221页。
⑥ 拉先：《白马藏族"巴"舞研究》，《西藏大学学报》（社会科学版）2019年第4期。

自我身份、民族精神与世界秩序的概念性认知,阐释其蕴含的文化意义。①《族群·身体·表征——当代白马人的舞蹈言说》更是一部当代白马人的舞蹈民族志,通过生动的田野资料与深刻的文化阐释,呈现一个稳定与变动、结构与能动、传承与建构共存的舞蹈实践过程的研究个案。非物质文化遗产名录进一步拓展了白马人研究新的领域,也让白马人的传统文化在濒临消失之际得到保护,但是"舞蹈"显然消解了"池哥昼""跳曹盖""十二相面具舞"等祭祀仪式的神圣性。

(五) 乡村振兴视域下的民俗旅游研究

20世纪90年代,九寨沟旅游的兴起带动了平武县白马藏族乡的民族旅游,对当地的经济发展、文化变迁产生了重要的影响。连玉銮以王朗自然保护区为例探索生态旅游的"小众"模式,借鉴国外生态旅游的理念和经验,探索出一种独具个性的小众生态旅游模式。② 王挺之、李林通过对白马民俗旅游的考察,分析了旅游开发对白马藏族在服饰、居住、饮食、文化艺术与歌舞、语言、婚姻、宗教信仰、族群意识等民族传统文化方面的影响。③ 郑本法提出:"有效保护白马文化,是白马文化的当务之急;合理开发白马文化,是白马文化的关键问题;永续利用白马文化,是白马文化的不变主题。"④ 昂巴认为铁楼藏族乡实现跨越式发展,必须制定"旅游富民"规划,打造白马藏族文化品牌,实现跨越式发展。⑤ 李林、肖洪根基于对四川平武白马藏族的调查研究,探讨了民族旅游发展与族群文化变迁之间存在的必然联系,并

---

① 王阳文:《角色象征与身体审美——白马人面具舞蹈"池哥昼"的文化解读》,《北京舞蹈学院学报》2016年第6期,第108页。

② 连玉銮:《生态旅游的"小众"模式管窥——从王朗等自然保护区的实践谈起》,《四川师范大学学报》(社会科学版) 2005年第1期,第35页。

③ 王挺之、李林:《旅游开发对小族群传统文化的影响——对四川平武白马藏族的个案研究》,《西南民族大学学报》(人文社会科学版) 2009年第5期,第152页。

④ 郑本法:《白马文化的保护、开发和利用》,《甘肃社会科学》2009年第6期,第67页。

⑤ 昂巴:《铁楼乡白马藏族经济社会现状与旅游经济发展研究——文县藏族乡村经济社会跨越式发展调研》,《西藏大学学报》(社会科学版) 2011年第3期,第44页。

就旅游发展背景下族群文化变迁的问题提出了自己的见解。① 同时也有学者反思白马山寨民族旅游的开发给自然和文化生态相对脆弱的民族地区带来较大的冲击，造成传统文化的"断裂"、商品化、舞台化以及"语言的混杂"。随着旅游业的发展，白马风情游中白马文化的地方性、独特性和原生性的特点越来越弱化，取而代之的是经过改造的、便于模仿和学习的、商品化了的"民族文化"，这些经过包装的民族文化在政府的统一规划和引导下，逐渐趋于麦当劳化。②

（六）国内外语言学研究

关于白马语的支属问题一直存在巨大的分歧，一种观点认为白马语是一种不同于藏语但属于藏语支的独立语言，另外一种观点则认为白马语是藏语的方言。最早研究白马语的是孙宏开，他发表了数篇论文来论述白马语是一个不同于藏语但属于藏语支的独立语言。《白马语研究》③ 一书对白马语的语音、语法、词汇等各个层面进行了详尽细致的记录和描写，表明白马语是一个不同于藏语但属于藏语支的独立语言，在藏缅语族中有着重要的历史地位。戴庆厦认为："（藏缅语族）已确定为独立语言的有 35 种，其中就包括'白马语'。"④ 杨圣敏也说："白马语有自己的基本词汇和语法体系，是一个独立的语言。根据系谱分类法应划分在汉藏语系藏缅语族藏语支中。"⑤ 齐卡佳以白马语的示证范畴为个案，认为白马语既有康方言又有安多方言甚至卫藏方

① 李林、肖洪根：《民族旅游与族群文化变迁——以四川平武白马藏族为例》，《旅游论坛》2013 年第 4 期，第 93 页。

② 连玉銮：《白马社区旅游开发个案研究——兼论自然与文化生态脆弱区的旅游发展》，《旅游学刊》2005 年第 3 期，第 13 页；何才、牛青：《民族旅游与民族文化的重构——以平武县白马藏族为例》，《商业文化》（学术版）2007 年第 11 期，第 129 页；刘志扬：《民族旅游的麦当劳化——以白马藏族风情游为例》，《旅游学刊》2012 年第 12 期，第 22 页。

③ 孙宏开、齐卡佳、刘光坤：《白马语研究》，民族出版社，2007。

④ 戴庆厦：《中国藏缅语描写语言学的现状及展望》，《民族语文》1989 年第 4 期，第 16 页。

⑤ 杨圣敏主编《中国民族志》（修订本），中央民族大学出版社，2003，第 448 页。

言的一些特点。① 黄布凡、张明慧认为："白马话是藏语而非独立于藏语之外的语言。在藏语三大方言中，白马话最接近康方言。"② 张济川通过对白马语语音对当关系、词汇、语法三方面的分析，论述白马语是藏语的方言。③ 阿旺措成、王建民通过对藏语和白马语词汇和语法的对比得出："（白马语）很难说是一种独立的语言，倒像是藏语的一个地方变体。"④ 另外，祁坤钰、杨士宏采用语料库的方法，构建了一个具有 4500 余词条的白马藏语语音库，并做了规范的音标标注。⑤ 莫超、班旭东通过对文县白马语搜集、整理、对比，探讨了白马语动词因主语人称不同而发生的形态变化，以及人称变化与动词体范畴之间的密切关系。⑥ 2019 年，《白马汉大词典》也编纂出版，成为白马语的第一部词典。国外对白马人的研究主要集中在语言学领域，日本语言学家西田龙雄和孙宏开合著的《白馬譯語の研究：白馬語の構造と系統》是第一本白马语研究著作。荷兰语言学家齐卡佳发表 Baima Nominal Postpositions and Their Etymology、Words for "one" in Baima、On the Position of Baima within Tibetan：A Look from Basic Vocabulary、《白马语与藏语方言的示证范畴》都认为白马语是一种不同于藏语但属于藏语支的独立语言。

值得一提的是，四川省平武县的两位地方文化工作者曾维益和肖酞源在对地方志研究和社会调查的基础上做了大量关于白马藏族历史文化和现状的资料收集整理工作。其中曾维益的《白马藏族研究文集》《火溪沟社会历史调查》《龙安土司》等书对平武县白马人的历史文化有较全面的记录和研究。还有甘肃文县刘启舒的《文县白马人》一书，

---

① 〔荷〕齐卡佳：《白马语与藏语方言的示证范畴》，《民族语文》2008 年第 3 期，第 36 ~ 37 页。

② 黄布凡、张明慧：《白马话支属问题研究》，《中国藏学》1995 年第 2 期，第 115 ~ 116 页。

③ 张济川：《白马话和藏语（上）》，《民族语文》1994 年第 2 期，第 11 页；张济川：《白马话和藏语（下）》，《民族语文》1994 年第 3 期，第 53 页。

④ 阿旺措成、王建民：《白马藏区语言调查纪实》，《西南民族学院学报》（语言文字专辑），1988。

⑤ 祁坤钰、杨士宏：《基于词汇语料的白马藏语语音分析研究》，《西藏大学学报》（社会科学版）2014 年第 3 期，第 111 页。

⑥ 莫超、班旭东：《白马语动词的人称变化》，《民族语文》2014 年第 2 期，第 61 页。

第一次对文县的白马人进行了深入的研究，张映全的《甘肃文县白马藏族考》对文县白马人的族源、民族演变、民俗经济等做了全面的描写。由陇南市政协主编的《陇南白马人民俗文化研究丛书》包括语言卷、故事卷、舞蹈卷、歌曲卷、服饰卷、调查资料卷及论文集，在田野调研的基础上，对陇南文县白马人的民俗文化做了全面真实的记录，并拍摄了大量的照片，后来又在此基础上出版了《中国白马人文化书系》，在原来的基础上增加了信仰卷、非物质文化遗产卷、杂歌卷、散文卷。《陇南白马人民俗文化图录》以及陇南市文学艺术界联合会主编的《中国白马人》以精美的图片为载体，直观地呈现出白马人的民俗风情。这一系列丛书由当地政府编纂出版，全面而详细地记录了文县白马人的民俗文化，配以丰富的图片，是不可多得的第一手田野资料。

从上述对白马人研究的回顾中，我们可以看出，关于白马人的研究最早可追溯到 1980 年，以此为起点，在随后的十年中，几千年来聚居在大山深处、不足两万人的白马人成为学术界关注的焦点，国内大多数的论文、研讨会都是围绕着白马人的族源族属问题展开，这一阶段由于平武县地方政府的积极组织，很多专家学者参与进来，研究的焦点主要集中在四川省平武县的白马人身上。遗憾的是，80 年代集中讨论白马人族源族属问题的论文都收录在论文集中，CNKI 上没有收录，如《白马藏人族属问题讨论集》和《藏彝走廊东部边缘族群互动与发展》。这一阶段的研究肩负着重新进行民族识别的政治使命，研究成果也都没有超越白马人族源族属这个"元问题"，但具有开创性的意义，随着白马人的族属问题尘埃落定，这一研究的热潮很快散去。而后，费孝通提出"藏彝走廊"的概念，位于藏彝走廊边缘的白马人再次引起了其他学科的关注和研究，很多学科参与进来，如人类学、民俗学、藏学、文学、语言学、舞蹈学、音乐学、美术学、旅游学等，很多学者在自己的学术领域做了有益的探讨，提出新颖的观点，为后来的研究奠定了扎实的基础。其中一个重要的趋向就是不同学科的参与极大地拓展了研究的边界，将视线扩大到更宽广的领域，研究方法也逐步发生变化。一些学者从原来对白马文化采风式的描写和叙述，逐步转换到将白马文化纳入社会文化进程中来理解，原先零散的、浮于表面的文化研究渐渐变得深入而清晰。

从 2008 年开始，白马人的研究进入了一个新的阶段，一方面因为"㑇舞""池哥昼""跳曹盖"分别进入了国家非物质文化遗产名录，在"非遗热"的推动下，越来越多的学者把目光投向了白马人，白马文化圈成为人类学、民族学、民俗学等各个专业新的田野。另外一方面，陇南市白马人民俗文化保护协会起了重大的推动作用，他们每年主办学术研讨会，邀请国内各个专业的学者前往文县铁楼藏族乡田野调研，很多研究成果是以文县铁楼藏族乡的白马人为研究对象展开的。"非遗热"再次掀起了研究的热潮，将白马人作为研究对象的学者不胜枚举，笔者因篇幅所囿不再一一列举。仅仅两万余人的白马人，偏居西南一隅，几千年来"藏在深山人未识"，近年来一跃成为学术界关注的焦点，并导致日后的声名鹊起，从此意义上讲，从费孝通以白马人的民族识别问题为例提出中国民族识别的遗留问题到进入非物质文化遗产名录至今，学术界关于白马人的研究不但没有因为民族识别的结束而终止，反而由于不同文化背景的人的持续关注和深入研究而成为多学科追踪和研究的热点。

三 本书各章综述

第一章以"白马人是谁"这个白马人研究的元问题为起点，系统地梳理了历史上关于"氐""白马""白氐""西番""文番""白马藏族""白马藏人""白马人"等的历史典籍和地方文献，结合笔者在田野调查当中的所见所闻，以及近几十年来基因人类学、体质人类学的研究，其目的是在这些重要的、零星的史料中寻找"证据"，找寻、辨别、分析白马人真实的历史片段，以图构建出白马人的历史演变轨迹。

第二章第一节提出了"白马文化圈"这个特指的区域概念，对它的范围、边界、特征做了描述和图示；第二节对费孝通五次提出"藏彝走廊"的意义做了梳理，并把白马文化圈置于"藏彝走廊"的区域空间中去理解它的历史性和民族性；第三节试图从白马人的口头传统中寻找白马人的文化标志来划定"白马文化圈"的边界，因为"地方"不仅仅是一个地理概念，一个空间界限，更是一个文化空间。

第三章先从总体上界定、描述和归纳了"池哥昼/跳曹盖"的概念、类型和分布，然后以甘肃省文县铁楼藏族乡为田野调查点，用"深描"的方式记录了"池哥昼"仪式的准备、过程、结束动态的过程，并以图像叙事，还有一些与之相关的神话传说、故事歌谣等口头传统。白马人通过"池哥昼"仪式将本族群的历史记忆、思想观念、宗教信仰和地方性知识用身体操演的方式代代传承并融入个体的记忆中。

第四章通过对四川平武县白马藏族乡厄哩寨深入地、动态地、持续地田野调研，用图像叙事和文字描写相结合的方式，力图对白马人的"跳曹盖"仪式进行"深描"。"跳曹盖"仪式被赋予复杂多元的叙事结构，并通过象征和隐喻的方式来模仿和复制社会结构和礼制规范，可被视为中央与地方社会之间"礼俗互动"的重要途径。

第五章从"社会追溯历史"，结合文化文本，将文献、遗址、神话、图像以及口述史放置在同一个框架中试图去重建失落的历史。以"四重证据法"为理论工具，从面具之"声"、器物之"语"、服饰之"道"三个方面展开"物的叙事"，对白马人仪式中戴的傩面具、用的法器、服饰上的花纹图案进行文化阐释，试图解读出物的符号、色彩、造型潜在的历史信息。

第一章

▼

族别与认同:
"白马"身份的历史演变

氐族是两汉至魏晋时期频繁活跃在甘肃、陕西、四川三省交界处古老的少数民族，一度统治北方黄河流域，先后建立了前秦、后凉、仇池、武兴、阴平五个政权，历时三百八十余年。氐族杨氏所建的仇池政权实际上是"十六国之外的、另一个延年甚久、举足重轻于南北朝之间的国家"①。《华阳国志》对仇池强盛之时曰："种众强盛，东破梁州，南连李雄，威服羌戎，并氐傁如一国。"② 隋唐之后，史籍中关于氐族的文字记载寥寥无几，曾经跌宕起伏、鼎盛一时的民族就此退出了历史的舞台，给后世留下了千古之谜。从先秦古籍《山海经》中记载的"氐人国"、汉代司马迁《史记·西南夷列传》中的"白马、氐"、鱼豢《魏略·氐传》中的"白氐"、清道光《龙安府志》中的"西番"、清修《文县志》中的"文番"到今天的"白马藏族""白马藏人""白马人"。有文字记录以来所有关于"白马""氐""白氐""西番""文番""白马藏族""白马藏人""白马人"的历史典籍和地方志都成为笔者的文献田野，其目的是要在这些重要的、零星的史料中寻找"证据"，找寻、辨别、分析白马人真实的历史片段。本章将以白马人称谓（包括自称和他称）的历史演变为主线，试图勾勒出白马人真实的历史演进轨迹。

第一节　历史表述中的"白马氐"

一　历史古籍中关于氐族的族源与族称

"相对于口传的神话、乡野传说而言，文字书写的历史更代表着对

---

① 李祖桓：《仇池国志》，书目文献出版社，1986，第8页。
② 李祖桓：《仇池国志》，书目文献出版社，1986，第12页。

'过去'的权威、典范表述。"① 最早关于氏族的文字记载是先秦古籍《山海经·大荒西经》:"有互人之国,炎帝之孙,名曰灵恝。灵恝生互人,是能上下于天。"又《山海经·海内南经》载:"氏人国,在建木西。其为人,人面而鱼身,无足。"郝懿行笺疏:"互人,即《海内南经》氏人国也。氏、互二字,盖以形近而讹。以俗氏正作互字也。"氏人国是《山海经》传说中的国名,"灵恝生互(氏)人,是能上下于天"是炎帝后裔,"人面而鱼身,无足",三星堆遗址中著名的"金乌箭插双鱼身"的镀金青铜器件与氏人人面鱼身的图腾都是仰韶文化的历史印迹。《山海经·海内经》曰:"伯夷父生西岳,西岳生先龙,先龙始生氏羌,氏羌乞姓。"袁珂校注:"郭璞云:'伯夷父颛顼师,今氏羌其苗裔也。'郝懿行云:'《周书·王会篇》云:"氏羌鸾鸟。"孔晁注云:"氏地之羌不同,故谓之氏羌。"'"伯夷父也为炎帝之后。氏、羌原为二族,同出于炎帝。氏出于灵恝,羌出于伯夷父。②

灵恝生互(氏)人,时间大概是尧舜时期,商代初年已形成了很多大的部落。氏作为族称见于周代,与羌并称,《诗经·大雅·殷武》云:"昔有成汤,自彼氏、羌,莫敢不来享,莫敢不来王,曰商是常。"郑玄笺云:"氏羌,夷狄国在西方者也,享,献也,世见曰王。"孔颖达疏曰:"氏羌之种,汉世仍存,其居在秦陇之西,故知在西方者也。"③ 秦指秦州,陇指陇西,即今甘肃天水、定西。《竹书纪年》云:"成汤十九年,氏、羌来贡。"又云:"武丁三十四年,氏、羌来宾。"

据顾颉刚先生考证:"'氏'与'羌'可分而实不易分。"④ "实不易分"是因氏与羌世世代代比邻而居、关系密切、难分彼此,所以有时又将之连称。"然则《王会》中舍氏羌外必尚有某羌在,何以不一见也?是则说氏、羌为平列之两名,似较近于事实。"⑤ 民族学家马长寿

---

① 王明珂:《反思史学与史学反思》,上海人民出版社,2016,第38页。
② 何光岳:《氏羌源流史》,江西教育出版社,2000,第111页。
③ 李学勤主编《毛诗正义》卷二十,北京大学出版社,2000,第1721页。
④ 顾颉刚:《史林杂识初编·氏》,中华书局,1977,第68页。
⑤ 顾颉刚:《史林杂识初编·氏》,中华书局,1977,第64页。

也言："氐（白马人）与羌自古以来便是两族，关系密切自不待言。"
2017年2月13日，笔者在四川省平武县做田野调研的时候，正值当地
政府举行"平武青梅文化节"，在举行开幕式的广场上聚集了很多当地
的老百姓，戴着沙嘎帽、白色的翎毛随风摇曳的是白马人，穿着图案
精美羌绣民族服饰的是羌族。他们在人群中攒动，穿着的服饰成为区

图1-1　白马人①

图1-2　羌族②

---

① 该图片来自笔者的田野记录，拍摄人：王艳；拍摄地点：四川省绵阳市平武县平通
镇；拍摄时间：2017年2月13日。

② 该图片来自笔者的田野记录，拍摄人：王艳；拍摄地点：四川省绵阳市平武县平通
镇；拍摄时间：2017年2月13日。

分民族身份的标志，即使离开了他们世代而居的村寨，移居到县城中，他们依然保持着自己的民族传统。可见，自古以来，氐与羌世世代代比邻而居、关系密切、难分彼此、相互依存、相互影响，但从未同化。

汉武帝为了开疆辟土，巩固统治，建立统一的多民族国家"于是汉以求大夏道始通滇国"①，派遣司马迁出使巴蜀，前往"西南夷"，撰写了中国历史上最早、最全面记载西南古代民族的《西南夷列传》。古之"西南"非今"西南"，司马迁所写西南是以巴蜀、蜀郡为中心，"巴蜀西南外蛮夷"，也就是巴蜀以西、以南的地区称为"西南"，"夷"字在汉时泛指少数民族，分布在这些区域的民族被称为"蛮夷"，即"西南夷"。具体而言，西南夷就是今天的甘肃、四川、云南、贵州等省的相关地区。

> 西南夷君长以什数，夜郎最大；其西靡莫之属以什数，滇最大；自滇以北君长以什数，邛都最大：此皆魋结，耕田，有邑聚。其外西自同师以东，北至楪榆，名为巂、昆明，皆编发，随畜迁徙，毋常处，毋君长，地方可数千里。自巂以东北，君长以什数，徙、筰都最大；自筰以东北，君长以什数，冉駹最大。其俗或士著（土著），或移徙，在蜀之西。自冉駹以东北，君长以什数，白马最大，皆氐类也。此皆巴蜀西南外蛮夷也。②

从上述的史籍记载不难发现，"冉駹"是部落名。《后汉书·冉駹夷传》载："其山有六夷七羌九氐，各有部落。"③ 也如顾颉刚所说："可知冉駹一地实有夷、羌、氐三种人"，但"为羌或为氐常不易辨"。④ 由此可见，汉代的冉駹夷包括夷、羌、氐三种不同的族类，分布在坟山郡，即今汶川、茂汶一带。冉駹的东北部地区，即今松潘、九寨沟、平武、文县一带，正是今天白马人分布的区域。"君长以什

---

① （西汉）司马迁：《史记·大宛列传》，中华书局，1982，第3166页。
② （西汉）司马迁：《史记·西南夷列传》，中华书局，1982，第2991页。
③ （南朝宋）范晔撰，（唐）李贤等注《后汉书·西南夷·冉駹》，中华书局，1965，第2858页。
④ 顾颉刚：《史林杂识初编·氐》，中华书局，1963，第68页。

数"，即部落有十多个或者几十个，所谓"白马"，是中国古代西南夷中七个部落集团之一，属于氐族系统的民族。司马迁在《史记·西南夷列传》对"白马"作了最早的文字记载，虽然寥寥几笔却极有价值，既勾勒出了白马的居住区域，又对其经济类型、文化生活、风俗习惯第一次进行了系统的描述。可见，自秦汉以来，氐族活动的中心便是汉代的武都郡，大概在现在的甘肃陕西交界的陇南市境内。白马氐的得名可能与白马水（今甘肃文县白马峪河）、白水（今白水江、白龙江）等水域有关，很有可能这些水域附近曾经都是白马人居住的区域。

氐族在汉武帝开益州前大多分布在陕、甘、川交会的地方，汉武帝下令圈氐后，氐人率其族人大量地移居到甘肃陇南的武都成县以及陇西东南、渭水北岸等地，避汉锋芒，扩充势力。唐李泰《括地志》卷四《成州·上禄县》对白马氐的分布地区作了详细描述："陇右成州、武州皆白马氐，其豪族杨氏居成州仇池山上。"[①] 仇池山这个地名保留至今，在现陇南西和境内，山上的居民大部分姓杨，自称氐族之后。鱼豢《魏略·西戎传》对"氐人"做了较为详细的描述：

> 氐人有王，所从来久矣。自汉开益州，置武都郡，排其种人，分窜山谷间，或在福禄，或在汧、陇左右。其种非一，称盘瓠之后，或号青氐，或号白氐，或号蚺氐，此盖虫之类而处中国，人即其服色而名之也。其自相号曰盍稚，各有王侯，多受中国封拜。
>
> 其俗，语不与中国同，及羌杂胡同，各自有姓，姓如中国之姓矣。其衣服尚青绛。俗能织布，善田种，畜养豕牛马驴骡。其妇人嫁时着衽露，其缘饰之制有似羌，衽露有似中国袍。皆编发。多知中国语，由与中国错居故也。其自还种落间，则自氐语。其嫁娶有似于羌，此盖乃昔所谓西戎在于街、冀、獂道者也。今虽都统于郡国，然故自有王侯在其虚落间。又故武都地阴平街左右，

---

① （唐）李泰等著，贺次君辑校《括地志辑校》，中华书局，1980，第220页。

亦有万余落。①

氏人在东汉末年经历了一个动荡时期，《魏略·西戎传》对氐人的基本特点和社会生活的描述比较清晰，氐人与羌人的差异也十分明显。氐人有青氐、白氐、蚺氐之分，说明有多个分支；氐人有自己的语言，而且"多知中国语"，说明汉化程度较高；氐人的服饰也有自己的特点，虽然受到汉族、羌族服饰的影响，但是与汉族、羌族不同。

《后汉书·西南夷列传》指出：

> 西南夷者，在蜀郡徼外。有夜郎国，东接交阯，西有滇国，北有邛都国，各立君长。其人皆椎结左衽，邑聚而居，能耕田。其外又有巂、昆明诸落，西极同师，东北至叶榆，地方数千里。无君长，辫发，随畜迁徙无常。自巂东北有莋都国，东北有冉駹国，或土著，或随畜迁徙。自冉駹东北有白马国，氐种是也。此三国亦有君长。②

夜郎、滇族、昆明族、氐族随着历史的演变，已经消失在历史的洪流之中。这些古部族，在司马迁出使之后不久，便被其他民族所融合，淹没在历史的尘埃中了。到了魏晋南北朝时期，出现了"白马氐"的民族群体，《魏书·氐传》："氐者，西夷之别种，号曰白马。""白马氐"的"白马"既非地名，也不是当时氐族崇拜的图腾，笔者的田野调查发现：在白马人传统的民居踏板楼客厅的正中位置，神案的墙上供奉着他们祖先的族谱图，白马人的祖先都以骑着白马、身穿战袍的形象出现，白马在整幅构图中占据中心的位置且占有很大比例，白色的马在他们的眼中，并非一般意义的马，而是陪着祖先南征北战的神马。笔者认为，"白马氐"中"白马"是根据白马人祖先身骑白马这一特征命名的，是祖先崇拜的体现。

① （晋）陈寿：《三国志》，中华书局，1959，第 345 页。《三国志》卷三十《乌丸鲜卑东夷传》裴松之注引，《魏略》为曹魏鱼豢撰，书久佚，佚文多为他书引用而留存，清代时史家王仁俊、张鹏一分别为此书做了辑佚工作。
② （南朝宋）范晔：《后汉书》（卷八十六），中华书局，1965，第 2844 页。

面具之舞

图 1－3　白马人神案上供奉的族谱图①

《华阳国志·汉中志》载："东接汉中，南接梓潼，西接天水，北接始平，土地险阻。有麻田氐傁，多羌戎之民。……武都郡有氐傁，多羌戎之民；阴平郡多氐傁，有黑、白水羌，紫羌，胡虏风俗。"②《华阳国志校补图注》载："则氐傁为白马氐之别称可定。其人属氐类，故常文作'氐傁'，以别于其他诸氐。"氐傁之连称，说明氐人与傁人已经融合，且又与汉人、羌人、胡人杂居，有了羌与胡虏的风俗习惯，后来又与涪水一带的巴人混杂，到了南北朝末期氐人的特性已经消失了。

《北史·氐传》云："氐者西夷之别种，号曰白马。……秦、汉以来，世居岐、陇以南，汉川以西，自立豪帅。"③《通典》卷一八九："氐者，西戎之别种，在冉駹东北，广汉之西，君长数十，而白马最

---

① 该图片来自笔者的田野记录，拍摄人：王艳；拍摄地点：甘肃省陇南市文县铁楼藏族乡入贡山村；拍摄时间：2009 年 2 月 9 日。

② （晋）常璩撰，刘琳校注《华阳国志校补·汉中志》，巴蜀书社，1984，第 155 页。

③ （唐）李延寿：《北史》，中华书局，1974，第 3171 页。

大。"① 黄烈认为这种表述和理解才符合历史事实。② 如史书所载，氐人在秦汉之前已经定居在四川松潘、平武、甘肃陇南的广大地区，与今天白马人聚居的区域在地理空间上是完全重合的。

二 魏晋之后关于氐族的文字记载

"魏晋之后的史料就缺乏有关这地区氐族的记载。"③ 笔者认为，这可能有两个方面的原因。其一，氐族在魏晋南北朝时期盛极一时，前秦苻坚统一北方后，由于氐人力量分散，淝水一战失败后很快就灭亡了。所谓"胜者为王，败者为寇"，为寇者当然要隐藏身份才能免被诛之。其二，唐代随着吐蕃的强大，安史之乱之际，吐蕃趁虚东进，氐人的大部分区域落入吐蕃之手。掌握权力者也掌握着"历史"的建构，历史书写的是过去发生的重大事件、重要人物，"氐"在历史典籍中频频出现的时候正值氐族统一北方、建立政权的鼎盛时期，同样，"氐"在历史典籍中慢慢消失的时候，也是氐人政权灭亡，氐族被迫逃窜山林、"保聚为寨"的时候。一个从最高处跌落谷底又被他族统治的民族，史书怎会过多着墨呢？因为，书写历史的权利已经被统治者剥夺。

尽管如此，自唐以后的文献中也有零星的记载，《新唐书·地理志》："自禄山之乱，河右暨西平、武都、合川、怀道等郡皆没于吐蕃。"④ 说明安史之乱之后，吐蕃东进，氐族居住的中心区域武都已落入吐蕃之手。《旧唐书·吐蕃》："剑南西山又与吐蕃、氐、羌邻接。"唐代，这一地区成为"边疆"地区，汉夷交错，民族冲突时缓时紧。《旧唐书·吐蕃传》载："（大历）十一年正月，剑南节度使崔宁大破吐蕃故洪等四节度兼突厥、吐浑、氐、蛮、羌、党项等二十余万众，斩首万余级。"这里的"氐蛮"无疑是当时阶、文、成、龙四州一带的氐人，说明氐人已经在吐蕃的率领下攻打唐朝。《武阶备志》记载：

① （唐）杜佑：《通典》，中华书局，1988，第 5141 页。
② 黄烈：《五胡汉化与五胡政权的关系》，《历史研究》1963 年第 3 期，第 132 页。
③ 费孝通：《关于我国民族的识别问题》，《中国社会科学》1980 年第 1 期，第 157 页。
④ （宋）欧阳修、（宋）宋祁：《新唐书·地理志》，中华书局，1975，第 1040 页。

在周之后，庐落耗散，其种人留居武都者，有苻氏、杨氏、窦氏、强氏、苟氏、毛氏诸巨姓，皆与汉民杂处，不复为寇盗。唯杨氏窃据爵土三百余年，西魏灭武兴，其子孙流移至宕、沙、岷等州者，仍为酋豪，迄今千余年，世承不绝。……其（指吐蕃人）在阶、文等州者，皆与氐羌杂处，自分部族。中朝人总以西番名之，不复别其汉种、唐种也。①

"以西番名之"，其中包含"汉种""唐种"，所谓汉种，是指汉以来居住在这里的氐羌民族，所谓唐种，是指自唐代才迁徙过来的吐蕃，也就是今天藏族的先民。② 由此可见，当时吐蕃势力强大，不仅攻占了这一区域，还统治了这一区域的少数民族，从而出现了以"番"概括西南少数民族的称谓。杨建新认为："南北朝以后，他们（指氐族）大部分融入汉族和藏族之中，成为西北地区汉族和藏族的一个重要组成部分。"③ 尽管氐人的大部分已经融入了汉族，或者融入了吐蕃，变成了"你中有我，我中有你"的民族，但是有一支保留了下来，就是今天的白马人。

据《文县志》记载：

> 文县地当禹贡梁州之域。秦以前为氐族聚居。西汉始有汉人迁入。东汉安帝永初二年（108），塞外参狼羌内附，县境形成氐、羌、汉杂居局面，而以氐人为主。西晋怀帝永嘉五年（311），仇池氐人杨茂搜占据阴平、上禄（今成县西南）等地建仇池国，后相继建武都国、武兴国、阴平国。唐代吐蕃入侵文、茂、黎、雅等州，文境流入少量吐蕃人。明代，傅友德大军由阶、文入蜀，后又派平羌将军宁政率大军来文，平定文县千户张嘉之乱，都有大批汉人流入文县。明代到清代初期，对原氐、羌民族后裔统称番人，由土司王受印、马起远管辖。清雍正八年（1730），知县葛

---

① （清）吴鹏翱辑《武阶备志》卷二十《蕃夷志》。
② 蒙默：《南方古族论稿》，商务印书馆，2016，第388页。
③ 杨建新：《中国西北少数民族史》，民族出版社，2003，第178～179页。

时政奉令改土归流，裁土司，番人改称为新民。解放后确定为藏族。[1]

《平武县志》也载：

> 平武县自古便是少数民族聚居、生存的地方，至今仍聚居、杂居或散居着藏（包括白马藏族）、回、羌等多种少数民族。周秦时期，县境属氐羌之地。西汉高帝六年（公元前201），汉王朝在县境内建置刚氐道（治今古城乡），以通知当地的氐人。……南北朝梁末时，县境"为氐豪所据"……唐朝时，县境内的民族构成仍以氐羌等少数民族为主，同时，随着吐蕃东进，松潘一带的藏族开始进入县境西部虎牙、泗耳一带。……宋代，县境内的少数民族被称为龙州蕃部。明朝初年，人们对世居本地的少数民族开始有了白马番、木瓜番、白草番等带区别的称呼。……清顺治六年（1649），王、薛二姓三大土司归附清王朝，仍授原职，分别管辖白马、木瓜、白草三番。……嘉庆五年（1800），少数民族聚居区域逐步退缩至火溪沟、白马路、虎牙沟及泗耳沟一带。[2]

1950年7月，平武县藏族自治委员会向西南军政委员会民族事务委员会报告《我县藏族自治区详细情况》时称："'黄羊、白熊、虎牙三大部落均系藏民。'这样，在解放初没有族属识别的环境和条件情况下，县境内历史上白马、木瓜、白草三种番人的后裔就被通称为'藏族'。"[3] 著名历史学家赵卫邦有一段精辟的论述，足以看出白马人的历史渊源："古氐族的后裔，其居甘南五都及陕西略阳者，已与他族融合，难以辨别。其在川北平武及甘肃文县者，汉刚氐道的后裔，则仍居其故地，止明清已不称为氐，而番及西番，本为白马氐的一支，故白马之名仍保留至今。"[4] 综上所述，白马氐历史的演变轨迹和历史的

① 文县志编纂委员会：《文县志》，甘肃人民出版社，1997，第941页。
② 平武县县志编纂委员会：《平武县志》，四川科学技术出版社，1997，第216~218页。
③ 平武县县志编纂委员会：《平武县志》，四川科学技术出版社，1997，第216~218页。
④ 刘启舒编著《文县白马人》，甘肃民族出版社，2006，第127页。

活动区域有了一个大致的、清晰的轮廓。笔者认为并非"氐"族这个古老而神秘的部族在历史上销声匿迹了,而是经过长期的战争冲突和社会流动,一部分融入了其他民族,一部分如费孝通所言"隐族埋名",归隐山林以求自保。

第二节　古代的氐族和今天的白马人

今天生活在川、甘交界处的白马人是古代已经消失了的古部族氐族的后裔吗?费孝通很早就关注到了这个问题,对于"平武藏人"是如此叙述的:

> 在川甘边境,大熊猫的故乡周围,四川平武及甘肃文县境内居住着一种称为"平武藏人"或"白马藏族"的少数民族有几千人。解放前受当地番官、土司、头人的奴役。1935 年,红军长征经过该地;尔后,惨遭国民党的屠杀,仅存五百余口,隐族埋名,依附于松潘藏族大部落,和附近的其他一些少数民族一起被称为"西番"。……据最近调查,他们自称"贝"。他们的语言和藏语之间的差别超过了藏语各方言之间的差别,在语法范畴及表达语法范畴的手段上有类似于羌、普米等语的地方。他们的宗教信仰也较原始,崇拜日月山川,土坡岩石,而无主神,虽部分地区有喇嘛教的渗透,但不成体系。
>
> 从这些事实上不难看到,"平武藏人"在历史上并非藏族的可能性是存在的。①

今天我们所能看到的新闻报道、宣传片和纪录片都指向"白马人是历史上已经消失了的神秘古部族氐族的后裔",尤其是《探寻东亚最古老的部族》这部纪录片播出以后,这种"神秘感"愈演愈烈。

白马人有语言而没有文字,他们在历史上的文字记载也是寥寥无几、只言片语。《魏略·西戎传》中记载:"(氐人)多知中国语,由

第一章　族别与认同：『白马』身份的历史演变

---

① 费孝通:《关于我国民族的识别问题》,《中国社会科学》1980 年第 1 期,第 157 页。

与中国错居故也。其自还种落间，则自氐语。"[1] 这说明，氐人有自己的语言，由于长期与汉人交错杂居，汉化比较严重。这与今天白马人的语言使用状况一模一样，白马人大多能熟练地使用两种语言：白马语和汉语，对着汉人说汉话，回到寨子"则自氐语"。《武阶备志》载："在周以后，庐落耗散，其种人留居武都者，有苻氏、杨氏、窦氏、强氏、苟氏、毛氏诸巨姓。"[2] 白马人现在居住的寨子最早以亲族为单位分布，各自有姓，如强、杨、王等都是笔者在文县铁楼调研时遇到的大姓，在白马山寨里，只要说出姓名，当地的村民就大概知道你是哪个村的，你的家族和亲属关系网基本上了然于胸。

清道光《龙安府志》也载："夷人名曰西番，即古吐蕃遗种，与松潘及甘肃洮、汶番同种类。土地俱系深山，悬岩峭壁，附葛攀藤，刀耕火种，历来并未认纳粮赋。"[3] 明清时期，平武是龙安府的首县，《龙安府志》是清代道光二十年（1840）编修的一本地方志。早在西汉高帝六年（公元前201），在龙安镇（今平武县城）就设立了刚氐道，距今（2020年）已有2221年的历史。

> 番民男妇务农为生。每岁三月，种大麦、青稞，七、八月始收获，备作炒面与酒。五月种荞，九月始收获。霜迟则获，霜早则不成颗。一岁之供，全赖乎荞。多荒少熟，不出外佣工，荒则采蕨根作面为食。……番民耕种用双牛耕。其牛呼犏牛，出松潘寨。价颇贵，每头约价十金，犁地有力。亦养旄牛，多供宰杀。贫而无力者，亦用旄牛耕地。犏牛似旄牛，黑、白色，角细锐长，尾毛似马毛。……番民服色，男多穿红毡衣，衣领暨下脚边，俱用青花布缘腰作密折，长止过膝。帽用白羊毛为毡作成。以牛皮为带，嵌小铜花为饰。鞋以麻布作桶（筒），牛皮作底。夏衣麻布，不染色，长短式样与毡衣同。冬用毡衣，长至足。……番妇剃鬟余发，总成一瓣（辫）于后，包以青布。衣用黑色毡或青蓝

---

① （晋）陈寿：《三国志》，中华书局，1959，第345页。
② （清）吴鹏翱辑《武阶备志》卷二十《蕃夷志》。
③ （清）邓存咏等辑修《龙安府志》（清道光板藏本），内部资料，1996，第186页。

布嵌成花，长至足。带用红毡，宽四五寸，一幅缠腰拖后。鞋与男同。……番女发辫（辫）作小细辫（辫）数十根，往松潘贩买小白珠海巴为饰。衣用杂色毡，间幅为之。带与鞋俱与番妇同。番人所穿之毡，系番妇席地而织，有梭无机，辛苦且难。每日止可织毡一尺或七八寸，织麻布二、三尺不等。……番人嫁娶男家请媒往女家求说，允则受其布、肉为定。男家请番僧择吉接取请客，女家父母兄弟携女同来，男家宰杀大小猪只，备咂酒聚两家至戚，欢饮一二日而散。女随父母归。俟二三年请酒如前，女留住，有孕则解细辫（辫），去衣饰，而呼为妇人。生男教以习射，生女教以绩麻、织布。……番人死丧无孝，但穿破衣埋藏，无棺椁。死者亲子负尸，往穴地，盘其足，坐如生时。用土石掩覆安埋后，有力者请番僧、喇嘛同诵经咒。无力者请番僧占卜埋藏，宰杀猪、羊以祭。喇嘛系番童自幼出家学经咒于和尚者，长则赴西藏朝活佛，归则称为喇嘛。有妻室，习经咒者，称为道士。喇嘛择地修房，居不在寨内与番人同住，穿红、黄衣，长至足。番人最尊重喇嘛，见则叩头。……番民所居房屋，四围筑土墙，高三丈，上竖小柱，覆以松木板，中分二、三层，下层开一门圈牛羊，中上住人，伏天则移居顶层。……番人闲时好猎，所用之弓岩桑木削成，箭桶（筒）以竹蔑为胎，蒙以獾猪皮，以竹作（杆），箭头用铁打成倒须。所猎之物多岩羊、山驴等物。……寨内设有番牌一二名，职司约束。除番牌外，又有土目一二名，统领管束。皆世其役，父亡子继，兄终弟及。替役之时，官给委牌，以专责成。头目散人为友，相见无尊卑。散番有婚姻、地土、斗殴等事，告于番牌、土目，谅事之大小，令曲者出备油、羊、刀、布等，与直者服礼，以酒解和而息。有不能和息者，番牌、土目禀土官，按法惩治。重大者，详请地方官批示遵行。传信用木刻，到官用牌禀。……①

---

① （清）邓存咏等辑修《龙安府志》（清道光板藏本），内部资料，1996，第185~186页。

番民生业、男妇服色、婚嫁、死丧、住居、房屋，一切与长官司管辖番民风俗相同。由此可见，"西番"指的就是今天的白马人。清代道光二十年（1840）编修的《龙安府志》距今（2020年）180年，里面记录的一字一句都可以在平武白马山寨中找到现实的迹象与史书互相印证。

《南齐书·氏羌传》载："于（仇池）上平地立宫室、果园、仓库，无贵贱皆为板屋土墙。"这里的"板屋土墙"正是指今天白马人的家屋。清《职贡图·松潘镇属龙安营辖象鼻、高山等处番民》图说云："其地皆高山，积雪不消，叠石为重屋，覆以柴薪，上居人而下饲畜。"① 这种传统的以木头为框架、土坯夯墙的踏板楼至今还留存在白马山寨。笔者在平武白马藏族乡扒昔加古寨就见到了这种建筑，已经破旧不堪，不能住人，被列为"百年老宅"保护起来。在详述加、厄哩寨几个白马山寨里，受到旅游业的影响，统一规划为藏族风情民宿，房屋加入了很多藏文化元素。在文县铁楼藏族乡，家家户户都是这样的板屋土墙，但是在2008年"5·12"汶川大地震之后，很多房子变成了危房，后来在政府的扶持下修起来的房子大多是钢筋水泥结构，与汉族无异了。

图1-4 白马人传统的板屋土墙②

---

① 李绍明：《清〈职贡图〉所见绵阳藏羌习俗考》，《西南民族大学学报》（人文社科版）2005年第10期；袁晓文、李锦主编《藏彝走廊东部边缘族群互动与发展》，民族出版社，2006，第97页。

② 该图片来自笔者的田野记录，拍摄人：王艳；拍摄地点：四川省绵阳市平武县白马藏族乡扒昔加；拍摄时间：2015年4月19日。

据康熙四十一年（1702）《文县志·番俗》记载："文番即氐羌遗种，衣服五色，不穿中衣，戴毡帽如盖，以鸡翎插之。"[①] 五彩衣是白马女子传统的服装，插着白翎、圆盘状的沙嘎帽已经成为白马人的族徽，无论在大山深处还是城市街头，只要看见插着白色羽毛的沙嘎帽就知道那一定是白马人。

《大清一统志》记载：古刚氐道在龙安府平武县东，甸氐道在陇南文县，湔氐道在松潘西北，氐道则在甘南天水、成县一带。魏晋南北朝时是氐族的强盛时期，唐代则衰落。"吐蕃势力从西藏高原兴起，并逐步进据氐族地区。今四川松潘、（甘肃）文县、武都一带氐族地区长期为吐蕃据有，该地的氐族逐步与吐蕃人相融合。今四川平武、（陕西）略阳一带未被吐蕃据有，该地的氐族则多与汉族融合。"[②]

根据上述历代历史典籍中记载的民俗民风和笔者深入田野所见到的现实镜像互相比较、互相印证，现存的白马人完整地保持着古代氐族的风俗习惯和文化传统，时至今日，他们的生产生活大抵如古，很多历史典籍中关于古氐族的文字记载都可以在现实世界中找到印证。笔者认为，"白马"与"氐"是不同历史时期对同一族群的称谓，历史上频频出现，强盛一时的氐族并没有消失，而是融合到汉族、藏族、羌族等其他民族中，形成"你中有我，我中有你"的中华民族。

第三节　白马人的族源族属之争

20 世纪 80 年代出现过白马人族源族属问题的探讨，形成了白马人"氐"族说、"藏"族说和"羌"族说的争论。现在回顾起来，历史学家、藏学家都是在历史文献中寻找"证据"，历史真实是他们梦寐以求的探寻对象，人类学家坚持在田野当中发掘文化的真相，文化事象是他们阐释的目标，语言学家擅长以语言对比分析为依据，追踪定位白马人的族源。

---

① （清）江景瑞：《文县志》刻本，1702 年（清康熙四十一年），第 82 页。

② 金效静：《中国大百科全书·民族》，1986，第 91 页；黄布凡、张明慧：《白马话支属问题研究》，《中国藏学》1995 年第 2 期，第 116 页。

一 缘起于"尼苏"

新中国成立初期，在全国范围内进行民族识别工作的时候，当时的川北行署派民族工作队到白马人居住地区考察，根据当地工作人员说，白马人说的是藏语，穿的是藏服，居住在白马蕃地，所以将他们聚居的白马、木座、白熊（现木皮）、黄羊四个部落和平武县境内藏族聚居的虎牙、泗耳部落统一划分为"平武县藏族自治区"。由于"根蒂不深，人数又少"（费孝通语），有语言而没有文字，被识别为与之最为相近的藏族。后来，随着本民族干部队伍的成长，外出参观学习直接与其他地区藏族接触的机会越来越多，彼此增进了了解。他们发现，在与藏族交流的过程中，语言、服饰、风俗习惯、宗教信仰等都不同于藏族，而与他们接触的藏族也认为他们不像藏族。于是，白马人中的部分干部逐渐对自己的族属问题产生了怀疑。1964年10月1日，四川省平武县白马藏族乡尼苏受邀到天安门参加建国十五周年观礼，大型纪录片《光辉的节日》记录下了她两个特写镜头。10月6日，毛主席在人民大会堂接见了少数民族代表团，头戴沙嘎帽、身穿五彩衣，站在第二排的尼苏引起了毛主席的注意。毛主席问她是什么民族，尼苏太过激动，言语哽咽，代表团团长代答："我们四川北部平武县有个藏族聚居区，她是白马藏族。"毛主席高兴地说："哦，白马藏族。"然后和代表团合影留念，欢欣鼓舞之余，白马人对自己的族别产生了怀疑，因为从祖辈传下来的神话传说和现实情境都说明他们既不同于藏族，又有别于羌族。民族是一个具有共同生活方式的人们共同体，必须和"非我族类"的外人接触才发生民族的认同，也就是所谓的民族意识，所以有一个从自在到自觉的过程。① 尼苏受到毛主席的接见成为这支族群载入历史的重要事件，也成为白马人民族意识觉醒的开端。

自60年代以来，白马人多次要求对他们进行调查和识别，由于历史原因未能实现。直到1978年，四川省民族事务委员会正式组成"民

---

① 费孝通：《中华民族的多元一体格局》，《北京大学学报》（哲学社会科学版）1989年第4期，第5页。

族识别调查组"两次到四川平武、松潘、九寨沟县及甘肃文县一带的白马人聚居地进行考察、识别。根据新中国民族识别的指导思想："民族是人们在历史上形成的一个有共同语言、共同地域、共同经济生活以及表现于共同文化上的共同心理素质的稳定的共同体。"① 在白马人的文化中,遗留着古氏族、藏族、汉族、羌族的文化因子,这是历史上文化交融互浸的结果,文化的表征(如信仰、习俗、服饰、建筑等)能作为辨识民族身份的因素,但不能作为决定民族身份的因素,文化只是民族的皮肤,并非它的全部,而这些恰恰是早期研究者认为族群(民族)认同的核心因素。这种重视"民族血统"的狭隘的分类方式,忽视了人类体质特征的差异是几万年来适应生存环境的进化结果。这一阶段,我国民族研究深受"阶级分析法"和"民族识别"② 的影响,这与我国的历史背景和社会现实有关。这种民族思想接受了西欧民族主义的外壳,忽视了中国在接触到民族国家思想之前,曾经有数不清的民族集团进入并共同生活在"天下"体系中。③ 如《后汉书·西南夷列传》中记载的夜郎、滇族、昆明族、氏族等古部族,随着历史的演进被其他民族融合,淹没在历史的洪流之中。事实上,元、明、清以来,白马人一直在龙安土司的统治管理之下,土司制度在这里盛行七百多年,一直到 1956 年民主改革才结束。自此,学术界为了体现出这支族群的特殊性又有别于藏族,给予他们一个新的称谓——"白马藏人/白马藏族"。

二 我是谁?我从哪里来?

"我是谁?我从哪里来?"白马人陷入了困惑和迷茫当中。据敦煌吐蕃历史文书 P. T. 1287《赞普传记》记载:

---

① 〔苏联〕斯大林:《马克思主义和民族问题》,中共中央马克思恩格斯列宁斯大林著作编译局编译《斯大林全集》第 2 卷,1954,第 294 页。

② 谭同学:《关于制约当代民族研究的若干重要问题反思——迈向实践社会科学的视野》,《开放时代》2020 第 1 期,第 49 页。

③ 王柯:《从"天下"国家到民族国家:历史中国的认知与实践》,上海人民出版社,2020,第 333 页。

白马藏族自称为"贝",意为"藏人"或"藏军"。相传吐蕃与大唐在吐蕃赞普赤松德赞(755—797)时期,以陇山为界,长达几十年的拉锯战。在此期间,吐蕃赞普下令从卫藏地区召集大量兵力部署到陇山山脉以及白龙江流域,并传没有赞普的旨意不许返回卫藏,后吐蕃赞普至朗达玛时期,因内部矛盾吐蕃政权土崩瓦解,没有了统一的中央政府,部署到东部前线的部队也从此定居下来繁衍后代。

智观巴·贡却乎丹巴绕吉所著《安多政教史》中认为:"白水江流域白马人是吐蕃派往唐蕃前线的守军之后代,白马藏语中仍有很多古藏语。"① 今天白马人的居住区域就在古代藏族繁衍生息的区域范围之内,而且白马人的服饰、习俗、仪礼、万物有灵的信仰、土官世袭的制度等都是吐蕃时期的苯教遗俗。所以,有学者认为"白马藏族是七世纪中叶松赞干布到八世纪赤德松赞期间随军东戎的蕃民之后裔,是藏族而不是氏族"。② 民族学家和历史学家习惯从史书中寻找"证据",为了"还原"白马人的历史进程,查阅了无数的历史典籍,试图搜寻出这个族群在历史中的痕迹,建构出他们的历史渊源。遗憾的是,魏晋之后的历史古籍、地方志缺乏有关氏族的文字记载。

费孝通总结民族识别工作时说:"要认真落实党的民族政策,有必要搞清楚我国有哪些民族。比如,在各级权力机关里要体现民族平等,就得决定在各级人民代表大会里,哪些民族应出多少代表;在实行民族区域自治建立民族自治地方时,就得搞清楚这些地方是哪些民族的聚居区。"③ 民族识别是为了推行民族区域自治,全面落实民族平等的政策,逐步实现经济、社会、文化上的平等,实现少数民族社会跨越式发展。"'民族'原本就是人类历史上相当晚近的新现象,而且还是

① 智观巴·贡却乎丹巴绕吉:《安多政教史》,甘肃民族出版社,1989,第99页。
② 杨士宏:《"白马"藏族族源辨析》,《西北民族学院学报》(哲学社会科学版)1985年第4期,第47页。
③ 费孝通:《关于我国民族的识别问题》,《中国社会科学》1980年第1期,第147～148页。

源于特定地域及时空环境下的历史产物。"① 因此，它的边界不是稳固不变的，而是流动不居的，是在一定时空中呈现出来的流动的共同体。所以，类似于白马人这样的民族识别的遗留问题有必要将它还原到历史的长河中去审视，需要更多学科的参与与互动，呈现出自古以来各民族交往、交流、交融的历史事实，树立正确的历史观、民族观和文化观。

第四节 "寻根溯源"：DNA 对族源的探索与发现

中国百余年人类学的研究和实践，几大分支是剥离的，各自为伍，缺乏对人类整体的追问和观照。如果回到人类学引入中国之初，文化人类学和体质人类学是相生相伴、相互印证的，比如民国年间李济的考古测量，开启了对古今"中国"的整体重写，他从测量中国人的体质特征入手归纳出"我群"规模、成分的演变和迁徙。② 秦始皇统一天下后，书同文，车同轨，行同伦，为文化、经济和政治的统一发展确立了基础。费孝通早在 1934 年就开始从人的体质特征来研究中华民族内在结构的特点，提出"中国版图上的人民是由不同体质、文化成分在历史中历经种种分化同化后形成了一个极其复杂的丛体"，③ 后来指出"中国各民族形成的生物基础也有一个复杂的过程，而基因研究可以对其复杂性有个基本的认识"④。多学科的配合有利于我们认识中华民族起源和演变的历史过程。

---

① 〔英〕埃里克·霍布斯鲍姆：《民族与民族主义》，李金梅译，上海人民出版社，2006，第 5 页。
② 李济：《中国民族的形成》，江苏教育出版社，2005。
③ 1934 年，费孝通发表《分析中华民族人种成分的方法和尝试》一文，1993 年，又主持"中国不同民族基因组比较研究"，分别从体质和生物两方面寻找中国各民族源流、迁徙、发展的相关依据。参见费孝通《费孝通文集：第 1 卷》，群言出版社，1999，第 276~280 页。
④ 费孝通：《关于中国民族基因的研究——〈中国人类基因组〉评审研讨会上的发言》，《开放时代》2005 第 4 期，第 6 页。

一 寻根溯源：田野的再发现

2010 年中央电视台《探索·发现》栏目播出《探寻东亚最古老的部族》之后，在白马人内部引起很大的反响。这部纪录片拍摄于甘肃省文县铁楼藏族乡，"东亚最古老的部族"指祖祖辈辈生活在这里的白马人。《中国民族报》记者采访复旦大学现代人类学重点实验室负责人李辉时，他说："白马藏族虽然现在划归藏族，但其语言、文化都和其他藏族人有比较大的差异。研究人员通过研究他们的遗传结构，发现白马藏族的祖先应该来自氐人，其 Y 染色体全部都是 D 型，拥有这种染色体类型的种族应该有 4 万年左右的历史。而一般黄种人的 Y 染色体大部分是 O 型，拥有这种染色体类型的种族应该只有 2 万年左右的历史。由此推测，白马藏族应该是当地一个最古老的民族。"① 这对于世界遗传学家，生物学家以及人类学家都是一个重要的突破，如果白马人是东亚大陆上现存的、最古老的部族，那么是不是可以从生物人类学角度证明白马人是历史上盛极一时而后销声匿迹的古氐族后裔？该项目的负责人杨亚军博士介绍：

> 《探寻东亚最古老的部族》这部纪录片里面的旁白都是我们提供的，但是节目组根据片子的长短、效果进行了删减，它有一种导向性和暗指性，使看完纪录片的观众都得出一个结论：白马人是东亚大陆上最古老的部族，是古代神秘的氐族后裔。事实并非如此。其实，拥有 Y 染色体 STR 标志是 D 型的人群不仅仅是白马人，与他比邻而居的羌族、嘉绒藏族，昌都地区的藏族比例都很高。比如嘉绒的藏族是百分之四十多，昌都的藏族达到了百分之五十，其中白马人是比例最高的族群，高达百分之六十。也就是说，如果我们找一百个男性，中间就有六十个男性携带的 Y 染色体是 D 型。在整个东亚大陆上，我们所做过 DNA 研究的七十五个人群中，总体来看白马人的比例是最高的。所以，我们说白马人很可能

---

① 钱丽花：《"我从哪里来？"DNA 研究告诉你》，《中国民族报》2013 年 12 月 20 日，第 009 版。

是整个东亚大陆上存留下来的最古老的族群，现存的白马人是东亚先民的后裔，更是活在东亚大陆上最古老的样本。我们的每一项研究都需要大量的、科学的数据作支撑，推断是不成立的。①

谈到这里，醍醐灌顶。一直以来，笔者想寻找一个"是"与"否"的确定性答案，没想到萦绕在心头多年的疑问在生物人类学家眼里是个伪问题。在甲骨文中，"族"是由"众"与"矢"结合而成的会意文字。《说文解字》曰："族，矢锋也，束之族族也。"本意为战斗集团，是从共同的地域、共同的语言层面上理解。长期以来，笔者习惯于把人类所有文化事象都"装"进"民族"的框架下研究，从来没有想要跳出"民族"的边界，站在"人类"的视角去审视。

二　回向整体的人类学

曾任美国人类学学会会长的 W. 高斯密对"整体性"的要求是"把生物和文化两个半偶族维持成一体"，这样便"能既看到人们行为中的生物学动机又看到其文化动机"。② 笔者一直想求证复旦大学现代人类学研究中心对 Y 染色体上的单核苷酸多态位点（SNP）的追踪能否证明：白马人不是藏族，是氐族。2015 年 4 月，笔者跟复旦大学现代人类学研究中心的杨亚军博士和天津师范大学生命科学学院郑连斌教授团队到四川平武县白马藏族乡对当地的白马人进行基因分析、体质测量和文化人类学调研。不知道之前有没有人类学者像我们一样，把生物人类学和文化人类学两个人类学最主要的分支整合起来，一起做田野调研。有一天晚上，大家围炉夜谈，笔者突然提出这个问题的时候，大家都很兴奋地发现，对于在座的每一位都是第一次。在这次田野调研中，笔者也作为团队的一员承担测量、记录的工作，"参与式观察"生物人类学的田野工作方法和过程。

---

① 被访谈人：杨亚军（50 岁，复旦大学现代人类学研究中心副教授）；访谈人：王艳；访谈时间：2015 年 4 月 20 日；访谈地点：四川省绵阳市平武县白马藏族乡详述加。

② 〔美〕W. 高斯密：《论人类诸学科的整体性》，张海洋译，《中央民族大学学报》（哲学社会科学版）2000 年第 6 期，第 7 页。

图 1 – 5　田野调研团队合影①

　　我们这次田野调研的团队成员共有 14 人，分别是来自复旦大学、天津师范大学和四川大学三个高校的师生，专业背景主要有基因人类学、体质人类学和文化人类学。DNA 的发现和体质人类学的研究对人类学、民族学、社会学以及生命科学都有着重要的作用和意义，当史料、考古材料等"证据"不足时，恰好可以通过自然科学来"补证"。笔者对该项目的负责人杨亚军博士进行了深度采访：

　　问：我看过《探寻东亚最古老的部族》那部纪录片，是在文县拍摄的吗？

　　答：是的，当时是在文县铁楼藏族乡拍摄的。

　　问：听说你们最初选择的田野点是平武县，不是文县，为什么最后到了文县呢？

　　答：两方面原因吧。第一是因为 2008 年发生了汶川大地震，平武那边受得影响比较大，这样一来我们收集样本的难度非常大，因为原先的村民失去了联系。我们在田野工作中采集样本有三个原则：第一，采集样本的对象必须是一个群体；第二，男女比例

---

① 该图片来自笔者的田野记录，拍摄人：格汝；拍摄地点：四川省绵阳市平武县白马藏族乡详述加；拍摄时间：2015 年 4 月 21 日。

是1∶1；第三，三代之内不能与外族通婚。地震之后，平武那边的情况不太乐观，找不到符合我们要求的群体了。

问：那地震对你们采集样本的影响到底有多大呢？

答：我们基因人类学最重要的就是样本，样本必须要符合这三个原则，在实验室里做出来的数据才是科学有效的。5·12地震之后，造成了村里村民的迁徙、流动甚至死亡，我们到村子之后，很难找到符合我们要求的样本群体，要么人数不够，要么男女比例不行，最后只能放弃。

问：那后来为什么会选择文县呢？

答：说起来也是机缘巧合，我们实验室有一个甘肃籍的研究生了解到距离平武县百里之外的文县也是白马人的聚居地，在这次地震中受影响较小，而且人数很多。再说，我也是甘肃人啊！

问：你们到达文县之后，和平武对比，感觉怎么样？

答：文县相比较于平武县，贫穷、落后、交通不便。但是对于我们实验室的人来说，虽然走了很多的山路，很累很累，但是越走越兴奋，因为我们的田野经验告诉我们，越是交通不便、贫穷、落后，甚至是与世隔绝的地方，越有可能找到好的样本。

问：你们找到满意的实验样本了吗？

答：当然，我们采集到了217例血样，72例唾液样本。

问：最后，还是想问您，纪录片里说通过你们的实验可以证明"白马人是古代神秘的氐族后裔"，是真的吗？

答：我们采集到的血液样本只能从基因的角度证明，白马人是东亚大陆上最古老的人种，最有可能是古氐族的后裔，并不能由此而推断，它是氐族不是藏族。[1]

后来，杨亚军博士给笔者看了他的博士后出站报告，在国内外期

---

[1] 被访谈人：杨亚军（50岁，复旦大学现代人类学研究中心副教授）；访谈人：王艳；访谈地点：四川省绵阳市平武县白马藏族乡详述加；访谈时间：2014年4月20日晚上。

刊上发表的相关文章，笔者对他的回答才慢慢理解。虽然基因人类学和文化人类学同属于人类学的四大分支，但是专业背景相去甚远，一个是自然科学，一个是人文社会科学，田野工作的方法也大相径庭。基因人类学深入田野是提取样本、采集数据，他们的实验室在研究所里；文化人类学深入田野是参与观察、理解阐释，田野就是他们的"实验室"。

事实上，在我们田野工作的过程中，收集到的白马人的体质人类学的数据显示：相比较于藏族，白马人的族源跟羌族更近一些。这一观点在后来实验室的数据分析中也得到了印证，天津师范大学生命科学学院体质人类学团队采用随机抽样方法调查白马人和羌族的6项不对称行为特征，"结果支持白马人并非藏族的观点，并提示白马人与羌族的族源关系比较接近"[①]。头面部特征是人类学各人种进行分类的重要依据，在人类学的研究中被用作亲缘关系的证据。"通过聚类分析和主成分分析木雅人、尔苏人、白马人与羌族头面部特征比较接近，这4个民族是古代北方民族的后裔。"[②] 对白马人69项体质特征的分析结果显示："白马人的体质特征属于北方族群的特征，与赫哲族、俄罗斯族比较接近，与安多藏族距离较远。"[③] 大量的体质人类学、分子人类学的实验数据表明，白马人群所体现出来的语言、民俗、信仰等文化表征跟生存空间、地理环境、经济生活等因素密切相关，是文化多样性的体现，并不是区分"我族"与"他族"的边界。"从生物基础，或所谓'血统'上讲，可以说中华民族这个一体中经常在发生混合、交杂的作用，没有哪一个民族在血统上可以说是'纯种'。"[④] 这次的田野调研，虽然学科不同，研究方法有所区别，亦能互相借鉴、互相印证。

① 任佳易、张兴华等：《从不对称行为特征探讨白马人的族源》，《解剖学杂志》2016年第39卷第6期，第709页。

② 张兴华、宇克莉、郑连斌：《中国14个特殊旁系族群的头面部特征比较》，《人类学学报》2019年第38卷，第357页。

③ 张兴华、宇克莉、杨亚平、金丹、任佳易、董文静、魏榆、郑连斌：《中国白马人的体质特征研究》，《人类学学报》2020年第39卷，第150页。

④ 费孝通：《中华民族的多元一体格局》，《北京大学学报》（哲学社会科学版）1989年第4期，第11页。

图1-6 至图1-9 体质人类学田野作业掠影①

三 "想象的共同体"——对民族之反思

1983年，本尼迪克特·安德森（Benedict Anderson）提出了想象的共同体（Imagined Communities），也就是民族国家（Nation - State），民族"是一种想象的政治共同体——并且，它是被想象为本质上有限的，同时也享有主权的共同体"，② 想象的并非指虚构的，它意在指出民族的虚拟性与建构性。"民族"作为一个名词概念是近代以后才出现的，如英国人冯客认为："作为民族的种族是作为宗族的种族的一种概念性延伸。民族结合了民的观念和族的虚构。"③ 氏作为族称始见于周代，与羌并称，《诗经·商颂·殷武》云："昔有成汤，自彼氏、羌，

---

① 该组图片来自笔者的田野记录，拍摄人：王艳；拍摄地点：四川省绵阳市平武县白马藏族乡；拍摄时间：2015年4月19日。

② 〔美〕本尼迪克特·安德森：《想象的共同体》（增订版），吴叡人译，上海人民出版社，2011，第6页。

③ 〔英〕冯客：《近代中国之种族观念》，杨立华译，江苏人民出版社，1999，第90页。

莫敢不来享，莫敢不来王，曰商是常。"① 说明氐作为一个民族集团服从于作为正统王朝的商王朝。魏晋南北朝时期，五胡（匈奴、羯、鲜卑、氐、羌）入中原后，氐族建立了前秦，接受了中华王朝的政治制度，积极地学习中华文化，王实赞美氐人苻坚："陛下神武拨乱，道隆虞夏，开庠序之美，弘儒教之风，化盛隆周，垂馨千祀。汉之二武焉足论哉。"② 历史上非汉民族集团的汉化，不仅证明了中华文化的魅力，同时也证明了中华文化原本没有"民族"的属性，它的门户始终是向着所有人开放的。③ 中华文化具有兼容并蓄的凝聚力，中华民族"合之又合"的历史过程，如"凉州会盟""唐蕃会盟"之类的记载史不绝书。

马长寿在《中国西南民族分类》一文中对民族的分类做了深入的阐释："人种分类之标准有二：一曰体质，二曰文化。文化素质之较固定者为语言。然以语言与体质较，语言之游离性乃较体质为大。故以语言划分人类者为不得已而求其次之方法。因其方法本身不甚健全，故需佐之以其他文化素质，如宗教、衣饰之类。而最重要者尤当追溯其民族历史之演变，由历史演变即可辩证语言变迁之所由来。"④ 从2006 年开始，他们在四川、云南、西藏、贵州、海南、新疆、内蒙古等多地调查。通过近一月的描述，基本上勾勒了整个中国，尤其是藏缅语族这一带人群分布的地域、体质的特征与差异等表型特征。笔者发现：在体质人类学和生物人类学者的眼里，地球上每一个个体都是以"人"或者"人群"为单位划分的，如木雅人、白马人、夏尔巴人、摩梭人、图瓦人等，他们很少谈"族"，认为"族"是一个建立民族－国家过程中出现的概念，是一个虚构的共同体。试想一下，如果他们以"族"为单位把在田野作业中采集到的血液、唾液、毛发等数据进行分类归档、聚类分析、建立基因数据库，那他们的数据就失

---

① 李学勤主编《毛诗正义》卷二十，北京大学出版社，2000，第 1721 页。
② 房玄龄：《晋书·苻坚载记上》，中华书局，1974，第 2888 页。
③ 王柯：《从"天下"国家到民族国家：历史中国的认知与实践》，上海人民出版社，2020，第 124 页。
④ 马长寿：《中国西南民族分类》，载李绍明编《藏彝走廊民族历史文化》，民族出版社，2008，第 21 页。

去了意义和价值，他们的田野作业也是徒劳无功的，因为如果以"族"为单位，所有的数据都是混乱的，没有办法分析，当然也就失去了研究价值。从生物人类学的维度来看，"民族"是一个政治共同体，而在文化人类学研究者眼里，"民族"是一个很重要的概念，所有研究都是以"族"为边界的。这也进一步印证了民族的双重意涵，广义上的民族指"中华民族"，是一个多层次的统一体，强调国族（文化意义上的国家）；狭义上的民族是在"四个共同"的基础上，由《中华人民共和国宪法》确立的56个民族，强调地域、血缘、语言、心理等民族特质，随着时代、社会、语境的变化而变化，必须在特定的时空中区分理解。

第五节　白马人的多重称谓与多元认同

"族群"（Ethnic Group）一词作为专业术语被收录于辞书，始见于1964年出版的《社会科学词典》，释义为："在一个较大的文化和社会系统中的一个社会群体，根据其所展示或据信展示的民族综合特征所要求或被给予的特殊地位。"1969年又被收入了《现代社会学词典》，释义为："一种带有某种共同文化传统和身份感的群体，这种群体作为大社会中的亚群体而存在。"① 马克斯·韦伯（Max weber）在《族群》（The Ethnic Group）一文中说："如果那些人类的群体对他们共同的世系抱有一种主观的信念，或者是因为体质类型、文化的相似，或者是因为对殖民和移民的历史有共同的记忆，而这种信念对于非亲属社区关系的延续是至关重要的，那么，这种群体就被称为族群。"②

一　多元表述下的多元认同

白马人历史上有多重称谓，在汉文典籍及地方志中，他们被称为

---

① 〔美〕N. 格莱泽、D. P. 莫尼汉：《民族与民族研究》，马戎主编《西方民族社会学的理论与方法》，天津人民出版社，1997，第4~5页。

② 乔健：《族群关系与文化咨询》，周星、王铭铭：《社会文化人类学讲演集》，天津人民出版社，1997，第481页。

"氐族""白马氐""白马番""西番";在新中国的民族识别中,他们被识别为"藏族";学术界称他们为"白马藏族""白马藏人""达布人";而他们自称为"贝"。这些他称与自称历史表述的演变,正是我国民族国家建构过程的一个缩影,其中白马人的民族认同、自我认同也在多元表述中走向多元认同。近几年,在笔者的跟踪调研中,白马人内部的民族认同也不一致,一部分外出上学、在外工作的白马人自我认同为藏族。他们中有部分人曾在民族高校上学,在与藏族接触的过程中,虽然宗教信仰、生活生产习俗不一样,但是白马语和藏语在口头交流的时候是相通的。语言是民族识别的重要标志,也是民族认同的重要因素,久而久之,他们的宗教信仰、服饰等外部的文化表征渐渐地趋同于藏族。而一直在家乡工作生活的白马人自我认同为氐族,旅游业发展的需要使得白马人的身份被一再地符号化,变成一种符号资本。由此可见,白马人的内部认同已经分化,留守在本地的白马人自我认同为氐族,走出大山的白马人自我认同为藏族。

在历史典籍当中,白马人被称为"氐族""白马氐""白马番",他们没有民族的区分,只有"我群"与"他群"的区别,这种区别建立在共同的祖先、共同的血缘、共同的历史记忆、共同的语言、共同的文化之上,而不是身份证上民族的归属。在学术界,对白马人的称谓一直没有固定的学术术语,我们在已经公开发表的学术论文和著作中检索发现:使用"白马藏族"这个称谓的学者最多,但是"白马藏族"这个称谓在构词上等同于汉族、蒙古族、维吾尔族等 56 个民族,很容易造成误解。我国是一个多民族的国家,很多民族都有多个支系,仅藏族就有(嘉绒)藏族、(木里)藏族、(华锐)藏族等多个支系,在"藏族"的前面加一个地名,是为了凸显这一族群的地域特征和文化特性,我们不能把民族的支系作为民族的族称。有些学者为了体现其特殊性和特指性,用括号或者引号把"白马"二字放进去,比如杨冬燕发表的《(白马)藏族信仰习俗现状调查研究》、杨士宏发表的《"白马"藏族族源辨析》,用标点符号意指白马人是藏族的一支,而不是一个独立的民族。还有一部分学者使用"白马人",比如孙宏开发表的《历史上的氐族和川甘地区的白马人——白马人族属初探》、文县当地的研究者刘启舒出版了名为《文县白马人》的著作，牛瓦曾在给孙宏开的信中说："现对这支民族的称呼问题，在未正式定为氏族前，为便于宣传，我统一叫'白马人'，取其他的称呼是不当的。"[1] 这个称谓充分尊重了白马人自己的意愿，名从其主。也有极少数学者使用白马人的自称"达布人"，这个称谓在20世纪80年代讨论白马人族源族属问题的时候普遍使用，但在这之后，便再无人提及。

笔者认为，学术术语在学术研究中至关重要，尤其是关键性的概念问题，我们必须追溯它的概念、意义和范畴。目前，学术界和新闻媒体对白马人的称谓至今都处于混乱状态，没有统一的规范。由于复杂的历史原因，仅仅两万余人的白马人的历史称谓出现了多元表述，事实上是多民族交融交汇的历史叙事。历史上对白马人族源、族属问题的拉锯和确立，使人们对这支族群的称谓出现了多元表述。现在，我们既要回顾历史，又要面对现实；既要尊重历史，又要尊重现实。1979年，随着我国最后一个民族基诺族的确立，民族识别工作已经基本完成，白马人与云南的"毕苏人""八甲人"，四川阿坝、雅安的"格鲁人"，贵州毕节的"穿青人""蔡家人"，黔东南地区的"㑇家人"，西藏的"僜人""夏尔巴人"一样被划入了56个民族之外的"待识别民族"。自此，白马人成为中国待识别民族中的一种——"白马人"。

二 被赋予的身份和认同的抉择

"认同"的英文是 identity，最初是个哲学范畴，表示"变化中的同态或差别中的同一问题，例如同一律"，多译成"同一"。后来多被应用于心理学范畴，精神分析学派创始人弗洛伊德（Sigmund Freud）认为："认同是个人或群体在感情上、心理上趋同的过程。"[2] 认同多被译为"身份"，身份的确立越来越趋向于心理上的认同和情感上的诉求。后来，埃里克森（Erik H. Erikson）提出了"自我同一性（ego-identity）"的概念，表示个体对自我与他者关系的界定。这种解

---

① 讲述人：孙宏开（中国社会科学院研究员）；采录人：王艳；采录地点：四川省绵阳市平武县白马藏族乡扒昔加；采录时间：2016年11月26日。

② 车文博主编《弗洛伊德主义原著选辑》，辽宁人民出版社，1988，第375页。

释使得"认同"这个概念被人类学家引用于族群研究中,其意义也发生了变化,变成了"求同"和"存异"的行为和态度,不仅指族群中的个体对自我归属与区分的意识,也强调他者对这种关系的认识,即"族群认同(ethnic identity)"。民族(族群)认同即是社会成员对自己民族(族群)归属的认知和感情依附。① 在这个定义中,最核心的是"认知和感情依附",这既是一个社会成员成为群体一员的象征,也是群体赋予社会成员的认同感与归属感。

族群认同指族群身份的确认。郝时远有数篇论文对"族群"的概念作了辨析,并致力于这一概念运用的本土化,他说:"一个族群的自我认同是多要素的,即往往同时包括民族归属感、语言同一、宗教信仰一致和习俗相同等。"② 族群认同建立在共同的历史记忆之上,这种"记忆"可以是文字的,也可以是非文字的。埃里克·霍布斯鲍姆(Eric Hobsbawm)在《民族与民族主义》一书中说:"民族(族群)认同及其所代表的涵义是一种与时俱进的现象,会随着历史进展而嬗变,甚至也可能在极短的时间内发生剧变。"③在这里,"与时俱进"是一个非常关键的变量,在白马人的族群认同问题上也体现出了"与时俱进"的特点。归属于一个群体就会获得一种社会认同,或者说是一种共享的、集体的表征,它关乎的是"你是谁"、"你处于一个怎样的位置上"以及"你应当怎样行事"。比如,在当下平武县、文县"白马人"的身份被一再地强化,白马人独特的民族文化也被充分地彰显。2016 年 11 月 25 日至 29 日,应四川省平武县政府的邀请,笔者一行前往平武县参加了"平武县土司文化与人文生态旅游培训会"。平武县副县长给我们介绍平武县"生态立县、旅游兴县"的三张名片分别是:人文——白马人;生态——王朗自然保护区;文化——报恩寺。其中,第一张名片就是白马人,白马人已经被当地政

---

① 王希恩:《民族认同与民族意识》,《民族研究》1995 年第 6 期,第 17 页。
② 郝时远:《对西方学界有关族群释义的辨析》,《广西民族学院学报》(哲学社会科学版)2002 年第 4 期,第 7 页。
③ 〔英〕埃里克·霍布斯鲍姆:《民族与民族主义》,李金梅译,上海人民出版社,2006,第 10 页。

府旅游兴县战略包装成了一道亮丽的人文景观。2017年2月11日，笔者参加文县白马人火把节的时候，也是同样的状况，白马人的沙嘎帽、五彩的百褶衣、"池哥昼"、土琵琶、扎杆酒、敬酒歌等这些白马人独有的民俗文化被重新挖掘，强调其独特性和差异性以寻求旅游业的增长。

小　结

在本章中，笔者以白马人称谓的历史演变为线索，系统地爬梳出从"氐"如何演变为今天的"白马人"，试图说明白马人认同的形成与演变过程。白马人他称和自称的历史演变事实上反映了从"他者表述"到"自我建构"的历史发展过程。弗里德里克·巴斯（Fredrik Barth）在《族群与边界》一书中认为："族群并非是在共同文化基础上形成的群体，而是在文化差异基础上的群体的建构过程。……对族群边界的划分不需要强调文化特征，仅需要把族群看作一种社会组织形式。族群是由边界确定的，而不是由其文化要素确定的，这里的文化要素包括语言、宗教、习俗、法律、传统、物质文化、烹饪等。"[①]通过历史典籍、地方志、田野调研结合体质人类学、生物人类学的综合分析，白马人族源、族属问题的争论持续了几十年。每每谈到白马人，必先从自己的角度出发，给白马人贴上藏族或者氐族的标签。而这些争论者始终是基于自己的学术视野，看到的是历史的侧面。有学者曾提出，白马人源于氐而融于藏，也是基于体质和文化两个层次，如段丽波、闵红云认为："白马氐和白马羌一属氐，一为羌，其发展流向各异，不能混而为一。白马藏人实则属于白马氐与藏族融合发展而成的藏族支系——白马藏人。"[②]莫超也认为："白马人唐宋以后不仅受藏民族侵染，也受汉民族影响，同时白马人对周边藏汉民族也发生

---

① 〔挪威〕弗里德里克·巴斯主编《族群与边界——文化差异下的社会组织》，李丽琴译、马成俊校，商务印书馆，2014，第10~11页。

② 段丽波、闵红云：《白马氐与白马羌辨》，《思想战线》2008年第5期，第25页。

过一定的影响力。"① 笔者在前人研究成果的基础上认为：白马人的族源、族属问题应该分为文化和体质两个层次——源于氐，融于藏。

中国自古以来就是一个多民族的国家，几千年来形成了"你中有我，我中有你"的多元一体格局，费孝通在《中华民族的多元一体格局》中曾提出中国民族的三个层次，历史上中华民族从一个自在的民族实体"在共同抵抗西方列强的压力下形成了一个休戚与共的自觉的民族实体。这个实体的格局包含着多元的统一体，所以中华民族还包含着 50 多个民族。虽则中华民族和它所包含的 50 多个民族都称为'民族'，但在层次上是不同的。而且在现在所承认的 50 多个民族中，很多本身还各自包含更低一层次的'民族集团'。所以可以说在中华民族的统一体之中存在着多层次的多元格局。各个层次的多元关系又存在着分分合合的动态和分而未裂、融而未合的多种情状"。② 白马人正是费孝通所说的"分而未裂、融而未合"的民族集团多元一体中的"元"。在白马人的文化中，遗留着古氐族、藏族、汉族、羌族的文化因子，这是历史上文化交融互浸的结果。白马人的多元认同反映了他们在现代化进程中与当下社会相融合的现实境遇，在不同的历史时期，白马人的身份认同受政治制度、社会变迁、文化旅游等不同因素的影响。随着经济的发展、社会的重构、民族的融合、交融与互嵌，白马人的认同趋于以文化为中心的多重认同。

---

① 莫超：《氐羌来宾：远古走来的白马藏人》，《中国社会科学报》2015 年 4 月 15 日，A05 版。

② 费孝通：《中华民族的多元一体格局》，《北京大学学报》（哲学社会科学版）1989 年第 4 期，第 18 页。

第二章

▼

空间与族群：
藏彝走廊边缘的地理表述

第一节 地理空间

唐宋以来史书上称聚居有白马人的古阴平道、古刚氐道、古甸氐道以及古湔氐道一带为"白马番地"。笔者根据今天白马人生活的区域勾勒出一个特指的地理空间概念——白马文化圈，指两省三县，今四川省平武县白马藏族乡、木皮藏族乡、木座藏族乡，九寨沟县勿角、双河、罗依、草地、马家五乡，甘肃文县铁楼藏族乡白马人聚居的区域。

俗语说："文县不甘，南坪不川。"这说明文县和南坪（现九寨沟）在风俗习惯上非常相似，尤其体现在语言和饮食方面，文县位于甘肃省的最南边，与四川的九寨沟县交界，文县的方言跟四川话十分接近，而九寨沟地区的方言也受到了甘肃话的影响，在饮食上更是区分不出来彼此。如果在平面地图上把白马人聚居的区域标注出来，会发现他们之间的直线距离近在咫尺。从古至今，两省三县的白马人一直有通婚往来，老一辈的人都是走山路走亲戚，年青一代骑着摩托车往返于乡镇之间。20 世纪 90 年代，九寨沟旅游业兴起以后，很多白马人在九寨沟打工，从文县铁楼骑摩托车到九寨沟仅需两个小时，十分便捷。然而，如果开车往返于这三地之间，却是一段非常辛苦而危险的旅程。

2017 年 2 月 9 日（农历正月十四），笔者一行从甘肃省陇南市武都区出发驱车前往文县，武都与文县的直线距离仅 55.5 公里，路程 146 公里，开车却要 4 个小时。一路沿着白龙江穿行于高山峡谷之间，两岸山峰陡峭直立，走到山石裸露的地方，更是不敢抬头看，感觉山石随时都有可能滚落下来。文县境内最高峰雄黄山（海拔 4187 米）向东南形成高楼山，是通往文县县城路途中最大的山脉，其主峰金子山海拔 3113 米。我们在山路上蜿蜒盘旋，每次抬头往上看，马上就要到达山顶了，到了山顶之后发现，上面还有一个更高的山顶，最后到达最高点的时候，下车休息，发现已经身处云雾之中，有些腾云驾雾的感觉。笔者想起 2009 年文县举行首届中国白马人民俗文化研讨会的时候，甘肃省社会科学院来参会的几位研究人员都感慨如行天堑，真正见识到了什么是"蜀道难，难于上青天！"。笔者从小就生长在这片土地，对当地的地形路况早已习以为常，但是每次翻越高楼山都会晕车。大概正是因为这"蜀道难，难于上青天！"路途遥远、长途跋涉才使得大山深处的白马人"大隐隐于市"，千百年来"不问世事，但闻今朝"，形成了一个"文化的孤岛"。下了高楼山，沿着山路到达了文县县城。从县城开车到铁楼乡有 30 公里左右的乡村公路，如果到各个村寨的话，就变成"单行道"盘山土路了，如果会车，就要在山路宽一点的地方停车等着，等来车通过，才能直行。在这里，摩托车是最便捷的交通工具，年轻小伙子在外打工挣钱第一件事就是买一辆摩托车，穿行于崇山峻岭之中。

图 2-1　鸟瞰白马河流域①

① 该图片来自笔者的田野记录，拍摄人：郝宇；拍摄地点：甘肃省陇南市文县铁楼藏族乡；拍摄时间：2017 年 2 月 11 日。

图 2 - 2　山顶上的村庄①

从文县到九寨沟勿角乡有 80 多公里，由于省道路况不好，公路限速，开车也要两个半小时，路上经常会见到山石滚落。据铁楼麦贡山非物质文化遗产传承人班杰军说：

> 我骑摩托车去九寨沟的马家乡给他们做十二相面具只需要两个多小时，很方便，如果去平武白马的话，更近。这次我在人民代表大会上发言主要说的就是道路问题，如果把铁楼和白马之间的隧道打通，我们不到一个小时就到了。现在制约我们民俗旅游、脱贫致富的关键就是交通，我们如果能跟四川的九环线接上，就能跟着九寨沟沾光了。②

从九寨沟勿角乡到平武白马藏族乡虽然不到 60 公里，但是要翻越黄土梁，一路上冰雪覆盖，防滑链挂上也无济于事，时速一直在 20 ~ 40 公里之间徘徊，近 3 个小时才到达目的地厄哩寨。笔者曾于 2015 年 4 月底从厄哩寨出发翻越黄土梁去九寨沟，虽然已经快 5 月了，黄土梁

---

① 该图片来自笔者的田野记录，拍摄人：郝宇，拍摄地点：甘肃省陇南市文县铁楼藏族乡，拍摄时间：2017 年 2 月 11 日。

② 访谈对象：班杰军；访谈人：王艳；访谈时间：2018 年 1 月 27 日；访谈地点：甘肃省兰州市第十三次人民代表大会上。

还是大雪纷飞，积雪不化。厄哩寨是白马藏族乡的中心，也是交通枢纽站，以它为坐标，往西北方向走十几公里是详述加、扒昔加，还有王朗自然保护区。往东南方向走十几公里途径木皮乡，再走三十几公里就到达平武县城了。往北方向翻越黄土梁就到勿角乡了，再往前走就是马家乡和九寨沟。厄哩、详述加、扒昔加三个寨子由于交通方便、风景宜人、民族文化保留完整，在 20 世纪 90 年代兴起的民俗旅游中被规划为民俗旅游村。

图 2 - 3　冰雪覆盖的盘山公路①

笔者一直信奉"行万里路、读万卷书"，用脚步丈量文化是人类学研究的必经之路。多次行走于白马人聚居地，其实对这里的山高水险早已习以为常，然而每次行走都是心惊胆战、不寒而栗。从行政区域来看，白马文化圈处于甘肃省和四川省的交界处，历史上这一区域历来是中央王朝与地方政权割据、兵家必争之地；从地理环境来看，岷山主峰雪宝顶海拔高达 5588 米，白水江（古称羌水）与涪江发源于此。白马人就居住在雪宝顶东侧的高山峡谷之中，居住面积近一万平方公里，境内高山峻岭绵延，深沟浅壑纵横，原始森林密布，地形崎

---

① 该图片来自笔者的田野记录，拍摄人：郝宇；拍摄地点：四川省九寨沟县勿角乡黄土梁；拍摄时间：2017 年 2 月 12 日。

岖险阻，具有山高水险、交通闭塞的特征，在历史上曾被史志古籍长期称为"氐羌地"。

在摩天岭山脉的南北两侧，形成了一道天然的自然地理分界线，南与北、川与甘、草原与山脉、藏族与汉族……白马人就世世代代繁衍生息在这一区域，白马人有一首歌《大山里的白马人》是这样唱的，歌里描述了白马人生活的自然地理环境：

> 走不完的沟沟，
> 踏不尽的坎坎，
> 望不断的森林，
> 看不够的青山。
> 大山里的白马人啊，
> 勇敢剽悍，壮实如山。
> 青稞酒诉说着昨日的征战，
> 五彩服唤出朝霞满天。
> 白马河流淌着我们不息的歌声，
> 日夜回荡在天地之间。
> 越不完的峡谷，
> 翻不尽的岭峦，
> 蹚不断的小河，
> 饮不够的山泉。
> 大山里的白马人哟，
> 柔情似水，热情豪放。
> 敬酒歌唱出皓月当空，
> 敬酒歌跳落星斗满天。
> 白马河是我们生命的摇篮，
> 哺育出多少铁打的汉。①

① 讲述人：班保林；采录人：王艳；采录时间：2010 年 2 月 13 日；采录地点：甘肃省陇南市文县铁楼藏族乡入贡山村班保林家。

图 2-4　甘肃、四川白马人分布示意图[①]

一　田野调查地：文县铁楼藏族乡

铁楼藏族乡位于文县西南部，白马河流域。东邻城关乡，南连上丹堡乡，西南接四川省平武县，西北与四川省九寨沟县接壤，北靠石坊乡和石鸡坝乡。东西长 31 公里，南北宽 25 公里，面积 324 平方公里。全乡辖 16 个村 51 个社 39 个自然村 2864 户 10941 人（其中藏族 630 户 3061 人）。[②] 铁楼乡因古时候挖出一个大铁炉而得名，又叫铁楼寨，是文县四大边寨之一。铁楼乡境内山大沟深，森林密布，地势东低西高、沟壑纵横、气候寒冷，土地瘠薄，有"一沟有四季，十里不同天""山上雪花飞舞，山下桃红柳绿"等说法，发源于石垭子梁的白马河穿乡而过，在山谷之间静静地流淌，自西向东依次坐落着景家坝

---

①　此图根据四川省民族研究所：《白马藏人族属问题讨论集》，内部刊印，1980 绘制。

②　文县志编纂委员会：《文县志》，甘肃人民出版社，1997，第 101 页。

村、肖家山村、下墩上村、演武坪村、麦贡山村、新寨村、旧寨村、入贡山村、石门沟村、强曲村、小沟桥村、铁楼村、枕头坝村、草河坝村、寨科桥村、李子坝村16个村。① 白马人居住在向阳山坡和河谷地带，房屋依山而建，木楼彩绘，一寨一村，一户一院。

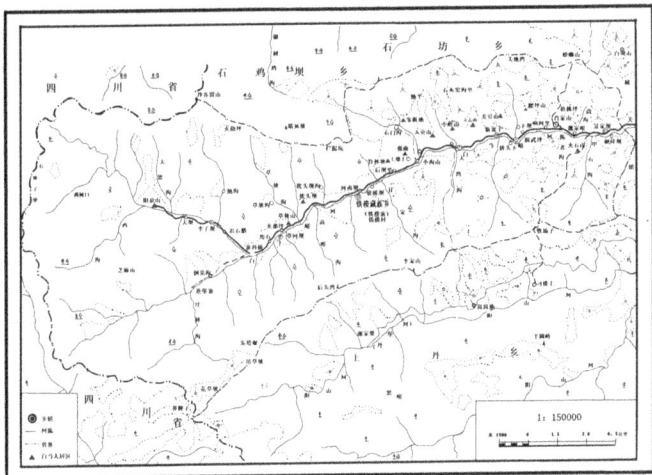

图 2-5　文县铁楼藏族乡民俗文化分布图②

二　田野调查地：平武白马藏族乡

白马藏族乡位于平武县西北部，东接甘肃省文县铁楼藏族乡，南接木座、黄羊关两藏族乡，西邻松潘县施家堡乡，北靠王朗自然保护区和九寨沟县勿角乡。辖伊瓦岱惹、厄哩、稿史垴、亚者造祖4个村，15个村民小组（寨子），面积共442.58平方公里。③ 这里有一条河叫夺补河，又名火溪河，自西南流向西北，经王朗自然保护区、白马藏族乡、王坝楚、木座藏族乡、木皮藏族乡，最后于铁笼堡注入涪江，全长112千米。

白马藏族乡在周秦时为白马氏聚居之地，故称白马。（宋代以前称白马氏，1949年之前称白马番，1950年7月31日后称白马藏族。今习

①　陈英：《文县年鉴》，2016。
②　图片由甘肃省文县铁楼藏族乡地址绘制。
③　平武县县志编纂委员会：《平武县志》，四川科学技术出版社，1997，第92页。

惯上仍沿袭历史旧称,称其聚居地为白马路,居民为白马番或白马人。境内居民则自称为"夺补"。)白马乡宋末属龙州三寨长官司白马寨辖地。历元、明、清至1940年始隶黄羊特编乡,1945年隶黄羊乡,1949年隶又新乡,于1984年改为白马藏族乡。

(一) 木座藏族乡

木座藏族乡位于平武县北部。白马语称其地为"拿佐"或"纳卓"。清道光《龙安府志》记为"木作",今习称"拿佐"为木座,又称为"火溪沟番地"。乡境东接高村乡和青川县唐家河自然保护区,南邻木皮乡,西连白马、黄羊关两藏族乡,北界甘肃省文县刘家坪、上丹堡两乡。辖木座、河口、新营3个村,13个村民小组(寨子),面积共503.20平方公里。1990年底常住人口389户1702人(其中白马人823人),2005年常住人口378户1653人(其中白马人1148人)。[1]历元、明、清至1940年隶阳地特编乡,1945年隶阳地乡,1949年隶新民乡,于1984年3月更名为木座藏族乡。

(二) 木皮藏族乡

木皮藏族乡位于平武县中部偏北,原为土长官司署与土通判署驻地,白马语称其地为"木比",意为幸福,后演变成木皮。汉族称其地为"火溪沟番地"。乡境东邻高村、古城两乡,南界长桂、枕流、阔达三乡,西靠黄羊关藏族乡和水柏乡,北接木座藏族乡。辖关坝、金丰、小河3个村14个村民小组,面积共253.06平方公里。[2] 木皮乡位于白马人村寨和汉族村寨的交界处,和汉族混居在一起,也跟汉族通婚,很多风俗习惯与汉族无异。我们在村子里走访的时候,很多人穿汉族服饰,偶尔会见到老人穿着白马服饰,本民族的文化特征不是特别明显。当地人的观念认为木皮的白马人跟汉族比较亲近,因为有一部分人是在七八十年代重新申报民族身份的时候由汉族变成藏族的。

---

[1] 平武县县志编纂委员会:《平武县志》,四川科学技术出版社,1997,第92页。
[2] 平武县县志编纂委员会:《平武县志》,四川科学技术出版社,1997,第92页。

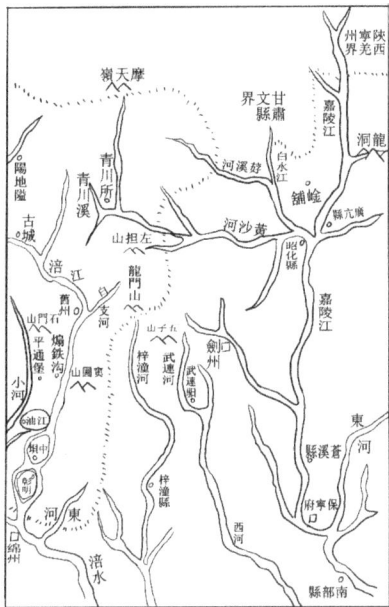

图 2-6 龙安府图①

第二节 历史－民族空间——藏彝走廊

"藏彝走廊"是费孝通先生于1978年提出的历史－民族区域概念：
"主要指川、滇西部及藏东横断山脉高山峡谷区域。该区域因有怒江、
澜沧江、金沙江、雅砻江、大渡河、岷江六条大江自北向南流过，形
成若干南北走向的天然河谷通道，自古以来就成为众多民族或族群南
来北往、频繁迁徙流动的场所，也是沟通西北与西南民族的重要
孔道。"②

我国的山川河流总体呈东西走向，而横断山脉呈南北走向。《辞
海》解释为："中国最长、最宽、最典型的南北向山系。因横隔东西间
交通，故名。"③后来，《中国大百科全书》延续了此解释："山高谷

---

① 此图根据（清）邓存咏等辑修《龙安府志》（清道光板藏本），内部资料，1996，第
16页绘制。
② 石硕：《藏彝走廊：一个独具价值的民族区域——谈费孝通先生提出的"藏彝走廊"
概念与区域》，《藏彝走廊历史文化学术讨论会论文集》，2005，第3页。
③ 夏征农、陈至立主编《辞海》（第六版缩印本），辞书出版社，2010，第736页。

深，横断了东西交通，故名横断山脉。"① 在地质上，"三江褶皱带"是指在怒江、澜沧江和长江上游金沙江一段之间的地带，在地貌上被称为狭义的横断山区。而我们经常提到的横断山地区，被称为广义的横断山区。"所谓广义的横断山区，在狭义的横断山区基础上，还应加上以下两个部分：东北部，自金沙江以东至大渡河、岷江之间，为川西高原；东南部，自怒江以东至沅江之间，为云南高原。广义的横断山区，大致在东经97°（98°）～103°与北纬23°～33°之间。包括怒江（萨尔温江）、澜沧江（湄公河）、金沙江、雅砻江、大渡河、岷江六条大江及其之间的分水山脉。故又被称作六江流域。"② 六条大江自北向南在崇山峻岭之间开辟出了一条条南北走向的天然河谷通道，正因为横断山脉地区"时空隧道"的地理特征，费孝通称之为"藏彝走廊"。

一 "藏彝走廊"的提出

1978 年，费孝通在政协全国委员会会议上，以"关于我国民族的识别问题"为题发言。他首次提出"藏彝走廊"的概念，表述为"这条夹在藏彝之间的走廊"，他指出：

> 要解决这个问题可能需要扩大研究面，把北自甘肃，南到西藏西南的察隅、珞渝这一带地区全面联系起来，分析研究靠近藏族地区这个走廊的历史、地理、语言并和已经陆续暴露出来的民族识别问题结合起来。这个走廊正是汉藏、彝藏接触的边界，在不同历史时期出现过政治上拉锯的局面。而正是这个走廊在历史上是被称为羌、氐、戎等名称的民族活动的地区，并且出现过大小不等、久暂不同的地方政权。现在这个走廊东部已是汉族的聚居区，西部是藏族的聚居区。③

① 中国大百科全书总编辑委员会：《中国大百科全书》（精粹本），中国大百科全书出版社，2002，第 579 页。
② 张荣祖、郑度、杨勤业、刘燕华：《横断山区自然地理》，科学出版社，1997，第 97 页。
③ 费孝通：《关于我国民族的识别问题》，《中国社会科学》1980 年第 1 期，第 157～158 页。

"藏彝走廊"这个概念的形成源于费孝通对白马人的民族识别问题的思考,正是对四川平武的"白马藏人"进行民族识别时暴露出来的问题和遇到的困境的反思。

> 我们以康定为中心向东和向南大体上划出了一条走廊。把这走廊中一向存在着的语言和历史上的疑难问题,一旦串联起来,有点象下围棋,一子相联,全盘皆活。这条走廊正处在彝藏之间,沉积着许多现在还活着的历史遗留,应当是历史与语言科学的一个宝贵的园地。……如果联系到上述甘南、川西的一些近于羌语和独龙语的民族集团来看,这一条夹在藏彝之间的走廊,其南端可能一直绕到察隅和珞渝。①

这是费孝通第一次提出"藏彝走廊",虽然在表述中没有明确提出"藏彝走廊"这个概念,使用的是"这条走廊正处于彝藏之间""这一条夹在藏彝之间的走廊",后来费孝通在五次重要的讲话中对这个概念不断地重复、不断地阐释、不断地延伸。

二 费孝通对"藏彝走廊"的阐述

(一) 第二次论及"藏彝走廊"

1981 年,费孝通在中央民族大学民族研究所召开的座谈会上,以"民族社会学的尝试"为题的讲话中,再次论及"藏彝走廊"的概念,提出研究藏彝走廊的重要性并全面阐述了这一学说。在这个讲话的开头,费老在肯定了以往 30 年做出的成绩和贡献的同时,提出"我们今后的 30 年应该怎么走"的问题。这在我国的民族学研究上具有划时代的意义,以往 30 年的民族研究以民族为单位,一个一个研究,有着很大的局限性。以后要在微型的调查基础之上,强调宏观的研究。他以"藏彝走廊"为例:

> 西边从甘肃南下到云南西陲的这个走廊。历史上彝族属系的

---

① 费孝通:《关于我国民族的识别问题》,《中国社会科学》1980 年第 1 期,第 158~159 页。

不同集团曾在这里建立过一个或几个强大的政治势力。它们正处在汉藏之间。这几个大民族在这地区你来我去，我去你来地搞了几千年。来回的历史流动，都在不同程度上留下了冲积的沉砂。所以，我在前年曾经指出过，这是一个极值得研究的地区。……从宏观的研究说来，中华民族所在的地域至少可以大体分成北部草原地区，东北角的高山森林区，西南角的青藏高原，曾被拉铁摩尔所称的"内部边疆"即我所说藏彝走廊，然后云贵高原，南岭走廊，沿海地区和中原地区。这是全国这个棋盘的格局。我们必须从这个棋盘上的演变来看各个民族的过去和现在的情况，进行微型的调查。①

这是第二次费孝通对"藏彝走廊"这个区域概念的表述，从地域上划出了"藏彝走廊"大致的轮廓。经过几年的思考和酝酿，"藏彝走廊"这个概念逐步趋于成熟和完善。不仅如此，费先生在宏观上对中华民族分布格局勾画出了六大板块和三大走廊。六大板块是指北部草原区，东北部的高山森林区，西南部的青藏高原区、云贵高原区、沿海区和中原区，而三大走廊是指藏彝走廊、南岭走廊和西北走廊。

（二）第三次论及"藏彝走廊"

1982 年，费孝通在中国西南民族研究学会召开的座谈会上发表以"支持六江流域民族的综合调查"为题的讲话，肯定并鼓励民族学者们对藏彝走廊六江流域的民族调查。

根据我们 30 多年的经验，需要重新考虑民族研究下一步怎么搞。现在中国西南民族研究学会组织六个省、区的有关同志对岷江、大渡河、怒江、澜沧江、雅砻江、金沙江这六江流域的民族进行考察，这是很好的。好就好在，第一条它打破了行政上的界限，第二条它打破了学科的界限，进行综合研究。②

① 费孝通：《民族社会学调查的尝试》，《中央民族学院学报》1982 年第 2 期，第 7 页。
② 费孝通：《支持六江流域民族的综合调查》，《民族学报》1982 年第 2 期，第 46 页。

（三） 第四次提出"藏彝走廊"

同年 5 月，费孝通在武汉社会学研究班和中南民族学院部分少数民族同志座谈会上，发表以"谈深入开展民族调查问题"为题的讲话，再一次提出"藏彝走廊"的概念，并详细地阐述了藏彝走廊与民族走廊学说的理论问题。他说：

> 那个地带就是我所说的历史形成的民族地区，我也曾称它作藏彝走廊，包括从甘肃，到喜马拉雅山南坡的洛瑜地区。洛瑜地区的民族构成，外国人搞不清楚。这里发现有水田技术很高的阿帕达尼人。他们从哪里来的呢？我从照片上看，他们头上也有一个髻，同彝族的"英雄髻"很相似。语言我们还不清楚，没有材料作比较研究。再下去到缅甸北部、印度东北部的那加地区。这一带都是这一相似类型的民族，看来都是这条走廊里的民族，都在藏族和彝族之间的地区里。
>
> 藏族是以拉萨为中心，慢慢扩大的。……假如我们能把这条走廊都描写出来，可以解决很多问题，诸如民族的形成、接触、融合、变化等。我是在 1979 年提出这个问题的。现在，四川、昆明的同志们准备开始研究这些问题了。你们西藏也参加了。调查的地区称作六江流域，就是长江上游的金沙江等六条江；从甘肃下来，一直到云南怒江、西藏的洛瑜地区。这就不是一个省，而是几个省几个自治地方联合调查了。……以上讲的，是西南的那一条走廊。[1]

如费孝通在报告中所述，"藏彝走廊"的学术意义再次被提及，这样就使中华民族的形成与发展的研究不再局限于省与省之间的行政划分，不再禁锢在 56 个民族的框架之中，而是超越了行政区域的边界，超越了民族划分的界限，从整体上、宏观上来研究中华民族在历史上

---

[1] 费孝通：《谈深入开展民族调查问题》，《中南民族学院学报》（哲学社会科学版）1982 年第 3 期，第 4 页。

的形成、接触、融合与变化。这也为后来"中华民族多元一体格局"的提出奠定了基础。

（四）第五次提出"藏彝走廊"

2003 年 11 月 6 日，在四川大学召开的"藏彝走廊历史文化学术讨论会"上，费老虽然患病在身，未能到场，也为会议发来贺信，再次阐述了藏彝走廊研究与"中华民族多元一体格局"之间的关系及其重要意义。他在这封贺信中说：

> 我是"藏彝走廊"概念的提出人之一。二十多年前提出"藏彝走廊"这个概念，与我当时对自己的民族研究经历的反思是分不开的。"藏彝走廊"上频繁而密切的族间交往在历史和现实生活中的地位和作用，都早已引起民族学、人类学、民族史学界的注意。我自己在民族调查研究中初步看到，中国存在几个这样的"民族走廊"，而"藏彝走廊"就是一个具有典型意义的例子。六江流域天然的河谷通道，民族种类繁多，支系复杂，相互间密切接触和交融。对这条走廊展开文献和实地田野考察，民族学、人类学、民族史学家能看到民族之间文化交流的历史和这一历史的结晶，从而能对"中华民族多元一体格局"有一个比较生动的认识。①

这是费孝通第五次也是最后一次对"藏彝走廊"公开的表述。作为中华民族多元一体格局中的一枚棋子，"一子相联，全盘皆活"。

石硕教授将"藏彝走廊"分为七个文化区，即羌（尔玛）文化区、嘉绒文化区、康巴文化区、彝文化区、纳系文化区、雅砻江流域及以东保留"地脚话"的藏族支系文化区和滇西怒江－高黎贡山怒、傈僳、独龙族文化区。白马人居住的区域被划入雅砻江流域及以东保留"地脚话"的藏族支系文化区。这一文化区域的族群如白马、扎巴、

面具之舞

---

① 费孝通：《给"藏彝走廊历史文化学术讨论会"的贺信》，石硕：《藏彝走廊：历史与文化》，四川人民出版社，2005，第 1 页。

贵琼、木雅、尔苏、多须、里汝、史兴等人数虽少，但至今仍保留自己独特的语言，这种语言亦被俗称为"地脚话"。这些保留"地脚话"的藏族人群支系均主要分布于雅砻江流域及以东的大渡河流域地区以及藏彝走廊东北角的涪江上游地带，且自北向南大体呈一狭长的带状形分布，现今在民族分类上均归属于藏族，均保留着比较固定的自称，保留着较多古老的历史文化积淀。① 笔者在这一带田野调查的时候经常会碰到一寨一风俗，十里不同天的情况，即使是两个很近的村寨也有可能在语言、风俗、习惯上截然不同。正如石硕教授所说："（藏彝走廊）的民族经常处于迁徙、流动之中，其迁徙、流动的过程，一方面为适应新的环境会不同程度地造成其原有文化的某些变迁，另一方面也通过同一些新的族群的交往接触甚至彼此间的融合而将习俗和文化传统带到新的地区。所以，在藏彝走廊这个民族走廊地带，由于各种文化之间的不断交汇、融合，亦造成了文化源流及民族关系之间彼此交错和极为复杂多样的局面。"②

第三节　记忆空间：地方的多元表述

"地方"不仅仅是古人"天圆地方"的宇宙观，更是一个承载着文化空间和社会秩序的表述单位。在这个空间里，文化的同质性成为划分的标准和界限。一个族群很难去划定他的地理边界，族群内部成员认定的边界往往是社会的边界或者文化的边界。

一　诸葛亮一箭之地的传说

在四川平武县、九寨沟县和甘肃文县三点构成的地理版图上，除了白马人以外，还有泗耳藏族、虎牙藏族、羌族这些族群，历史上他们虽然比邻而居，但是语言不通、互不通婚、生活习俗也不一样。如何来区分"我族"与"他族"，族群的边界在哪里？笔者在田野调查

---

① 石硕：《关于藏彝走廊的民族与文化格局——试论藏彝走廊的文化分区》，《西南民族大学学报》（人文社会科学版）2010年第12期，第2～5页。

② 石硕：《藏彝走廊：文明起源与民族源流》，四川人民出版社，2009，第27页。

中发现，白马人居住的藏彝走廊这一带自古以来就是多民族南来北往、迁徙流动、交融交会的孔道。"'地方'的概念不单纯是一个空间界限，必须先找寻到其中的文化同质性，设立几个有说服力的文化标志，才能划定其边界。"①《诸葛亮一箭之地的传说》更是其中之一：

传说里的核心人物诸葛亮是历史上真实存在的人物，是"政治、军事、外交的全才，对蜀汉鞠躬尽瘁、死而后已，同时神机妙算，用兵如神，有着超人的智慧，自信而潇洒，是一个理想中的'完人'"②。然而在白马人的历史记忆和族群叙事中并不如此。笔者在去木座藏族乡调研的路上途经刻着"杀氏坎"三个字的石碑，司机说，过了这里就真正进入白马人的地域了。当地人普遍认为，《诸葛亮一箭之地的传说》不是虚构的传说故事，而是真实的历史事件，这种记忆在意识与无意识之间转化为"想象"的历史真实，并给后代造成了深远的影响。

二　叶西纳蒙信仰神话

白马人信仰万物有灵的原始宗教，有天神、土地神、山神、树神、日神、月神、水神、火神等，还有白马路十八寨的总山神"白马老爷"，白马语叫"叶西纳蒙"，"纳蒙"即黑天神，每三年就要祭祀一次。叶西纳蒙神山是白马文化圈神圣信仰的中心，从古至今每三年一次的祭祀仪式形成了以神山信仰为中心的祭祀圈。叶西纳蒙信仰成为区分白马人与其他族群的文化标志，一个村寨是不是白马人的村寨，就看是否举行祭祀山神的仪式。如上文提到的木皮藏族乡的白马人，正因为他们每年不"跳曹盖"，也不祭祀叶西纳蒙神山，尽管他们的身份证写着藏族，但是当地人并不认可他们是白马人。"白马藏人的宗教信仰以自然崇拜、图腾崇拜、祖先崇拜为基础，融合了青藏高原苯教、中原汉地道教和佛教的多元文化因素，形成了自然神系、祖先神系和道教、佛教神系混合杂糅的民间信仰体系。这些信仰在不同的时间和

---

① 陈泳超：《民间传说演变的动力学机制——以洪洞县"接姑姑迎娘娘"文化圈内传说为中心》，《文史哲》2010年第2期，第61页。

② 贯井正：《〈三国志演义〉诸葛亮形象生成史》，博士学位论文，中国社会科学院研究生院，2002，第14页。

地点以不同的仪式来表现，展示了汉藏边界地区各族群之间文化互动、涵化、融合、拒斥的社会事实，为我们提供了一幅非常生动的乡民社会宗教文化互动的图景。"①

图 2-7　白马老爷神像②

图 2-7 为文县铁楼藏族乡的班杰军于 2018 年春节刚刚完成的白马老爷神像。神像画完之后于 3 月 2 日（正月十五）举行了开光仪式，供奉在庙宇的神案上。叶西纳蒙被视为白马人的文化标志，只要是信仰白马老爷并且供奉白马老爷神像的肯定是白马人。

小　结

本章首先勾勒出一个地理空间概念——白马文化圈，指两省三县，

---

① 王万平：《族群认同视阈下的民间信仰研究——以白马藏人祭神仪式为例》，《西北民族研究》2016 年第 1 期，第 183 页。
② 该图片由班杰军本人提供，拍摄人：班某；拍摄地点：甘肃市陇南市文县铁楼藏族乡草河坝村；拍摄时间：2018 年 2 月 27 日。

即今四川省平武县白马藏族乡、木皮藏族乡、木座藏族乡，九寨沟县勿角、双河、罗依、草地、马家五乡，甘肃文县铁楼藏族乡白马人聚居的区域。笔者多次行走于雪宝顶东侧的高山峡谷之中，并对这一区域的地理特征、范围、人口等做了描述和图示。从行政区域来看，白马人聚居地处于甘肃省和四川省的交界处，这一区域历来是中央王朝与地方政权割据之地，兵家必争之地；从地理环境来看，境内高山峻岭绵延，深沟浅壑纵横，原始森林密布，地形崎岖险阻，具有山高水险、交通闭塞的特征；从自然生态来看，白马人聚居地位于自然生态相对脆弱的青藏高原与四川盆地过渡带。这里有被称为"野生动物的天堂"的王朗自然保护区，有大熊猫、金丝猴、扭角羚等珍稀野生动物，保持了完整的自然生态系统；从人文版图来看，它位于中国文化多样性最为显著的藏彝走廊东北端，又处于汉、藏、羌三大文化圈之间，这里民族种类繁多，支系复杂，民族文化具有突出的多样性、独特性并保留了大量古老文化遗存，在我国民族区域格局中极具典型意义和特殊研究价值，独特的文化地理区位塑造了多元的族群结构和文化模式。根据以上这些特征，笔者对费孝通五次提出"藏彝走廊"的意义做了梳理，并把白马文化圈置于"藏彝走廊"的区域空间中去理解它的历史性和民族性。最后，笔者试图从白马人的口头传统和信仰空间中寻找白马人的文化标志来划定"白马文化圈"的边界，因为"地方"不仅仅是古人"天圆地方"的宇宙观，更是一个承载着文化空间和社会秩序的表述单位。在这个空间里，文化的同质性成为划分的标准和界限。一个族群很难去划定地理边界，族群内部成员认定的边界往往是社会的边界或者文化的边界。

第三章

▼

敬神与祭火：
"池哥昼"仪式的时空逻辑与文化记忆

　　"池哥昼/跳曹盖"集歌、舞、乐于一体，指生活在川甘交界处两省三县（四川省平武县、九寨沟县及甘肃省文县）的白马人每年岁末新旧交替时举行的以驱鬼除疫、驱邪纳吉、祈福禳灾为目的的民间傩祭仪式。对于白马人来说，"池哥昼/跳曹盖"是祖祖辈辈传承下来的最重要的仪式，凝结着他们生产、生活、信仰、习俗、观念、情感等诸多因素。每逢此时，在外漂泊的白马人都会不远千里，回到寨子，伴随着响彻山谷的锣鼓声、土炮声在长长的"池哥昼/跳曹盖"队伍后面载歌载舞、奔走吟唱。"池哥昼/跳曹盖"仪式还原了白马人自然崇拜、图腾崇拜、祖先崇拜和万物有灵的原始宗教信仰。在仪式过程中，时间过渡和空间过渡①两种境地杂糅在了一起。在时间上，一年一度的"池哥昼/跳曹盖"仪式有其固定的时间，甘肃文县每年从农历正月十三开始至正月十八结束，四川平武县每年从农历正月初四开始至初六结束，从寨头到寨尾、从屋内到屋外、从山上到田间，在神圣与世俗二重空间之间多次转化，交融在一起。白马人传统的习俗是"小年大十五"，对于每一个白马人来说，大年三十可以不回家，但是跳"池哥昼/跳曹盖"这一天一定要回家，因为这一天才是他们心中团圆的日子，是他们的"年"。每当炮声响起、锣鼓敲起来，仿佛在召唤每一个在外漂泊的游子，那种千百年来熟悉的节奏瞬间把记忆穿越到过去。白马人有语言而没有文字，"池哥昼/跳曹盖"的传承只能靠"口传心授、身体力行、代代传习"，几千年来，它传递着白马人的历史与文化，承载着白马人的喜、怒、哀、乐，一直延续到今天。

第三章 敬神与祭火：「池哥昼」仪式的时空逻辑与文化记忆

---

① 关于从何处向何处过渡的问题，一般认为有三种境地，即时间过渡、空间过渡和社会地位过渡。参见〔法〕阿诺尔德·范热内普《过渡礼仪》，张举文译，商务印书馆，2010，第4页。

图 3 - 1　文县"池哥昼"①

第一节　类型与分布

　　"池哥昼/跳曹盖"是白马先民自然崇拜和祖先崇拜的产物，是遗存在白马人生活中的一种古老独特、原始古朴的群体祭祀仪式。"（驱傩仪式）是在岁时节日或发生天灾人祸时举行的一种旨在襄除邪祟不祥、消除精神焦虑、恢复世界秩序、维护人间安宁、祈求幸福吉祥的仪式。仪式中，巫师头戴面具，身披兽皮，扮出一副凶神恶煞的模样，挥舞武器，手舞足蹈，耀武扬威，搜索城市或村落的每一个地方，让邪祟恶魔无藏身之地，最后将象征邪祟的东西（可能是一个人、一只羊、一只鸡或一只鸡蛋）逐出城市或村落，象征着邪恶已被驱除或震服，人间重新恢复了固有的安宁和秩序。"② 白马人的"池哥昼/跳曹盖"正是这样一种驱傩仪式，它的功能是驱鬼除疫、驱邪纳吉、祈福襄灾，它的仪轨过程是头戴面具、身穿兽皮、挥着木剑、入户巡田、驱除邪恶，最后将邪恶的小鬼逐出村庄，让人间重回安宁。

面具之舞

---

①　该图片来自笔者的田野记录，拍摄人：王国珍；拍摄地点：甘肃省陇南市文县铁楼藏族乡入贡山村；拍摄时间：2009 年 1 月 13 日。

②　刘宗迪：《尚书·尧典：一篇古老的傩戏"剧本"》，《民族艺术》2000 年第 3 期，第147 页。

一 类型

笔者展开田野调研的地点覆盖了整个白马文化圈，可分为三种类型：文县"池哥昼"、平武县"跳曹盖"、九寨沟县"㑇舞"（也称"十二相舞"）。"池哥"是白马语"tʂʰŋ³¹ɡə³⁵"的汉字音译，专指池哥（四个男性扮演）这个最主要的角色，后来引申为特指整个傩祭仪式。"曹盖"也是白马语"tsʰɔ³¹ɡɛ³⁵"的汉字音译，本意为面具，特指白马人在仪式中戴的傩面具，因戴上傩面具后就化身为神，后引申意为山神。"跳曹盖"采用了意译加音译的方式，把"昼"意译成动词"跳"，放在专有名词"曹盖"的前面。在白马人的语言里，"曹盖"跟"池哥"实际上是同一个词语，同一个意思，只不过是两个地方方言发音略有差异，用汉语表述出来也就出现了一词两译的现象。"池哥昼/跳曹盖"又称为"鬼面子""朝格"，因表演时头戴面具，当地汉族称其为"面具舞"。

在白马人内部，不管是"池哥昼"，还是"跳曹盖"，都指同一个文化事象，然而，用汉语表述出来的他称却出现了一词两译的现象，一个重要的原因是，文县和平武县在行政区域划分上隶属于两个省份，当地政府通过隶属的省份积极地申报国家级非物质文化遗产，导致了今天我们见到的同一个文化事象在不同省份叫法不一的情况。文化事象之"名"与民间传统之"实"出现了混杂与疏离，很容易让人产生误解，但对于白马人来说，他们一直使用白马语"tsʰɔ³¹ɡɛ³⁵"，虽然村子和村子之间会有差异，在他们的表述中会在"tsʰɔ³¹ɡɛ³⁵"的前面加上村寨的名字来加以区分，并不会像汉语表述一样出现一词两译的情况。

表 3-1 白马人民俗文化入选国家级非物质文化遗产名录的名单①

时间	序号 编号	项目名称	项目类别	申报地区或单位
2006 年	137 Ⅲ-34	㑇舞	民间舞蹈	四川省九寨沟县

---

① 参见序号137，项目编号 Ⅲ-34，见《国务院关于公布第一批国家级非物质文化遗产名录的通知》（国发〔2006〕18号），http://www.ihchina.cn/zhengce_details/11546；序号110，项目编号 Ⅲ-7，见《国务院关于公布第二批国家级（转下页注）

时间	序号　编号	项目名称	项目类别	申报地区或单位
2008 年	110　Ⅲ－7	傩舞（文县池哥昼）	传统舞蹈 （民间舞蹈）	甘肃省文县
2011 年	1091　Ⅲ－102	跳曹盖	传统舞蹈	四川省平武县
2014 年	1276　Ⅲ－123	登嘎甘㑇（熊猫舞）	传统舞蹈	四川省九寨沟县

二　分布区域

"池哥昼"流传于甘肃省文县铁楼藏族乡的麦贡山、立志山、中领山、入贡山、案板地、强曲、朱林坡、枕头坝、草坡山、寨科桥、迭堡，石鸡坝乡的薛堡、堡子坪等十三个自然村寨。"跳曹盖"流传于四川省平武县白马藏族乡伊瓦岱惹、厄哩、稿史垴、亚者造祖，木座藏族乡木座、河口、新营，木皮藏族乡关坝、金丰、小河等地。㑇舞流传于九寨沟勿角乡、双河乡、罗依乡、草地乡、马家乡等地。由于地处崇山峻岭之中，交通阻塞，加上行政区域的划分，形成了三道天然的屏障，就目前可见的文献来看，国内有为数不多的几位研究者应用人类学的方法将三地的面具舞做过对比研究，却从来没有研究者打破省际的界限，把川、甘两个省白马人聚居的区域连接起来，作为一个整体去研究。事实上，生活在这一区域的白马人是同祖同源的族群，历史上他们一直有通婚往来（白马人不与外族通婚），有着不可切割的血缘关系，形成了以血缘为基础的稳定的共同体。每年跳"池哥昼/跳曹盖"的时候，两省三县的白马人像赶集一样相互拜年、串门走亲戚，这已经成为白马人祖祖辈辈互相交流、互相往来、凝结情感的民间传统。

(接上页注①)非物质文化遗产名录和第一批国家级非物质文化遗产扩展名录的通知》（国发〔2008〕19 号），http：//www.ihchina.cn/zhengce_details/11664；序号 1091，项目编号Ⅲ－102，见《国务院关于公布第三批国家级非物质文化遗产名录的通知》（国发〔2011〕14 号），http：//www.ihchina.cn/zhengce_details/11663；序号 1276，项目编号Ⅲ－123，见《国务院关于公布第四批国家级非物质文化遗产代表性项目名录的通知》（国发〔2014〕59 号），http：//www.ihchina.cn/zhengce_details/11662。

表 3 - 2　"池哥昼/跳曹盖"流传区域①　　081

省	县	乡	村寨
甘肃省	文县	铁楼藏族乡	麦贡山、立志山、中领山、入贡山、案板地、强曲、朱林坡、枕头坝、草坡山、寨科桥、迭堡
		石鸡坝乡	薛堡、堡子坪
四川省	平武县	白马藏族乡	伊瓦岱惹、厄哩、稿史埌、亚者造祖
		木座藏族乡	木座、河口、新营
		木皮藏族乡	关坝、金丰、小河
	九寨沟县	勿角乡	下勿角、甲勿、阳山
		双河乡	塄干、碟子坪、团结、下甘座
		草地乡	草地、上草地、郭元乡
		马家乡	马乡、南岸、胜利

第二节　文县"池哥昼"

在白马人的语言里，"池哥"的意思是山神，"昼"就是舞蹈，它们连起来的意思就是：给山神跳的祭祀舞蹈。② "池哥"代表的是氐人共同的先祖神灵，在白马人的口头传统中有关于祖先的族源故事。根据文县铁楼白马人余流源讲述：

> 传说很久以前，白马氐人的祖先建立了仇池国，统治着秦陇一带广袤无垠的土地。后来，发生了战乱，战争持续十年之久，城池被围，十分危急。仇池国王有一个幼子名为武都，为了让年幼的儿子免于战乱，仇池王封他为武都王，让他带着家眷离开仇池国，避开战火，另找栖身之地。可是，武都王还没有动身，仇池国王就开始犯难了。武都王一行出走，山高水远，路途迢迢，加上连年征战，一路上到处都是敌人、流寇。如何才能安全地逃

---

① 笔者根据"池哥昼/跳曹盖"流传的地区制作。
② 王艳：《白马藏人的民俗遗产——"池哥昼"仪式的考察分析》，《中外文化与文论》（第26辑），四川大学出版社，2015，第102～103页。

> 出仇池国，找一处栖身之地呢？仇池国王苦思冥想，也没有想出个全身而退的万全之策。
>
> 宫中的文武百官纷纷向仇池国王献计献策，有人建议武都王一行化装成做生意的商队，有人建议化装成逃荒要饭的乞丐，有人建议化装成举家外迁的老百姓……谁知，这些建议被仇池国王一一否定了。正当仇池国王一筹莫展之时，有位大臣向他提议，让护送武都王的侍卫头戴狰狞面具，装扮成野人，一路上就没有人敢阻挡了。仇池国王再三权衡，没有更好的办法了，便采纳了。他命令将士，人人头戴狰狞面具，装扮成凶悍的野人，护送武都王一行。
>
> 武都王在侍卫的保护下连夜潜逃出了仇池国，一路上历经艰险，奔石峡，跨深涧，日闯险关，夜走栈道。一路上，这队头戴狰狞面具的队伍，恐怖怪异，令人望而生畏，避而远之，谁也不敢靠近。后来，武都王一行流落到阶州（今武都）境内，为了掩人耳目，武都王改名换姓，在当地安居乐业。后来，为了纪念白马先祖生存的艰辛，便有了最早的面具舞“池哥昼”，每年岁末年初，白马人头戴面具，载歌载舞，这一传统在阴平国（文县）境内的氐民中普遍流传，一直沿袭到现在。[①]

至今白马人跳“池哥昼”时，吟唱的请神词中还保留着“仇池哥”和“仇池姆”的称呼。“池哥昼”一词正式成为白马语“tʂhʅ^{31} gə^{35} ndʒo^{35}”官方的、正式的专用术语，是2007年文县非物质文化遗产保护中心在申报国家级非物质文化遗产的时候，为了区别于平武县的“跳曹盖”和九寨沟县的“㑇舞”（也称十二面相舞），当地政府在命名的时候，刻意强调其特殊性，将流传在甘肃文县铁楼的“tʂhʅ^{31} gə^{35} ndʒo^{35}”音译为“池哥昼”。在此之前，当地的汉族称之为“鬼面子”“跳神”，白马人直接使用白马语“tʂhʅ^{31} gə^{35} ndʒo^{35}”，由于方言发音的差异曾被翻译为“朝格”“朝盖”“酬盖”等。“池哥昼”在申遗之前一直作为当地白马人最重要的宗教

---

① 讲述人：余流源；采录人：王艳；采录时间：2009年1月13日；采录地点：甘肃省陇南市文县铁楼藏族乡强曲村。

儺祭仪式，每年跳的时候全村上下都要参与其中。在周边的汉人看来，宗教仪式是神圣的、私密的、不可亵渎的，一般不会参与其中，更不会把仪式当作"热闹"去看，当作"表演"去看，生怕不懂规矩，得罪神灵引来灾祸。这种情况在2008年"5·12"地震之后发生了变化，铁楼藏族乡距离汶川较近，也成为地震受灾区。媒体的报道、社会的关注和政府的救助开启了由封闭通往开放的大门。

一 田野探寻

2009年2月，笔者在陇南市地方志办公室焦红原老师的带领下前往文县铁楼藏族乡麦贡山、入贡山、强曲、草河坝进行田野考察，对"池哥昼"儺祭仪式过程做了全程的跟踪式调研。那时候"5·12"汶川大地震过后半年多，文县距离汶川震中不足百里，也是地震重灾区，村子里满目疮痍，遍地废墟，随处可见赈灾的帐篷，有些房屋倒塌后没有来得及重建，有些建了一半，村民们把帐篷扎在自家的院子里，住进了帐篷里过年。田野调查结束后，第二届陇南市白马人民俗文化保护研讨会在文县召开，会议议题是"挖掘、抢救、保护、开发白马人民俗文化"。自此以后，笔者一直关注白马人民俗文化的传承、保护与发展，并每年定期回访做补充调研，随着研究的深入，又把田野调查的点拓展到了四川省的平武县、九寨沟县，形成了多点式的田野调研网，在近十年的学习和研究中，多次往返于白马人聚居地，累计调研时间超过一年。

2017年2月9日（农历正月十四），为了有针对性地解决本书中存在的疑虑和不足，把已经完成的基本观点和结论再一次放到田野中去验证。笔者决定自驾车从陇南市武都区出发，到甘肃文县铁楼藏族乡，四川九寨沟勿角乡、平武县白马藏族乡完整地再走访一遍。现铁楼藏族乡境内有白马人8442人（截至2014年9月），主要居住在白马河两岸的高山顶上，每个山顶都有一个白马村寨，与山下河谷两边的汉族有明显的区隔。笔者这天要去的入贡山村全村有70多户近400人，以班姓居多。在白马人的祖训中有一条是不与外族通婚，这里的宗族和家庭成员以清晰的血缘和姻亲关系为基础连成亲属网。甘肃文县入贡山的班保林讲述《班家四兄弟打虎的传说》：

> 我们四个村的祖先是兄弟，最早为了躲避兵荒从广元那边迁徙到了这里。一开始，我们的祖先想在白马河边的坝子居住，可是其他人也看中了这块地盘。便约定说，我们打赌吧，谁能先打到老虎谁就住在河边。农历正月十三，班家四兄弟上山打老虎了。老虎最先躲在麦贡山那边，老大从麦贡山往东面撵，第二天撵到了立志山，老二接着撵，到第三天老虎被撵到了中岭山，老三接着撵，最后到第四天的时候撵到了入贡山，四兄弟联手把老虎打死了，那天正好是正月十六。这个时候对方赶了过来，把虎皮给扒了，拿着虎皮说老虎是他们打死的。班家四兄弟口说无凭，没有证据，就没有和他们争，最后住到了山上，而对方占了河坝。四兄弟按照打虎的顺序，老大住在麦贡山，老二住在立志山，老三住在中岭山，老四住在入贡山。我们每年正月十三到正月十六的时候跳"池哥昼"就是为了纪念打虎活动，追忆我们先祖迁徙的历史。①

王明珂称这种"弟兄祖先故事"为"根基历史"（primordial history），其叙述模式是有共同的起源（班家四兄弟），有血缘的延续（四个村子大多以姻亲的方式连成稳定的共同体），有空间领域及其区分（四个兄弟各占一个山头），他们广泛分布在岷江上游的族群以及羌族的村寨中，这里所说的岷江上游的族群包括白马人在内。据顾颉刚先生考证："'氐'与'羌'可分而实不易分"，② 民族学家马长寿也言："氐（白马人）与羌自古以来便是两族，关系密切自不待言。"③ "实不易分"是因氐与羌世世代代比邻而居、关系密切、难分彼此，所以有时又将之连称。在中国传统社会中，祖先是一个特殊的符号，这个符号涵盖了血缘上的关系和地缘上的联系。血缘和地缘的合一是社区的

---

① 访谈对象：班保林（52 岁，文县入贡山村民）；访谈人：王艳；访谈地点：甘肃省陇南市文县铁楼藏族乡入贡山村；访谈时间：2017 年 1 月 10 日。
② 顾颉刚：《氐》，载《史林杂识初编》，中华书局，1963，第 68 页。
③ 马长寿：《氐与羌》，上海人民出版社，1984，第 9 页。

原始状态，血缘是稳定的、缺乏变动的，地缘是血缘的投影，祖先这个符号整合了一定区域的文化认同。[①] 当地流传着一句谚语：亲戚三代，宗族万年。在这种传统而封闭的村落，只要村民说出自己的姓名，村里人根据姓氏就能判断他的亲属关系。白马人有祖先崇拜的民间信仰，在铁楼藏族乡有 16 个行政村，麦贡山、立志山、中岭山、入贡山这四个村子关系最为亲密，他们共同修建了一座神庙，神龛上供奉着同一个祖先，逢年过节都会前去祭拜。这也印证了《班家四兄弟打虎的传说》中的叙述，四个村子的祖先是四兄弟，除了在地缘上自西向东比邻而居以外，这四个村子有着共同的宗教仪式、共同的风俗习惯、共享的集体记忆。

相比于文字记载的历史和口耳相传的叙事，姓氏是可追溯的、连续的、真实的、最古老的记忆符号。《班家四兄弟打虎的传说》在当地流传甚广，上至耄耋老人，下至稚子幼童都耳熟能详。在瓦尔特·本雅明（Walter Benjamin）看来："讲故事是门复述的艺术，包含着丰富的人生经验的传递。讲故事的人所讲的是经验：他的亲身经验或别人转述的经验。通过讲述，他将这些经验再变成听众的经验。"[②] 讲故事不仅仅是白马人茶余饭后的围炉夜话，在某些重要的、正式的、公开的场合，讲故事是传统的传承并伴随着戏剧化的情感表达，故事依托的是记忆，它将零散的、碎片化的经验编织成一张记忆之网，叙述着族群起源和祖先迁徙的历史。

二　仪式时间

一年一度举行的"池哥昼"有其固定的时间，从农历正月十三开始至正月十八结束；有其固定的顺序，自东向西，从铁楼藏族乡的麦贡山开始，逐村逐户地跳，大寨跳两天，小寨跳一天，最后在选堡寨村结束；有其固定的仪式过程，以傩舞贯穿始终，穿着的服饰、佩戴的道具、舞蹈的动作亘古不变，充满了神秘的宗教气氛和浓郁的民族

---

① 费孝通：《乡土中国》，华文书局，2018，第 96、94 页。
② 〔德〕瓦尔特·本雅明：《无法扼杀的愉悦：文学与美学漫笔》，陈敏译，北京师范大学出版社，2016，第 54、49 页。

色彩。没有人能说清楚这样的传统是从什么时候开始的，只是听村子里老人说："从我小时候记事的时候开始，每年举行'池哥昼'的时间、顺序和过程就是这样的，从来没有变过。这是老祖宗定下的规矩，不能变，变了会激怒神灵。"①

> 正月十三（开始）至十四——麦贡山
>
> 正月十四至十五——立志山、中岭山、入贡山、强曲
>
> 正月十五至十六——薛堡寨、堡子坪、案板地、竹林坡
>
> 正月十六至十七——枕头坝、草坡山、寨科桥
>
> 正月十七至十八——送堡寨结束

班运翔教授认为："白马藏族选择'十三'这个数字作为跳面具舞（朝格周）的开始日，无疑与苯教徒崇拜'十三'有关系。不仅白马藏族的舞蹈中有苯教文化的影子，就连'朝格周'的开始都定为'十三'日，因此不能不说苯教文化在白马文化圈的扎根是极其牢固的，并且渗透到他们生活的各个方面。"② "十三"在苯教文化中是一个吉祥的数字，比如流传在白马人聚居地的英雄史诗《阿尼·格萨》中说："岭国是十三旗矛插右面，十三神箭插左边，十三层旗幡，十三座煨桑。"故白马藏族崇拜"十三"这个数，藏族英雄格萨尔王也是十三岁赛马称王。在明代的时候白马人聚居地被称为白马"十三簇"，可见白马藏族对"十三"这个数字的崇拜。③ 在白马山寨，对于每一个白马人而言，大年三十可以不回家守岁，但是正月十三至正月十八一定要回家跳"池哥昼"，这不仅是一年当中最重要的傩祭仪式，更是每一个白马人对自己族群认同、历史记忆和民族文化的追忆和吟唱，这就是白马人常说的"小年大十五"，在他们的观念中，大年三十为"小"，正月十五为"大"，因为正月十五前后要举行"池哥昼"仪式。关于

① 访谈对象：余林机；访谈人：王艳；访谈时间：2009 年 1 月 22 日；访谈地点：甘肃省陇南市文县铁楼藏族乡强曲村余林机家。

② 班运翔：《白马藏族舞蹈生态探微》，《西北民族研究》2013 年第 2 期，第 226 页。

③ 王家祐：《"白马藏人"族属试探》，四川省民族研究所：《白马藏人族属问题讨论集》，内部刊印，1980，第 105 页。

铁楼藏族乡白马人"池哥昼"的来源流传着一个故事，入贡山《班启明振兴面具舞》是这样叙述的：

很久很久以前，白马人就跳面具舞，但是每个寨子跳的都不一样，入贡山出了一个精明能干的人叫班启明，他把几个寨子的长处和优点都学了过来，请了手艺高超的匠人雕刻面具，雕了四个男相，两个女相。因为入贡山有四个亲族，每一个男相代表一个亲族。这样，跳"池哥昼"的人数和角色基本确定下来，接下来就是召集村民，定规矩。经过大家商议之后，定下了七条规矩。

第一，凑柴，每年从腊月初八开始凑柴，每家每户都要凑，给村子里的人烤街火用，直到正月十五为止。

第二，保护森林，保护神庙。林子里的树不能砍，神庙附近的树不能砍。

第三，会首制的确立，会首由村民推选产生，每年"池哥昼"结束后，全体村民聚在一起选会首，一般一个亲族推选一位担任会首，采取轮流制。选出来之后，就要进行交接。每年的"池哥昼"由会首统一统筹安排，包括角色的人选、道具的筹备等。

第四，会首负责面具、服装、道具的保存，不能损坏更不能外借。

第五，炮手不能接近女人，不能跟女人开玩笑，更不能把火药给别人。

第六，跳"池哥昼"的时候，扮演池哥、池姆的人不能把面具摘下来，不能让别人看见脸。

第七，"池哥昼"从东向西，挨家挨户地跳，每到一户，主人要准备好酒肉、凉菜招待。①

从此以后，跳"池哥昼"的七条规矩和禁忌确立了下来，一年又一年传承至今。入贡山的"池哥昼"也因为班启明的改革变成了一个

---

① 访谈对象：杨富成；访谈人：王艳；记录人：郝宇；访谈时间：2009 年 1 月 22 日；访谈地点：甘肃省陇南市文县铁楼藏族乡入贡山村。另参见邱雷生、蒲向明主编的《陇南白马人民俗文化研究（故事卷）》（甘肃人民出版社，2011），也记录了班启明振兴面具舞的故事，认为有十条规矩，大概意思与笔者记录的一致。

范例，成为其他山寨效仿的对象。保罗·康纳顿（Paul Connerton）认为："仪式不是日记，也不是备忘录，它的支配性话语并不仅仅是讲故事和加以回味，它是对崇拜对象的扮演。"① 按照他的观点，白马人的"池哥昼"属于典型的纪念仪式，四个池哥是四兄弟，代表着四个亲族的祖先，池姆代表俩媳妇，知玛代表一对夫妻，猴娃子代表孩子。在仪式中，人们扮演自己的祖先表达对先祖的崇拜和怀念，人们把有关过去的历史记忆通过实践、操演的形式加以维系和巩固，既是怀念又是传承。

三　仪式准备

在白马人的传统节日习俗中，过年与汉族的春节同时，大年三十晚上称为过"元"，代表着新的一年由此开启。这一天，在外工作、求学的白马人大都已经回到了家里，各家各户客厅正中的神案上悬挂的祖先画像前摆上了香炉、点起了香蜡、供奉了食物，全家人都要点上香蜡、焚烧纸钱，跪拜祖先，祈求先祖庇佑。白马民间称为"请先人"，意为请已故的先祖"回家过年"。这一天，火塘里的火不能熄、香炉中的香不能断，家家户户的火塘中放一块牛骨，在熊熊大火中燃烧出牛骨味儿，意为驱走邪恶，一家人围着火塘吃肉、喝酒、唱歌，一直守岁到天亮。白马山寨流传着这样的谚语："初一初二不出门，初三初四串亲戚，初五下地锄地了。"代表着新的一年从劳动开始。

正月初五一大早，小学操场上开始热闹起来，因为白马人居住的寨子都在山上，小学操场是村子里最大的一块儿平地，一般村子里的大事小事都在操场上举行。村子里的"会首"② 召集村民开始集合，开始准备新年"池哥昼"的祭祀事宜。跳"池哥昼"是村子里一年当中最隆重的事情，家家户户、男女老少都参与其中。等到人到齐了，"乐佰"（传承人）开始挑选池哥、池姆、知玛、猴娃子、锣鼓手、炮手等角色的人选。跳"池哥昼"的人选有严格的筛选标准，首先必须是本族男性，入赘的或者外族男性是没有资格入选的；其次，要德行

---

① 〔美〕保罗·康纳顿：《社会如何记忆》，纳日碧力戈译，上海人民出版社，2000，第81页。

② 会首是指组织一年一度"池哥昼"仪式及保管面具的人，一般是村里德高望重的老人。

兼备、口碑不错的年轻小伙子。谁被选中跳今年的“池哥昼”在村子里是最神圣、最荣耀的事情，代表着全村人对他的认可和信任。池哥、池姆等穿的衣服、戴的面具、拿的配器，还有鼓、镲、锣等乐器都要准备齐全。它们的构成大致如下。

服饰：“池哥”四人，均戴木雕彩绘神像面具，面具顶部两侧有两个洞眼，洞眼内插锦鸡毛（一边三根，长短不一）和用黄、红纸叠成的扇形纸花，反穿白羊皮袄（毛朝外，腰间系一条用老羊皮卷成的尾巴）系腰铃，脚穿自制的羊毛毡靴，靴勒上缠着彩带。另外，池哥的脖颈、两腮都要涂锅墨，不能被人认出是谁扮演的；“池姆”二人，均戴木雕菩萨面具，面具顶部两侧洞眼内插入扇形纸花，身穿用五种颜色拼接缝制的百褶连衣裙，系自织的羊毛红腰带，裹绑腿，脚穿麻鞋；男“知玛”头戴草帽，帽圈周围吊着用线串起来的红黄颜色相间的纸花，用线毯从中剪一个菱形口子作斗篷（头部从菱形口中穿出），裹绑腿，脚穿麻鞋；女“知玛”头戴沙嘎帽，身穿酒红色麻布对襟长衫，裹绑腿，脚穿麻鞋；“猴娃子”穿普通衣裤，裹绑腿，穿麻鞋，系自织的羊毛腰带。

面具：白马人跳“池哥昼”时所戴的面具，是由当地所产的柳木或椴木雕刻而成的，一般长约40厘米，宽约30厘米，顶部厚2～3厘米，面部厚1～2厘米，重5斤左右。池哥和池姆的面具最为独特，池哥獠牙咧嘴、怒目圆瞪，额上有立目，凸显出恐怖狰狞之态；池姆柳眉细眼、高鼻小嘴、面容慈祥，体现出文静娴雅之姿。据制作面具的非物质文化遗产传承人班正廉老人介绍：

> 池哥、池姆、知玛的面具代表着神的面孔，戴上面具就是神的化身，神的代言人，必须让人觉得神圣而庄严。舞者只要将面具戴在头上，就要保持干净。每个舞者都要用柏香在全身熏一遍，意为洁身。不准口出秽言，意为洁心。面具的选材、雕刻和着色都有严格的工艺和程序，必须遵从祖先的规定，面具的形象、颜色都有其丰富的文化内涵，不能随意改动。[①]

---

① 访谈对象：班正廉；访谈人：王艳；访谈时间：2009年1月23日；访谈地点：甘肃省陇南市文县铁楼藏族乡入贡山村班正廉家。笔者根据访谈录音整理而成。

当地人把跳"池哥昼"的面具俗称为"鬼面子","池哥昼"结束之后，由"会首"统一保管，用干净的布包好，放在洁净的高处供奉起来，等到来年，再隆重地请出来。白马人家里的大门上、墙壁上、门梁上都供奉着"池哥昼"的面具，像汉族在大门上贴门神的习俗一样，用于驱邪避鬼，保佑家宅平平安安。

图 3-2　门楣上的面具①

图 3-3　墙上的面具②

图 3-4　供奉在神案上的面具③

---

① 该图片来自笔者的田野记录，拍摄人：王艳；拍摄地点：甘肃省陇南市文县铁楼藏族乡麦贡山村；拍摄时间：2009 年 1 月 12 日。

② 该图片来自笔者的田野记录，拍摄人：王艳；拍摄地点：甘肃省陇南市文县铁楼藏族乡麦贡山村；拍摄时间：2009 年 1 月 12 日。

③ 该图片来自笔者的田野记录，拍摄人：王艳；拍摄地点：甘肃省陇南市文县铁楼藏族乡麦贡山村；拍摄时间：2009 年 1 月 12 日。

道具与配器：牛尾、木剑、木刀、权杖；钹、鼓、镲、锣、铜铃、三眼铳①等。

这些服饰和道具作为白马文化的艺术载体，蕴含着丰富的文化内涵、宗教符号和审美功能，"池哥昼"是傩文化的原始形态。傩的基本生存形态是仪式，正如人们常说的："傩，是一种逐除或逐疫的仪式。"其实，傩即仪，仪即傩。有傩必仪，亦祭亦仪。② 相对于较为平面的符号象征而言，"池哥昼"更值得分析的是作为动态和立体的仪式过程及其文化意蕴。

角色组成："池哥昼"队伍一般由九人组成，其中四人扮成山神，又叫"池哥"，意为变化男相；两人扮成菩萨，又叫"池姆"，意为变化女相；两人扮成夫妻，又叫"知玛"；还有一个儿童扮成"猴娃子"，意为小丑。关于"池哥昼"队伍的组成有一个世代流传的故事。

> 很久以前，白马河旁边住着一户白马人家，有四个儿子、两个媳妇和一个女儿。他们从小在大山里出生、长大，从来没有离开过大山。有一天，他们坐在一起商量一起出去游历天下，见见世面。第二天便收拾好行囊上路了，他们七人走啊走啊，不知走过了多少村寨，来到了兰州。在黄河边，找了一户人家投宿，主人热情地招待他们，为了表示感谢，他们送给主人一首动听的歌曲："花儿哟，花儿哟，花儿开到兰州了，兰州的瓜果飘香了，兰州水车转开了，兰州的黄河变清了……"
>
> 离开了兰州，他们七人一路向南，继续前行，走了七七四十九天，来到了四川。一天夜晚，他们走到筋疲力尽才找到一户人家投宿，白马妹妹上前敲门，一开门，一个身穿白色大褂、黑色马甲的英俊少年出现在眼前。少年看见眼前这位美若天仙的白马妹妹心生怜爱，赶紧招呼他们进屋，好酒好肉招待。第二天，少

---

① "三眼铳"是用生铁手工铸造而成，有三个孔，装硫黄、硝和木炭兑的黑火药，用黄土筑坚封口，分三次燃放，因为它的形状看起来像是三只眼睛，故又名"三眼炮"，也有人称其为土炮。

② 曲六乙、钱茀：《东方傩文化概论》，山西教育出版社，2006，第22页。

年再三挽留，白马兄妹盛情难却，住了下来，这一住就是好几天。四川少年知道自己已经深深地爱上了美丽善良的白马姑娘，可是苦于没有机会表白心意，眼看自己的心上人就要随哥哥们离开，他心急如焚。一天傍晚，白马姑娘在厨房收拾碗筷，少年急中生智，伸手摸了一把锅底，将黑色的锅墨抹了姑娘一脸，然后转身朝门外跑去。白马姑娘又羞又恼，追了出去，看见皎洁的月光如水，小河边杨柳依依，少年站在那里一袭白衣，微笑着跟她诉说爱慕之情。在小河边，他们互诉衷肠，情定终身。

第二天，他们手拉着手去跟哥哥、嫂子表明心意，请求得到家里长辈的认可，却遭到了反对。原来，在白马人的祖训里有一条，严禁跟外族人通婚，否则逐出家门，不得入族谱。面对哥哥、嫂子的强烈反对，白马妹妹跪地祈求成全，但却无济于事。哥嫂愤然离去，以为妹妹会随后跟来，没想到白马妹妹留在了四川。后来，白马姑娘和四川少年相亲相爱，结婚生子，可是随着时间的流逝，白马姑娘思乡情切，日复一日，愈演愈烈。

有一年，白马姑娘带着丈夫和儿子回家过年，为了不被人认出，装扮成乞丐模样，脸上涂满了锅墨。到了家里，看见哥哥、嫂子忍不住放声大哭，泪水冲去了脸上的锅墨，这才与家人相认，一家人抱在一起，痛哭流涕，后悔当初太过固执，使兄妹离散十几年。后来，为了纪念这一家人的事迹，便雕刻了四个男相面具代表四兄弟，两个池姆面具代表两个嫂子，一对知玛代表白马姑娘和四川少年，一个猴娃子代表他们的儿子。[1]

这是在文县白马山寨家喻户晓、广为流传的故事。从功能上讲，这个故事完美地解释了白马人"池哥昼"的来源、"池哥昼"队伍角色的组成、约定俗成的规矩、民间信仰的禁忌等地方性知识。笔者在田野当中不止一次地听到这个故事，不同寨子的人口述的文本"大同小

---

[1] 访谈对象：余石东；访谈人：王艳；记录人：郝宇；访谈时间：2017 年 2 月 10 日；访谈地点：甘肃省陇南市文县铁楼藏族乡入贡山村。笔者根据访谈录音、故事的梗概重新书写而成。

异"，叙述的时候都会融入当地的、当下的生活习俗。事实上，故事已经不仅仅是一则"故事"，它成为我们穿越时空、连接过去与现在的桥梁，通过这个平面的故事，给我们还原了一个立体的、真实的历史空间。"弟兄祖先故事"与"历史""传说"等一起构成人们对"过去"的集体记忆，以共同的血缘传承关系，凝聚一个人群（族群或民族）。[①]

四　仪式过程

（一）踩村

正月十三早上十点，随着三眼铳对空三声鸣响（在举行重大活动前燃放三眼铳是召集人、唤人的意思），锣鼓声"咚、咚、嚓……咚、咚、嚓……"骤然响起，参加"池哥昼"仪式的男性全部聚集到会首家，先用稻草扎一个草船，然后开始装饰池哥、池姆、知玛和猴娃子。等他们穿戴完毕，举行起舞仪式，乐佰用点燃的柏枝和黄纸围着他们熏绕一圈，念着古老的经文，意思是请神灵附体。一切准备就绪后，炮手用三眼铳放三炮之后（在祭祀活动中燃放三眼铳是驱邪纳吉的意思），喊三声"噢啊呼呼……噢啊呼呼……噢啊呼呼"，伴随着震耳欲聋的鞭炮声、铿锵有力的锣鼓声和猴娃子的欢呼声，"池哥昼"开始了。

图 3-5　在强曲"踩村"[②]

---

① 王明珂：《羌在汉藏之间》，中华书局，2008，第 192 页。
② 该图片来自笔者的田野记录，拍摄人：李贫；拍摄地点：甘肃省陇南市文县铁楼藏族乡强曲村；拍摄时间：2017 年 2 月 11 日。

图3-6　在入贡山"踩村"①

　　以笔者的实地调查为例，入贡山村的"池哥昼"队伍先从乐佰家里出发，按照由上而下的顺序绕着村子所有的街道转一圈，称之为"踩村"。村子里的男女老少听到声音都会出来紧随其后、载歌载舞、欢呼雀跃。大概中午的时候，所有的村民聚集在学校操场上，这时操场中央已经燃起熊熊的篝火。池哥一手持牦牛尾巴，一手持钢刀，池姆手持拂尘，猴娃子手持牦牛尾，站在广场中间依次排开，围着篝火，转圈跳舞，村民们也跟在他们后面，手拉着手，载歌载舞。

（二）入户驱疫

　　之后按照由远及近、由上至下的顺序挨家挨户地跳，每到一家，炮手对空鸣炮三声，以示池哥、池姆的到来，主人也要点燃事先准备好的鞭炮，焚香点蜡，迎接神灵，"池哥昼"队伍随着鞭炮声进入院子。

　　"池哥"吉言：

　　　　一进财门大大开，二进荣华富贵来，

　　　　三进金银秤砣大，四进四季大发财，

①　该图片来自笔者的田野记录，拍摄人：王艳；拍摄地点：甘肃省陇南市文县铁楼藏族乡入贡山村；拍摄时间：2009年2月8日。

五生贵子早登科，六生文武状元来，

七生七子七弟妹，八生八仙过海来，

九生要说十个满，十一要说摇钱树，

十二要说聚宝盆，摇钱树聚宝盆，

早扛黄金晚扛银，晚扛黄金设秤称，

初一早起拣四两，初二早起拣半斤，

初三初四不许拣，二十四个元宝滚进门，

左端金，右端银，儿子孙辈不受穷。

"池姆"唱道：

心想给你装根烟，烟在临江没打点。

心想给你倒杯酒，种的高粱没绕手。

心想给你倒杯茶，茶在树上没发芽。

心想给你烧个馍，荞皮子火吹不着。

心想给你做顿饭，槽里无水磨不转。

此段完毕，便进门拜年，词如下：

一拜天，二拜月，一年出头十二月，月月保平安；

一天一夜十二时，时时给你家降吉祥；

掌柜的长着一对好眼睛，顿顿不离麻饼子和点心；

掌柜的长着一个好鼻子，顿顿不离猪蹄子；

掌柜的长着一个好脖子，出门骑马压骡子；

从今我们走后，老的增福增寿，小的富贵吉祥；

男的、女的都恶人远避，贵人相助，三灾八难，赶出三千门外。

池哥、池姆唱完祝词后逆时针方向跳三圈傩舞，然后依次走到客厅、卧室、厢房、门廊环绕一圈，池哥左手拿剑，右手挥舞拂尘，意在驱邪纳吉，祛灾祈福。最后四个池哥先进客厅，两个池姆又跳一段舞蹈再进屋就座，池哥坐在上席，池姆坐在两侧，意为男尊女卑，男女有序。此时，主人开始唱"乐义""朝西"给池哥、池姆敬酒，感谢神灵祛除厄运，带来福气。池哥、池姆摘下面具，以前规定池哥、池姆天黑之前不能摘下面具，因为神灵是不食人间烟火的，另外，神要保持自己的威严，不能以世俗的面孔示人，所以，吃菜饮酒时，要扭过头去，不能以真面目示人，否则，就要遭到长辈们的谴责。主人以酒肉殷勤款待，这时随着池哥队伍助兴的青年男女开始对唱白马民歌，向主人敬酒恭贺新春。同时猴娃子跑上来站在门槛上，用牦牛尾巴边敲打门框边说一些吉利话，然后在院内用幽默、诙谐、风趣的话语逗笑戏耍，令人捧腹大笑。而后，屋里的白马老人开始领唱白马人的一首古歌，歌词是这样唱的：

> 白马人的苦难比天上的星星还要繁多，
> 白马人的意志比山上的磐石还要刚强，
> 白马人的故事比白马峪的河水还要长，
> 白马人的篝火燃起了生生不息的希望，
> 白马人的火圈舞就是天上的太阳和月亮……①

"白马藏族歌谣的音乐风格是忧郁、哀伤的，但人们在歌唱过程中却有愉悦、哀思乃至迷狂的不同情感体验。歌声引发的不同情感体验与白马藏族的社会文化情境密切相关，歌声为特定的社会文化情境所形塑，社会文化情境也由特定的歌声来表达。"② 这首歌歌词是悲凉的，歌曲的曲调是悲怆的，即使听不懂白马语的人听着也会不由地悲伤，屋里所有的人表情马上变得严肃而凝重起来。领唱的老人说："现在的年轻人都只会唱敬酒的酒歌，欢乐的跳舞歌，都不会唱我们祖先的歌，我要教他们唱，不能忘记祖先的事，不能忘本啊！"现在，白马人的生活早已脱离了苦难，白马人的子孙还是以歌谣的形式诉说他们苦难的记忆。苦难的记忆总是容易激发人们的共识和团结，在特定的情境下，通过这种歌唱的形式追忆祖先、歌颂祖先，达致族

---

① 访谈对象：班正廉；访谈人：王艳；访谈地点：甘肃省陇南市文县铁楼藏族乡入贡山村；访谈时间：2009 年 1 月 10 日。

② 汪丹：《愉悦、哀思与迷狂：白马藏族歌谣的情感体验》，《学术研究》2011 年第 5 期，第 46 页。

群的认同。

　　片刻酒毕，池哥和池姆绕厨房一圈，用拂尘朝四处敲打几下，意为扫走旧年里一切的晦气和邪气，最后主人拿出事先准备好的纸、香和柏枝，放在自家客厅的门口以及大门外焚烧，并让"池哥昼"队伍跨过去，这便完成了一家的祭祀仪式。

图 3-7　门口准备迎接"池哥昼"①

图 3-8　"池哥昼"入户踩屋②

---

① 该图片来自笔者的田野记录，拍摄人：王艳；拍摄地点：甘肃省陇南市文县铁楼藏族乡入贡山村；拍摄时间：2017 年 2 月 10 日。
② 该图片来自笔者的田野记录，拍摄人：王艳；拍摄地点：甘肃省陇南市文县铁楼藏族乡入贡山村；拍摄时间：2017 年 2 月 10 日。

图 3 - 9　主人给池哥敬酒①

图 3 - 10　"池哥昼" 队伍离开②

（三）送神

最后，"池哥昼" 队伍离开时，炮手点三眼铳表示结束离开，鞭炮声、锣鼓声再次响起。当池哥、池姆祭祀仪式结束以后，按照习俗，炮手要朝天空放一炮，如果这炮不响，则认为不吉利，所以炮手的人选很重要，一般是年轻机灵的小伙子。笔者 2009 年住在村子里的时候，曾遇见三眼铳炮手不小心把手炸伤了，血肉模糊、不忍直视，村子里的小伙子骑着摩托车带他去县城包扎治疗。即使这样，三眼铳至今也从未被抛弃，这种炮不是 "土"，是只能在白马山寨才能听到的独

---

①　该图片来自笔者的田野记录，拍摄人：王艳；拍摄地点：甘肃省陇南市文县铁楼藏族乡入贡山村；拍摄时间：2017 年 2 月 10 日。

②　该图片来自笔者的田野记录，拍摄人：王艳；拍摄地点：甘肃省陇南市文县铁楼藏族乡入贡山村；拍摄时间：2017 年 2 月 10 日。

特的声音，这种声音只有在规定的时间、规定的地点、重大的仪式中才能听见，只有这种声音才能唤醒白马人深藏在身体里的历史记忆，只有这种声音才能凝聚起白马人潜藏在意识里的族群认同。

图 3-11 点燃三眼铳①

仪式从正月十三一直到正月十八晚上才结束。随着"池哥昼"队伍从最后一家出来，事先准备好的草船也被抬到了村子中央。在村里老人的带领下，年轻的男性抬着草船跟随池哥向村外走去，边走边放火炮，男性们和池哥走到村外的一棵大树下停下来，乐佰拿出黄纸和盘香在树脚下点燃，用白马语大声念一段经文，并拜三拜。众人唱起《送神歌》：

客唱：
最能干的是我的主人家，
我走的时候总要给点啥，
我没有吃过的都吃过了，
给你敬酒了。

---

① 该图片由邱雷生提供，拍摄人：王国珍；拍摄地点：甘肃省陇南市文县铁楼藏族乡入贡山村；拍摄时间：2009 年 2 月 10 日。

主唱：

我的客人你不要急着走，

你还没有吃我家的肉。

客唱：

我吃了你东家的肉，

也喝了你们香甜的美酒。

主唱：

你不要急着走，

鸡下的蛋你还没有吃。

客唱：

我吃了鸡蛋，主人你真好，

我走的时间到了，该走了。

主唱：

柳树林里老拐（一种小鸟）肉打回来了，

吃一点再走吧。

客唱：

老拐肉我们已经吃了，

我的主人你真行。

主唱：

桦树林里打鸡去了，

你不要急着走。

客唱：

鸡肉我已经吃上了，

时间已到了，该走了。

主唱：

山林里打麝香去了，

你不要急着走吃了再走。

客唱：

我已经吃了麝香了，

感谢你主人家。①

会首给每家发一面小旗，到了晚上，每家人都把小旗子插在馍馍上，再插上香，点燃蜡，意为带走三灾八难。村民把草船和盘香点燃，炮手拿出三眼铳向纸堆和草船射三下，意为"打鬼驱鬼"，一行人随即离开，整个"池哥昼"仪式结束。

图 3-12　祈求②

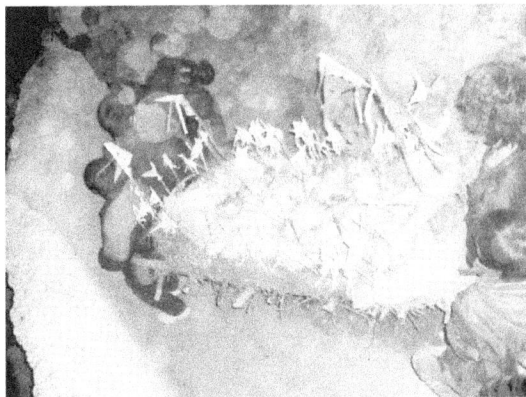

图 3-13　送瘟神③

---

① 讲述人：余林机、班禅禅等；采录人：王艳；采录地点：甘肃省陇南市文县铁楼藏族乡强曲村；采录时间：2009年2月11日。每年"池哥昼"跳完后要送神，众人便唱此歌来送神。

② 该图片来自笔者的田野记录，拍摄人：邱雷生；拍摄地点：甘肃省陇南市文县铁楼藏族乡麦贡山村；拍摄时间：2010年2月10日。

③ 该图片来自笔者的田野记录，拍摄人：邱雷生；拍摄地点：甘肃省陇南市文县铁楼藏族乡麦贡山村；拍摄时间：2010年2月10日。

五 强曲村的"池哥昼"

2017 年 2 月 10 日（农历正月十四）入贡山"池哥昼"结束了，紧挨着入贡山的强曲就开始了。这不仅仅是时间上的延续性，更是空间上的连续性，"池哥昼"的顺序是自东向西，强曲村的方位正好位于入贡山村的西侧。2017 年 2 月 11 日（农历正月十五），笔者一行驱车到达强曲村，刚好碰见"池哥昼"队伍正在准备，笔者一行在院子里成为文化的"他者"，大家都各忙各的，无暇顾及几个外来者的围观。有两个年轻小伙子开着面包车刚刚赶到，带来了几张新的白色的羊皮，用来做池哥、池姆的尾巴，扮演池哥、池姆的人都是年轻的小伙子，有的在外面读书，有的在外面工作，都是在正月十三前后赶回村子，为了正月十五、十六这两天的"池哥昼"。强曲的"池哥昼"跟其他几个村子都不一样，"池哥昼"队伍中有一个人扮演野猪，在仪式过程中有一个"杀野猪"的环节。如图 3-14 所示，野猪头面具是白马人

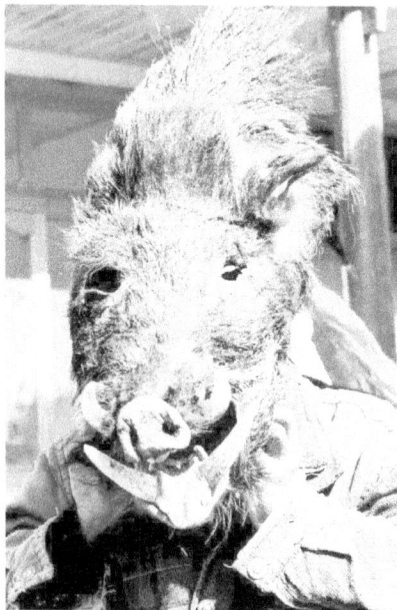

图 3-14 野猪头①

---

① 该图片来自笔者的田野记录，拍摄人：李贫；拍摄地点：甘肃省陇南市文县铁楼藏族乡强曲村；拍摄时间：2017 年 2 月 16 日。

在狩猎的时候杀死野猪之后做成的，听院子里的老人讲：以前林子里经常有野猪出没，等到庄稼成熟的时候，野猪就偷偷跑到庄稼地里偷粮食、偷土豆吃，糟蹋了很多庄稼，有时候还会伤人。所以，他们每年都会组织年轻人上山打野猪。虽然现在山上野猪很少见到了，白马人也不再以狩猎为生，但是，白马先祖遗留下来的狩猎的习俗却保留在了强曲村的"池哥昼"仪式里面，每年此时，强曲村的村民通过模拟围猎野猪的表演来颂扬祖先英勇无畏的精神，以此来激励、团结每一个人。

仪式队伍组成： "池哥昼"队伍也由九人组成，其中三个"池哥"，两个"池姆"，三个"知玛"，一个"野猪"。

仪式过程： 踩村—入户驱邪—送神，与入贡山一样。

每年正月十六晚上，等待入户驱邪纳吉的仪式都结束后，在强曲南面的一块空地上开始"杀野猪"。杀野猪是由一个年轻人头戴野猪面具模拟野猪，在空地上表演野猪在田地间游走、低头啃庄稼、四处窜逃的动作，池哥、池姆、知玛紧随其后，边走边跳，村子里的男女老少也聚集在街火周围手拉着手唱着《玛知玛咪萨敛叨》：

> 祈求白马山寨的人们吉祥平安，
>
> 白马山寨的人们吉祥平安；
>
> 祭祀先祖如在其上，
>
> 保佑子子孙孙富贵吉祥；
>
> 今天我们尽情地跳呀，
>
> 今天我们尽情地舞呀，
>
> 跳的日子是今天，
>
> 舞的日子是今天，
>
> 今天一过再不跳了，
>
> 今天一过再不舞了。
>
> 池哥池姆请慢慢跳啊，
>
> 尊敬的客人你辛苦了，
>
> 客人不要忙也不要慌，

街火还是烧得那样旺，

辞去了旧岁迎来了新春，

这十五即将临近尾声。

好像太阳已落西山，

阴影笼罩着整个大地，

阳光给山脉系上了腰带，

昼与夜交替从这儿开始，

看着看着已翻过高山，

祈求白马山寨的人们吉祥平安，

白马山寨的人们啊吉祥平安。①

歌曲唱完，村子的人基本已经聚集到了空地上，大家手拉着手、呐喊着开始追赶"野猪"，野猪刚开始凶猛无比、在人群中横冲直撞，而后被层层人群围堵得四处逃窜、企图突围，最后，在几声土炮响之后，筋疲力尽、应声倒下。众人一拥而上，围捕野猪，将野猪肉分配给众人，作为牺牲将野猪头面具象征性地献祭于山神，"表演"告一段落。

"假如巩固群体身份认同的知识没有存储于文字中的可能性，那么它只能存储于人的记忆中。……需要多媒体展演的形式的展现，在这种展演中，文字文本被植入到声音、身体面部表情、肢体动作、舞蹈、旋律和仪式行为中。"② 强曲人常说"头猪二熊三老虎"，说明野猪是庄稼的第一号"杀手"。以前，每年庄稼成熟的季节，村子的人都要在庄稼地里搭个棚子守庄稼，防止野猪来偷吃，野猪多的时候，就要组织全寨子的年轻男人一起去撵野猪，否则，野猪不仅来偷吃，被它踩过的庄稼地也是颗粒无收。现在，白马山寨很多家庭已经脱离了传统的农耕生活，搭棚子、守庄稼、撵野猪也成了古老的故事、历史的记忆。但是，白马人却一直没有忘却祖先在这大山之中辛勤耕耘、与野

① 张益琴：《陇南白马人民俗文化研究（歌曲卷）》，甘肃人民出版社，2011，第168页。

② 〔德〕扬·阿斯曼：《文化记忆：早期高级文化中的文字、回忆和政治身份》，金寿福、黄晓晨译，北京大学出版社，2015，第51~52页。

兽英勇做斗争的事迹。每年此时，白马人都会在"池哥昼"仪式中表演"杀野猪"的围猎情形，再现祖先团结一致、英勇狩猎的原始画面，向祖先勤劳勇敢、团结无畏的精神致敬。傩舞早期的演出形态都是以拟兽为特征的，这反映了从巫到傩的过程，同时也是人类敬畏野兽的原始记忆。

第三节　火的祭礼——火圈舞

白马人"会说话就会唱歌，会走路就会跳舞"，很多初来白马山寨的外地人以为白马人的"火圈舞"就是藏族的锅庄舞，因为都是手拉着手围成圆圈跳舞，其实不是，它们之间虽然形似，但是如果深入了解还是有很多不同之处。2009年农历正月十五，笔者在文县铁楼藏族乡强曲村体验了白马人的"火圈舞"，并对该村的这一文化事象做了完整的记录和深入的调研。

一　火圈舞文化事象概况

火圈舞是白马人特有的祭祀性舞蹈，围火而歌，绕火而舞，故称为火圈舞，也称为圆圈舞。火圈舞从农历腊月初八开始，直至次年的正月十七结束，长达四十天，当地政府根据百姓的习俗称其为"烤街火长节"。2011年陇南市人民政府《关于公布第二批市级非物质文化遗产名录的通知》把"烤街火长节"列入第二批市级非物质文化遗产名录。①

（一）凑柴

每年农历腊月初八，年轻小伙子们都要上山打柴，回来后由凑柴人收集，把柴扎成一捆一捆的，整整齐齐地放在广场边，有的还要写上自己的名字，像是在炫耀自己的战利品一样，向村子里来来往往的人展示。村子里的长者们通过这些柴火来判断打柴的小伙子勤劳、能

---

① 参见陇政发〔2011〕75号文件。

干的程度。如果柴打得少、捆得不整齐就会受到村子里姑娘和来来往往邻村人的嘲笑。

腊月初八中午，吃完午饭的白马人都会自觉地站在门口的街道上等待锣鼓声响起，代表着开始凑柴了。村子里的孩子们聚到一起敲锣打鼓，边敲边唱："凑柴凑柴，给点柴火，不给不吉利，众人拾柴火焰高。"凑柴的人从村口开始，按照房子的顺序挨家挨户地敲锣打鼓，每到一家，主人拿出已经准备好的柴火，虽然没有规定每家出多少柴，但是每家每户都得出。凑集好的柴火放在广场边上，在过年期间给村子的老人和小孩儿烤火，还有跳火圈舞的时候点燃的篝火，所以锣鼓敲到哪家，哪家就要拿出柴火，年轻小伙子、姑娘们唱着《凑柴歌》。

> 白天最好看的是美丽的彩霞，
> 晚上最好看的是闪闪的星星。
> 我们白马人最好看的是什么？
> 我们白马人最好看的是跳街火。
> 你也来跳，我也来跳，
> 我们大家一起来跳街火。
> 街火是白马人心中的梦，
> 街火是白马人欢乐的歌。
> 你也凑几根柴，我也凑几根柴，
> 我们家家户户都来凑几根柴。
> 街火才能烧得旺，
> 跳出白马人的欢乐与豪迈……①

（二）烤街火

烤街火就是在村子里宽敞的空地上点燃篝火，村子里的男女老少

① 讲述人：金海泉、薛九保；采录人：王艳、班保林；采录地点：甘肃省陇南市文县铁楼藏族乡薛堡寨；采录时间：2010年2月13日。

都会三三两两地过来围着篝火聊天、讲故事、说笑话、唱歌跳舞，有时村子里的集体事件也是围着火沟通、商量解决的（见图 3 – 15）。

图 3 – 15　烤街火①

如图 3 – 15 所示，笔者在强曲村拍摄此照片的时候，村子里的"池哥昼"队伍正在篝火对面的会首家准备穿戴池哥、池姆等角色的衣服和道具，村子里人都过来围着篝火聊天。随着经济水平的提高，村子里篝火使用煤炭代替了柴火，除了烟少、燃烧时间长外，还有一个重要的原因就是近些年国家实行退耕还林的政策，保护森林资源，柴火自然就变少了。

关于烤街火的来历有两种不同的说法。一种传说是，烤街火与火神崇拜有关，白马人居住的寨子都建在高山顶上，按照祖辈的说法这些地方都是很"硬"的地方，只有火神才能镇得住，所以每年岁末年初、新旧交替之际都要用烤街火的方式，把人气集聚在篝火周围。据村子的人说，烤街火的地方即使火烧得再旺，周围堆满了干柴，也不会引燃旁边的柴火，因为有火神保佑。另外一种传说是，烤街火与战争有关。历史上，白马人是一个饱受战乱之苦的族群，据《文县志》记载："白马人性喜斗，刀剑不离身，遇急则结

---

① 该图片来自笔者的田野记录，拍摄人：王艳；拍摄地点：甘肃省陇南市文县铁楼藏族乡强曲村；拍摄时间：2017 年 2 月 11 日。

阵以待，喊声震山谷。"① 这是对当时情形的真实描述，在战争年代，白马人刀剑不离身，随时准备战斗，到了晚上，年轻人点起篝火守夜保护老人妇孺，为了防止夜深入睡，常常对歌、喝酒聊天消除困意，久而久之形成了通宵达旦烤街火的习俗。笔者认为，除了上述原因外，与自然地理环境也有一定的关系，白马人居住的地区山大沟深、天气寒冷、日夜温差大，烤街火是驱寒的最好方式。另外，以前取暖全靠在树林里捡柴，柴火是有限的，烤街火也是一种经济的、共享的取暖方式。

（三）迎火把

到了正月十五的晚上，夜幕降临，黑色的天空像是幕布一样拉了下来，整个村子寂静起来，慢慢地，圆圆的月亮挂在苍穹之上，星星也开始闪耀，山谷之间连续不断地回响起了"嗷……嗷……嗷嗬，嗷嗬！"各种各样呐喊的声音，这是在模仿祖先狩猎时用木棒追赶野兽的声音。

图 3-16 迎火把②

---

① （清）江景瑞：《文县志》刻本，清康熙四十一年（1702）；转引自陈英《文县史话》，甘肃文化出版社，2011，第15~16页。

② 该图片来自笔者的田野记录，拍摄人：王艳；拍摄地点：甘肃省陇南市文县铁楼藏族乡强曲村；拍摄时间：2009年2月11日。

三声炮响之后，年轻的小伙子们扛着火把，拿着香烛，敲锣打鼓走向山寨神庙，然后点燃篝火，手拉着手载歌载舞，村子里的人听见土炮声、锣鼓声的召唤，纷纷往篝火的方向集合。等到村子里的人到齐了，举行点火仪式，土炮再次响起，所有的火把手全部下跪，乐佰给神庙供上香烛，吟诵经文，请求诸神把火神迎回家，大家一起祈祷火种把丰收带回家，把平安吉祥迎回家。迎火把也被称为迎五谷神，火把烧得越旺，代表着来年收成越好。会首点燃了第一个火把，走在最前面带路，接着火把一个一个地亮了起来，跟天空中的星星互相辉映，直到火把连成了一条线，黑暗中的火把划破了大山的沉寂。大家高举着火把唱着《祈求》返回村子：

> 祈求（山寨人畜）平安吉祥，平安吉祥；
> 祈求上苍保平安呀降吉祥，平安吉祥。①

火把队伍开始动了，从高往低，由远至近，远远地像是一条火龙从天边跳下来，在山上蜿蜒盘旋。歌声、笑声、欢呼声连成一片在山谷之中此起彼伏地回响着，火焰也随着歌声摇摆起来。火把队伍从神庙出发，一路上火不能灭，因为火代表着丰收、吉祥，火把到达村子的广场后，大家把手里没有燃烧完的火把汇聚到一起，点起篝火，男女老少手拉着手，围着篝火，逆时针方向跳起了舞，嘴里一直唱着：

> 这里是我们过去跳的地方；
> 这里是我们过去唱的地方；
> 这是我们跳得最愉快的地方；
> 这是我们唱得最愉快的地方；
> 火儿不吹自己燃起来，青年不叫自己就来了。
> 白马城是什么城？白马城是铁打的城。

---

① 讲述人：余林机、班禅禅；采录人：王艳；采录地点：甘肃省陇南市文县铁楼藏族乡强曲村；采录时间：2009 年 2 月 11 日。

守城就是守家园，杀退敌人要齐心……①

火圈舞刚开始时通常由年事已高的长者领唱，而后大家应声齐唱，歌声由低渐高，舞蹈由慢渐快。跳了十几分钟，长辈们、女人们退到后面，年轻的小伙子们围着熊熊燃烧的篝火，手拉着手、十指相扣，坚如铜墙铁壁，个个蹲着马步，弯腰含胸，双眼紧盯着燃烧的火苗，"攻城"要开始了。

甲方唱道：

> 白马城是什么城？白马城是番城。
>
> 你要攻城就来攻，如无胆量就甭来。
>
> 白马城是钢城，任你攻打都没用。

乙方则唱道：

> 白马城是狗城，我要把城破了，我要把城占了。
>
> 你要硬来我更硬，你要软来我就软。②

对唱结束，小伙子们开始按照逆时针方向转圈，伴随着"嗷……嗷……嗷"响彻山谷的呼喊声，转圈的速度越来越快，如同飞转的圆盘，轮转不息。在以篝火为圆心的飞转过程中，步伐稍微慢一点就会被甩出去，作为惩罚，除了受到村民的嘲笑和唏嘘声外，被甩出去的人会被推进圈内的篝火旁边，意为"画地为牢"。被圈住的人立刻寻找机会往外突围，圆圈的哪个地方被冲破，被圈住的人就得救了，缺口处的人就要被推进圈内接受惩罚。这样循环往复，最后未被圈住的人将被视为勇士，受到人们的尊敬和赞赏，是白马男人勇敢智慧的代表。

面具之舞

---

① 任跃章主编《中国白马人文化书系·信仰卷（上册）》，甘肃人民出版社，2015，第210页。

② 讲述人：班禅禅；采录人：王艳；采录地点：甘肃省陇南市文县铁楼藏族乡入贡山村班保林家；采录时间：2017年1月10日。

图 3 - 17　"攻城"和"守城"①

　　这是男性的舞蹈，模拟的是战争场面，"攻城"和"守城"，所以也称为"越城舞"，是火圈舞的一部分。中间的篝火象征着坚不可摧、永不攻破的城池，白马人手拉着手，臂挽着臂，围着篝火转圈，象征着铜墙铁壁，团结一致抵抗外敌的决心和信心。白马人通过这种方式"穿越"到过去，演绎战争的场面，缅怀先祖英勇无畏的精神。

图 3 - 18　跳火圈舞（白天）②

① 该图片来自笔者的田野记录，拍摄人：邱雷生；拍摄地点：甘肃省陇南市文县铁楼藏族乡麦贡山村；拍摄时间：2010 年 2 月 10 日。

② 该图片来自笔者的田野记录，拍摄人：王艳；拍摄地点：甘肃省陇南市文县铁楼藏族乡强曲村；拍摄时间：2017 年 2 月 11 日。

图 3—19　跳火圈舞（晚上）①

二　火圈舞的起源

我国很多少数民族有围着圈跳舞的传统，比如说藏族的锅庄舞、羌族的萨郎、普米族的搓磋舞、蒙古族的查玛舞、彝族的撮泰吉都是围着圆圈跳舞。与白马人比邻而居的嘉绒藏族自隋唐开始就有跳锅庄的文字记载，据《丹巴县志》记载，丹巴锅庄形成于隋唐时期，"达勒嘎底（大锅庄）产生于氐羌文化和吐蕃文化融合的隋唐时代，属颂扬性舞蹈"。② 白马人虽然没有相关的文字记载，但是时间上火圈舞应该和嘉绒藏族达勒嘎底（大锅庄）产生于同一时期，很可能是吐蕃东进时期由藏族的锅庄舞演变而来。白马人信仰原始宗教，也有苯教信仰的痕迹，很多人误以为白马人的火圈舞就是藏族的锅庄舞，其实不是，二者在信仰仪轨的操演上存在差异：火圈舞按逆时针方向执仪，锅庄舞按顺时针方向执仪。这跟他们背后的信仰相关，据《辞海》载："卍"是古代的一种符咒、护符或宗教标志；通常被认为是太阳或火的象征。苯教的"卍"符号出现在很多地方，比如画在家里的墙壁上、绣在白马女子的五彩衣上，而"卍"符号是逆时针旋转的，火圈舞按照逆时针旋转跟

---

① 该图片来自笔者的田野记录，拍摄人：王艳；拍摄地点：甘肃省陇南市文县铁楼藏族乡强曲村；拍摄时间：2017 年 2 月 11 日。

② 四川省丹巴县志编纂委员会：《丹巴县志》，民族出版社，1996，第 243 页。

"卍"符号有关，象征着吉祥和生命不息之意。藏传佛教则是顺时针方向，这种观念已经深入人心，除了跳锅庄、转经轮、转佛塔、转神山圣湖亦是如此。根据当地的非物质文化遗产传承人余林机介绍说：

> 我们白马人崇拜火神，火不仅仅代表着光明和温暖，更象征着生命和希望。有了火，我们才能跟恶劣的自然环境作斗争，在刀耕火种的原始社会生存下来。①

为什么要围成一个圆圈跳舞，布里亚特蒙古族学者罕加罗夫这样解释："男女青年手拉手围成一个圈，一开始由左向右慢慢移动并唱着音调悠长的歌曲。如果由右向左跳和不围成一个圆圈，认为是一种灾难的象征。因为只有精灵在跳舞时才围成半圆形的圈，并由右向左跳，过一会儿之后，舞蹈者相互靠拢，快速跳动，这时仍是由左向右跳。"②发生学意义上对"圈舞"之圆、环形式的形成进行考察，大都会与早期人类狩猎牧耕生活中极为重要的"火"相联系。以火、火塘为中心引申出的对神灵或祖先的崇拜，则反映出人类社会化过程中经由个体到血缘氏族部落形成的重要环节。③原始社会，自然环境极其恶劣，白马人的祖先生活的时代生产力水平低下，十年九灾，这使他们对大自然产生了强烈的依赖感和敬畏感，火神崇拜由此产生。所以，白马人即使是白天跳火圈舞，中间也燃烧着熊熊的篝火，大家手拉着手，围着篝火逆时针方向边唱边跳。可见，火圈舞起源于火神崇拜。火在白马人的生活当中占据很重要的位置，在白马人传统的房屋踏板楼中，一进客厅最中央的位置就是火塘，火塘上方供奉着火神，现在有些家庭用火炉代替了火塘，但是每天早晚围火而坐的习惯依旧没有改变，火塘边最温暖的位置一般是留给家里的长辈。

关于火圈舞的来历，有一个这样的传说：

---

① 访谈对象：余林机；访谈人：王艳；访谈地点：甘肃省陇南市文县铁楼藏族乡强曲村；访谈时间：2017年1月10日。

② 乌兰杰：《蒙古族古代音乐舞蹈初探》，内蒙古人民出版社，1985，第13页。

③ 贾安林：《"篝火之舞"与"连袂踏歌——藏缅语族圈舞文化特征和功能》，《北京舞蹈学院学报》2005年第2期，第60~61页。

相传很久以前，白马人的祖先常常受到官兵和匪盗的欺压和追杀，被迫一次次地迁徙。为了躲避战火和求得生存，常常以山头为营，并点燃篝火取暖。为了防范敌人半夜袭击，白马人常常围火而歌、绕火而舞，以消除困意。慷慨激昂的歌声反映了白马人守护家园的决心和斗志。①

舞蹈是多功能的，对于祭司和虔诚的信徒来说，舞蹈可以弘扬神的意志，表达人们对神的崇拜和畏惧；对于一个灾难深重的民族，一种体现民族意志的舞蹈，能够激发人们的斗志，昂扬民族的精神。② 白马人的火圈舞刚开始曲调缓慢，大家手拉着手，围着篝火跳，歌声也是缓慢而欢快的，男女老少都参与其中。这个时候的舞蹈是娱人的，唱的歌曲都是追忆祖先、颂扬生活的主题。后来，曲调变快，舞步变得铿锵有力，老人们自觉地退出圆圈，年轻人手挽着手、肩并着肩发出"啊……啊……嗷……嗬"的喊声，高潮时脚下踩、踏、踢、跺，尘土飞扬，气势如虹。这是白马人在模拟先祖战争的场面，火光划破夜空、喊声响彻山谷，在恶劣的生存环境中，舞蹈是白马人凝聚力量、激发斗志、团结一致、一致抗敌的身体表述。"身体是多维度、多层次的现象，其意义随民族与性别的不同而不同，随历史与境遇的变化而变化。"③ 白马人为了团结而舞、为了欢庆而舞、为了娱神而舞，火圈舞不仅仅是民间舞蹈，它把情感、记忆、认同与个体的生命联系在一起。正如李亦园所说："民众生活中的'行动'意义，不仅只是像书本里对抽象观念的论述那样，而更是对自然、人生的体验、认知乃至超越。"④ 从火圈舞的动作、唱词等可以看出这实际上是模仿白马先祖战

① 访谈对象：班保林；访谈人：王艳；访谈地点：甘肃省陇南市文县铁楼藏族乡人贡山村；访谈时间：2017 年 1 月 10 日。
② 谢长、葛岩：《人体文化：古典舞世界里的中国与西方》，四川人民出版社，1987，第 15 页。
③ 〔美〕安得鲁·斯特拉桑：《身体思想》，王业伟、赵国新译，春风文艺出版社，1999，第 1 页。
④ 李亦园：《和谐与超越：中国传统仪式戏剧的双重展演意义》，仪式、戏剧与民俗学会研讨会论文，2000 年 6 月 5～7 日，台湾清华大学人类学研究所。转引自徐新建《民歌与国学》，花木兰文化出版社，2014，第 162 页。

争的场面，战前的演练、战斗的厮杀、战后的欢庆都缩影在此，象征着白马人齐心协力、同仇敌忾、坚不可摧的团结精神和坚强意志。

小　结

本章先从总体上界定、描述和归纳了"池哥昼/跳曹盖"仪式的概念、类型和分布，然后以甘肃省文县铁楼藏族乡为田野调查点，用"深描"的方式记录了"池哥昼"仪式的准备、过程、结束全程动态的展演，并以图片叙事，中间穿插着很多对当地非物质文化遗产传承人以及当地文化持有者的访谈片段，还有一些与之相关的神话传说、故事歌谣等口头传统。最后，把目光聚焦在火圈舞上，对白马人的火圈舞的文化事象、象征和来源做了深入描述和阐释。

记忆理论认为："共同体的集体记忆通过纪念仪式和体化实践得以保存和延续，有关过去的意向和有关过去的记忆知识通过（或多或少是仪式性的）操演来传达和维持。"[①] 对于白马人这样的无字族群而言，他们的历史不是有据可查的"典范历史"，而是储存在个体中的文化记忆，通常以神话、传说、歌谣、仪式、舞蹈、面具和符号等形式存在。文化记忆通过文字文本和文化文本传承，在无文字社会，文化记忆并不是单一地附着在文字之上，而是隐含在文化之中。无论是历史文献、口头传统、物像图像还是仪式庆典，都是关于过去真实的历史记忆，而记忆往往是零碎的，人们在仪式庆典过程中吟诵、歌唱、舞蹈以唤醒被时间模糊的记忆。虽然记忆的载体是个体，集体记忆是由处于同一时间、同一空间的个体的记忆组合而成，但是社会通过构建一种回忆文化的方式，在想象中构建了自我形象，并在世代传承中延续了认同。"一个族群，常以共同的仪式来定期或不定期地加强此集体记忆，或以建立永久性的实质纪念物来维持集体记忆，或民族国家

第三章　敬神与祭火：「池哥昼」仪式的时空逻辑与文化记忆

---

① 〔美〕保罗·康纳顿：《社会如何记忆》，纳日碧力戈译，上海人民出版社，2000，第40页。

以历史教育来制度化地传递集体记忆。"① 白马人正是通过"池哥昼"仪式将本族群的历史记忆、思想观念、宗教信仰和地方性知识用身体操演的方式代代传承并融入每一个个体的记忆中。在仪式中，每一个人都参与其中，唱歌、跳舞、讲故事、表演……这些看似"狂欢"的行为实际上是在不断地凝聚情感、整合族群、复制记忆，甚至在创造新的记忆。

---

① 王明珂：《华夏边缘——历史记忆与族群认同》（增订本），浙江人民出版社，2013，第31页。

第四章

▼

神圣与世俗：
"跳曹盖"仪式的多重象征与文化意涵

2011 年 5 月 23 日，国务院公布了第三批国家级非物质文化遗产名录，四川省平武县白马藏族"跳曹盖"入选传统舞蹈类（Ⅲ－102）。[①]根据平武文化学者曾维益考察："在 21 世纪初期，平武白马十八寨中的嘎氏、扒格、伊哇岱热、觉高、厄哩，这五个寨子至今仍在跳曹盖，并且还比较完整地保存了信奉曹盖和跳曹盖这一白马人独有的民族精神信仰习俗。"[②] 正如笔者在田野调查中所见所闻，四川省平武县白马十八寨以前都"跳曹盖"，到目前为止就只剩下厄哩、扒昔加这两个大寨子还在延续着"跳曹盖"的传统。厄哩寨是白马十八寨第一大寨，面积最大，人口最多（400 多人），是白马藏族乡的核心区域。扒昔加风景优美、历史悠久，寨子里面保留了很多百年老宅，因此被规划为白马人古村落，很多白马人也还生活在这个地方，没有离开。这两个寨子的共同点是：民俗旅游比较发达，是寨子里的支柱产业，因此也吸引了一些年轻人留守在寨子里开农家乐为生。而其他的一些寨子因为人口的迁移变得人烟稀少，甚至废弃，"跳曹盖"也就慢慢被遗忘了。比如说，木座，据当地人说是白马人最传统的村落，由于"破四旧"的时候，面具被毁，会做面具的人也相继离世，"曹盖"再也没有跳起来。90 年代民俗旅游兴起的时候，由于地理位置偏远没有被规划进去，变得越来越边缘。现在村子里绝大部分是孤寡老人和留守儿童，年轻人都外出工作，"曹盖"也就跳不起来了。还有一种情况，也会"跳曹盖"，比如，由政府组织的非物质文化遗产的节日上，以及各种旅游节上，甚至是国庆节都会请白马人到县城里的舞台上表演"跳曹盖"，类似的政府的、民间的世俗性活动也会表演"跳曹盖"，但是这种跳带有明显的表演性质，是为他人而跳，属于文化表演。

[①] 序号 1091，项目编号 Ⅲ－102，见《国务院关于公布第三批国家级非物质文化遗产名录的通知》（国发〔2011〕14 号）。

[②] 曾维益：《白马藏族研究文集》，四川民族研究所（内部资料），2002，第 498 页。

第一节　神话与记忆：仪式中的族源叙事

"神话"在亚里士多德（Aristotle）的《诗学》中意为"情节""叙事性结构""寓言故事"。而在记忆研究中，它被赋予了一种不同的含义："指具有象征价值并且被铭记而转换成记忆的一种理念、一个事件、一个人物或一种叙事。"[①] "在文化记忆中，基于事实的历史被转化为回忆的历史，从而变成了神话。"[②] 白马人一年一度最重要的仪式是"跳曹盖"，"曹盖"是白马语 "tshɔ^{31}gɛ^{35}" 的汉字音译，本意指仪式中戴的面具，引申义为山神，"跳曹盖"是给山神跳的祭祀舞蹈。白马十八寨流传着关于"跳曹盖"仪式的来源神话：

> 很久以前，白马人建立的政权被推翻之后，被人追杀，他们一路窜逃，逃到深山老林之中以求自保。后来，龙安土司掌管了这片土地，苛捐杂税多如牛毛，民不聊生。白马人不堪重负，心生一计，计划在过年进贡的时候刺杀土司，摆脱土司的欺凌。
>
> 于是，在正月初五晚上进城进贡的时候，两个年轻的白马小伙子扮成美女，四个彪形大汉护送进城。贪婪好色的龙安土司，看见白马人进贡的不仅有兽皮、猪肉、药材、美酒等土特产，还有两个美女，喜出望外，一一笑纳。土司见白马美女和彪形大汉都戴着面具，想让他们摘掉面具，看看庐山真面目。白马人向土司解释，戴着面具是要给土司献上精心准备的面具舞，六个白马人戴着面具在锣鼓声中翩翩起舞。土司边喝酒边欣赏舞蹈，很是尽兴，却不知是美人计，几杯蜂蜜酒喝下，眼神迷离，白马人趁机掏出藏在身上的匕首，趁其不备，一刀毙命。
>
> 六个白马人完成刺杀土司的任务后，返回白马山寨，消息早

面具之舞

---

① 〔德〕阿莱达·阿斯曼：《历史与记忆之间的转换》，教佳怡译，《学术交流》2017年第1期，第24页。

② 〔德〕扬·阿斯曼：《文化记忆：早期高级文化中的文字、回忆和政治身份》，金寿福、黄晓晨译，北京大学出版社，2015，第46页。

已传遍了白马十八寨，乡亲们听说作恶多端的土司死了，敲锣打鼓、载歌载舞、放炮迎接英雄胜利归来。自此以后，为了歌颂这六个白马人英勇无畏、为民除害的壮举，白马人每年都会"跳曹盖"纪念他们。①

这是流传在四川平武白马藏族乡的神话传说，从功能上讲，这个故事完整地解释了白马人"跳曹盖"仪式的来源，为谁而跳？为何而跳？神话被植入仪式当中，用来解释祭祀的行为，并通过"仪式语言"② 一次又一次地展演白马先祖为了生存英勇无畏的英雄事迹。在这个故事中，有一个历史人物就是"龙州土司"，因"在任开疆拓土，兴学化夷，创建城垣有功"，朝廷"敕赐世袭，授龙州三寨长官司之职"。③ 根据道光《龙安府志·武备志·土司》记载：

> 薛严祖籍山东历城，后徙临邛郡。宋景定三年登进士，官龙州。进士陈文龙送行诗有"闻道邛人说，龙州地脉深"之句。度宗咸淳元年，守城有功，赐世袭。④

龙州土司确有其人，而且影响甚巨，土司政治也在这片土地上盛行七百多年，一直到 1956 年才结束。故事中龙州土司以及土司制度统治下的社会，都可以在历史典籍中找到文字记录。龙州土司的府邸由明代龙州宣抚司世袭土官金事王玺、王鉴父子奉旨修建，是目前保存最为完好的明朝宫殿式佛教寺院建筑群，现在名为"报恩寺"，坐落于平武县县城中心。每一个到访的游客除了驻足观赏这座"深山王宫"巧夺天工的建筑奇观以外，其主人龙安土司的历史传说也是让人感叹不已。费孝通曾说：

① 讲述人：旭仕修；采录人：王艳；整理人：王艳；采录时间：2015 年 4 月 25 日；采录地点：四川省绵阳市平武县白马藏族乡扒昔加旭仕修家中。
② "仪式语言"是指舞蹈、音乐、游戏、竞争性行为、游行、戏剧化的感情表达（哭、笑、怒）等和它们之间的程式化搭配，来直接传达文化的含义。参见王霄冰《文字、仪式与文化记忆》，《江西社会科学》2007 年第 2 期，第 243 页。
③ 曾穷石：《土司制度的世界图式：一项"中间圈"政治过程的历史人类学研究》，博士学位论文，中央民族大学，2009，第 17 页。
④ （清）邓存咏等纂修《龙安府志》（清道光板藏本），内部资料，1996，第 187 页。

（白马人）解放前受当地番官、土司、头人的奴役。1935 年，红军长征经过该地；尔后，惨遭国民党的屠杀，仅存五百余口，隐族埋名，依附于松潘藏族大部落，和附近的其他一些少数民族一起被称为"西番"。①

白马人深受三重压迫，传说与历史、现实完全吻合，虽然没有文字记载这段历史，但在当地流传的故事、歌谣中都有关于白马人惨遭屠杀、隐族埋名的历史记忆，和现实社会情境都能互释互证。白马人有一首歌是这样唱的：

> 白马人和贪官总是合不拢，
> 他们把我们撵进了山沟沟；
> 我们的帽子上插的是白色的翎毛，
> 白翎毛是我们民族的标记；
> 白衣白帽表示我们民族的夏天，
> 青衣黑衣标志着我们民族的冬天；
> 住在这高高山上，贪官欺侮不了我们，
> 我们自己当家做主人，心里高兴，没有大灾难。
> 高高的山上，密密的山林四季常青，
> 四面山围拢，贪官不敢来侵犯；
> 草药、麝香遍地都是，
> 我们在密林中打猎，野兽补充我们的粮食；
> 我们自己种粮、种麻，有地种、有酒喝、有粮吃；
> 我们自己当家做主，
> 四面高山，敌人不敢来侵犯。②

笔者在田野当中不止一次地听到《刺杀龙安土司的故事》，在节庆、集会、祭祀仪式等公共空间里不断地被讲述和吟诵。不同寨子的

① 费孝通：《关于我国民族的识别问题》，《中国社会科学》1980 年第 1 期，第 157 页。
② 张金生、刘启舒：《中国白马人文化书系·杂歌卷》，甘肃人民出版社，2015，第 115～116 页。

面具之舞

人口述的文本大同小异，不同寨子的人在叙述的时候都会融入当地的、当下的生活习俗。事实上，故事已经不仅仅是一则"故事"，它已经转化为一种"记忆"，成为穿越时空、连接过去与现在的桥梁，白马人通过这个平面的故事，建构了一个立体的、真实的历史空间。

第二节　白盖：沟通人神的使者

在"跳曹盖"仪式中，有一个非常重要的角色是"白盖"，也被译为白布、白姆，意为巫师、祭司、职业神职人员，是沟通神与人之间的使者。在中国的乡土社会中，广泛存在着这样的神职人员，他们在历史和现实中扮演着非常重要的角色，大多是世俗社会的领袖或者头人，同时他们又是"通神""通灵"之媒。平武白马人的"白盖"由男性担任，他们熟悉一般的仪式仪轨，会念诵经文，有驱鬼除疫、祈福禳灾、祭祀神灵、叫魂卜卦、主持红白喜事等能力，且与原始苯教有着千丝万缕的联系。白马人信仰天地日月、山川树木、万物有灵的原始宗教，在万物有灵的信仰空间里，"白盖"的社会地位很高，也很受当地人的尊敬，但是他们是不脱离生产劳动的，跟平常人一样结婚生子。"白盖"不仅掌握着白马宗教信仰仪式仪轨的全部过程，是沟通神与人的桥梁，也是当地最有文化的人，是打开白马文化的"钥匙"。据白马藏族乡副乡长杜格绕介绍，白马藏族乡全乡现有20多名"白盖"，厄哩寨有3名，伊瓦岱惹村有4名，木座、木皮和黄羊关等白马人居住的地方，也有不少"神职人员"。

一　多重面孔的格格

格格才里是白马十八寨颇有名望的"白盖"，当地人都叫他格格。他是国家级非物质文化遗产"白马藏人跳曹盖"的省级传承人，还有另外一个身份，白马藏族乡伊瓦岱惹村的村主任。在当地，"白盖"并不是一种职业，可以说是一种"兼职"，格格出生于"白盖"世家，他的爷爷日莫修曾经是当地最有名的"白盖"，据格格回忆说：

　　我的爷爷以前是这里的头人，家里收藏了很多经书，后来大多数被烧了，我记得当时爷爷眼眶里强忍着泪水。有些经书爷爷实在舍不得烧，悄悄地藏了起来，我现在用的就是爷爷藏起来的经书。他会背诵完整的经书，也知道经文的意思，到了我这一代，很多东西失传了，我学到的经文和仪轨不到爷爷的十分之一，我现在只会念经，解释不了经文的意思了。以前法事比较多，除了每年"跳曹盖"外，每年祭白马老爷、祭山神、祭水神、祭祖先都要举行隆重的仪式，家里的婚丧嫁娶、盖房搬家都是要念经做法事的。现在人越来越少了，事儿自然就少了。①

　　白马人有语言而没有文字，经书都是由古藏文手抄而成，以前的"白盖"都要去远方的寺院学习藏文、抄写经书，现在的经书都是代代相传的，一般由师傅传给徒弟。笔者曾拿着经书的复印本请教过多位藏族学者，他们能翻译的只是只言片语，就目前所能搜集整理到的手抄本来看，经书几乎是无法翻译的，因为经书使用的是厘定前的藏文，不是今天使用的藏文，加之手抄而成，更加难以辨认。以前的"白盖"会去寺院专门学习经文，抄写经书，而现在的"白盖"是无处可学了，只会念经，但是不解经意被称为"望天书"。笔者对格格进行了采访：

　　问：你什么时候学的"白盖"？跟谁学的？

　　答：初中毕业吧，跟我父亲学的，"白盖"在这里是一份非常受尊敬的职业，也很体面，很容易糊口。但是到我这一辈的时候已经不行了，"白盖"不像以前那么受人尊敬，经书大部分被毁，剩余的一些经书意思也说不清楚了。

　　问：你能回忆一下你学师的过程吗？

　　答：是我父亲一个字一个字教的，当时，这里还是白马公社，白天要到生产队干活，晚上回家后，跟着父亲学习，主要是背诵

面具之舞

---

① 访谈对象：格格才里；访谈人：王艳；访谈地点：四川省绵阳市平武县白马藏族乡；访谈时间：2015 年 4 月 25 日。

经文、咒语和祈祷词。那个时候没有电，也没有煤油灯，只有点着竹竿看经书，那么多的经书全要背下来，背得滚瓜烂熟的，才算过关。

问：你学成之后，就以"白盖"为生了吗？

答：没有。"白盖"当不了职业，就算我爷爷那么厉害的"白盖"，也靠不了做法事养家糊口。最好的时候是九十年代，那个时候，很多人请，自己村子里的、外面村子的，红白喜事、盖房搬家、甚至生病都要念经做法事，那个时候，村子里人也多，经济条件也好，不像现在，人都进城了。

问：生病也要做法事吗？不去医院看吗？

答：以前是这样的。村子里人如果生病了，大家都相信不是身体哪里出毛病了，而是鬼上身了，需要念经做法事驱鬼，鬼驱走了，病自然而然就好了。特别严重的，还要"跳曹盖"，多半的病都能治好。医院要去县城，以前路不好，去城里看病非常艰难，村子里人生病了都是先做法事，实在不行了，才去城里的医院。

问：村民为什么会觉得身体不舒服就是鬼上身了呢？

答：村子里有很多这样的故事，身边也有很多这样的例子。以前老人经常给我们讲神灵鬼怪的故事，每个故事的主人公都是村子里的某某某，大家对此深信不疑，而且，也确实有很多人没有去医院，也没有吃药，做场法事、驱完鬼后就好了。①

在和格格交流的过程中，能感受到他对那段"辉煌时期"的怀念，虽然村子的人大都很穷，但是都在一起，村子的社会结构没有被打乱。现代化给传统农业社会带来的不仅是高速公路，同时也打开了通往现代社会的大门。格格还有另外的一个身份——白马藏族乡伊瓦岱惹村的村主任，村子里芝麻大的事，村民们都喜欢到他家里说说，他家的房子不大，在村子中间，但是总是人来人往，客厅的火塘边总是坐满了人。同时他也跟其他的村民一样要种地、放羊，参与生产劳动，只

---

① 访谈对象：格格才里；访谈人：王艳；访谈地点：四川省绵阳市平武县白马藏族乡；访谈时间：2015 年 4 月 26 日。

有换上了"白盖"的衣服，在仪式中，他的身份才是"白盖"，受到村民的敬仰。

二 圣俗之间的塔汝

跟塔汝认识也是一次偶然的机会，2015 年 4 月 22 日，笔者一行在白马山寨已经第四天了，田野工作的地点是厄哩寨。因为白天要到木座等临近的村子里去调研，距离厄哩寨还有一段山路，我们租了寨子里的面包车，车主就是塔汝。他很健谈，也很热情，总是笑呵呵的，在寨子里开着一家农家乐，自己买的面包车，旅游旺季的时候经营农家乐、跑车，淡季的时候务农。在厄哩寨住的那几天，笔者每天晚上都跑去塔汝家看他的那些传家之宝（法器、经书、巴色等），听他讲他的故事，还有寨子里人的故事。

问：你什么时候学的"白盖"？跟谁学的？

答："白盖"都是祖传的，我是跟着我父亲学的，我父亲是这里最有名的白莫，白莫是德高望重、有资格带徒弟的。但是，格格是我的表弟，他家里有很多经书，他也经常指导我，也算我的半个师傅。

问：你的经书是你父亲传给你的吗？

答：我父亲的经书很多，后来只剩下两本藏起来了。这本是我老丈人送给我的，我老丈人楚才里也是"白盖"世家，后来转行当了铁匠，就把自己珍藏多年的经书送给我了。

问：这经书内容是什么？在什么场合念的？

答：这本叫《索伊》，是我老丈人给我的，里面有驱鬼的、招魂的，村子里生病了一般念这本经书就好了；还有《曹著》，是祭祀山神的时候念的，过年"跳曹盖"的时候也念这本；这本《匝巴》，是在葬礼上念的，超度亡灵，平时不能用。

问：这些经文翻译过来是什么意思？

答：翻译不了，这些都是藏文的。以前也有专家来过，说是古藏文的。我只上了个小学，村里的小学，不认得藏文。

图 4 - 1　塔汝介绍自己收藏的经书①

问：那你怎么念？

答：我们这里叫"望天书"，天书谁认得？谁都认不得嘛，这经文就跟天书一样。我那个时候就跟着父亲背经书，背了三年多才记下来。

问：一般什么时候村子里人会请你做法事呢？

答：很多。白马人的神很多，有天神、土地神、山神、树神、日神、月神、水神、火神等，还有白马路十八寨的总山神"白马老爷"，白马语叫"叶西纳蒙"，每三年就要祭祀。白马人还有一个习俗，从三十九岁开始，四十九、五十九、六十九……每逢"九"字，都会举行仪式，念经做法事，祈求平平安安地度过下一个十年。平日里的婚丧嫁娶、生病、盖房……啥事儿都要请"白盖"念经做法事。

问：做"白盖"收入怎么样？

答：做"白盖"收入很少的，这跟其他行业不一样，不能明码标价，一般都是给多少拿多少，得看邀请你做法事的人家里的经济状况，有的经济条件好，多给一些，有些经济条件差的，给

① 该图片来自笔者的田野记录，拍摄人：杨亚军；拍摄地点：四川省绵阳市平武县白马藏族乡厄哩寨塔汝家中；拍摄时间：2015 年 4 月 22 日。

一些肉、酒表达一下心意，也有条件好不愿意多给的，我也不能讨价还价。

问：每年能做多少场法事？

答：每年多的时候能做近百场，现在少了也就十来场。①

其实，塔汝的爷爷是番官，也是白盖，这样的身份让塔汝的父亲吃了不少苦头，他们家在厄哩寨，是白马藏族乡的经济中心，也是最大的寨子，受益于旅游业的发展，塔汝家的经济条件在寨子里还算不错，从他家的房子、院子和家里的陈设家具就可以看出，他本人非常勤劳，开农家乐、养羊养牛、跑车……什么能赚钱就干什么，当然还有做白盖是祖传的。

由上述两个具有代表性的"白盖"的访谈记录可知：

1. "白盖"一般是家传的，传男不传女，"白盖"世家一般是当地的头人或者政治领袖。"在一些社会里，祭司有官方的宗教领袖和民间的代表，比如巫师、萨满或先知等之分。他们的权力和超越自然经验的能力被认为来自灵异和神灵的凭附。在实际活动中，这些社会的分类概念经常被超越，而且这些划分也没有普遍意义。换言之，他们大都是某一个社会群体中受尊敬或掌握权势的人和阶层。其次，他们的能力、经验和社会权力在仪式活动中经常被选派、指认为代表当地人民与祖先或神灵进行交流和沟通的'使者'，因为只有他们才有资格与超自然的神灵进行交流。"② 格格才里的爷爷是头人，塔汝的爷爷是番官，他们两个相似的家庭背景其实从某种意义上决定了他们"白盖"的身份，换言之，"白盖"一般是当地社会的精英阶层。无论是传统社会，还是现在，作为普通村民的白盖对文字掌握的熟练程度都不高，有的甚至是文盲，靠记忆力将仪式中的经文记住。尽管如此，白盖在识字率较低的传统社会中仍然是最有"文化"的人，这跟他们在当地

---

① 访谈对象：塔汝，1967 年生；访谈人：王艳；访谈地点：四川省绵阳市平武县白马藏族乡厄哩寨塔汝家；访谈时间：2015 年 4 月 22 日。笔者根据访谈记录节选，由于访谈录音中有很多方言、口语，后期按照被访者的原意，重新书写而成。

② 彭兆荣：《人类学仪式的理论与实践》，民族出版社，2007，第 89 页。

的社会地位也有一定的关联。

2. "白盖"一般拥有多重身份，这样的"多重面孔"是由当地的社会现实和情景决定的。格格除了是当地最有名的"白盖"以外，还有一个政治身份——村主任；塔汝既是"白盖"又是司机，还是农家乐的老板。除此之外，他们同时也是普通的村民，在仪式之外，他们与其他人一样务农、放羊、做点小生意维持生计，当然也跟普通人一样结婚生子。在白马社会，神职人员都是"兼职"的，但这并不意味着谁都可以当"白盖"，先天的条件并不是人人具备的。一个"白盖"从学习到出师需要经历一个漫长而艰辛的过程，在仪式中诵读的经书、仪式的仪轨、仪式中的每一个动作都要花费大量的时间去背、去记。等到出师之后，也不可能以此为生，因为随着社会的变迁、人口的迁移，需要请"白盖"做法事的事情越来越少，收入也就越来越少。

3. "白盖"一般为本族群的人提供祈福禳灾、驱鬼除疫等宗教仪式服务。具体来说，白盖的仪式可以分为两大类：第一类是集体性的，比如每年举行的"跳曹盖"、祭祀山神、祭祀土地神、祭祀祖先等都是集体性的，全村人共同参与；第二类是私人性的，比如婚丧嫁娶、盖房子、乔迁、生病，都是私人性的，都会请"白盖"做法事。但是，"现代性的后果"之后，原来传统社会和现代生活发生了断裂，很多仪式都被简化甚至省略，面临着"去圣化"的挑战。现代性的根本性后果之一，便是伊利亚德所说的："'去圣化'过程所带来的问题。人们被教导，在他自己和世界的去圣化过程中，'神圣'是他通往自由之路的主要障碍，唯有'去圣化'，他才能获得真正的主体'自由'。"[①] 在传统文化中，过去受到特别尊重，符号极具价值，因为它们包含着世世代代的经验并使之永垂不朽。[②] 在白马文化中，"过去"总被人们铭记于心，关于过去的记忆（如符号、禁忌等）显得尤为重

---

① 〔罗马尼亚〕米尔恰·伊利亚德：《神圣与世俗》，王建光译，华夏出版社，2002，第3、119页。

② 〔英〕安东尼·吉登斯：《现代性的后果》，田禾译，黄平校，译林出版社，2011，第32页。

要，因为这不仅仅是这个共同体所有人千百年来形成的观念、经验和智慧，更是祖先的遗训。

第三节 "跳曹盖"的仪式过程

2017年1月31日（农历正月初四），笔者来到平武县白马藏族乡厄哩寨，厄哩寨是白马十八寨第一大寨，面积最大，人口最多（400多人），是白马藏族乡的核心区域，这里的"跳曹盖"仪式每年农历正月初五开始，持续两天，初六结束。

一 仪式准备

2017年1月31日（农历正月初四）午后，厄哩寨的广场上开始搭建"道场"，道场是指用细长的木头做支架，用塑料彩条布搭建的一个棚子，棚子中心摆上三脚架，旁边准备好了柴火、桌凳、整张的牛皮铺在地上供人坐，用于念经做法事。"道场"并非一个本土化的概念，它有着深厚的宗教积淀，在汉语语境中，通常被理解为"法令"或者"做法事的场所"①。每家每户都会到山上砍一束青冈树枝，系上象征吉祥的彩绸，送到广场边的晾晒架上，同时还要送来一些干柏树枝和香烛。

大年初五上午，详述加、扒昔加、上壳子等临近村子里的村民来到了厄哩寨。在主祭人和"白盖"的指挥下清洗面具，重新刷漆，插上用五彩纸叠好的扇子花、鸡翎等装饰。曹盖师们反穿羊皮袄，腰系红绸，脚穿牛皮靴，戴上曹盖面具后，完全隐去了原来的面孔，成为神的化身。

表4-1 "跳曹盖"仪式队伍组成

角色	人数	扮演人	功能
白盖	1	格格	"白盖"也被译为白布、白姆，意为巫师、祭司、职业神职人员，沟通神与人的中介。主要负责在仪式中念经、做法事，必须非常熟悉仪轨

① 刘震：《何谓"道场"？》，《复旦学报》（社会科学版）2015年第6期，第96页。

角色	人数	扮演人	功能
主祭人	1	旭仕修	组织仪式、统筹安排，必须非常熟悉仪式的过程，熟悉祖先留下来的各种传统和禁忌，一般由村里德高望重的老人担任
曹盖师	6	年轻男性	"跳曹盖"，一般由村子里德行佳、身强力壮的本族男性扮演
火枪手	1	年轻男性	仪式开始和结束的时候放火枪

这次仪式的组成人员中，"白盖"由格格才里担任，他的徒弟茨丹吉帮忙，主要负责念经、做法事；仪式的主祭人是旭仕修，他的老伙计楚才里给他帮忙，主要负责整个仪式的组织、统筹安排，比如请白盖、确定曹盖和火枪手的人选、征集物资（香纸蜡等）、购置仪式中的祭祀用品（费用由村民平摊）以及仪式中各个环节由谁来负责都要安排好，所以主祭人可以说是整个仪式的"总指挥"；曹盖师一共6位，由村子里德行佳、身强力壮的本族男性扮演；火枪手1位，由年轻的男性承担。在仪式的准备过程中，全村男女老少都参与其中，男女分工明确，男人直接参与仪式的准备，比如扮演曹盖、火枪手、搭建道场、准备仪式过程中需要的祭品、物资等，女人在家准备伙食，蒸馒头、煮肉等，因为整个仪式过程是连续的，需要大量的食物。另外，按照传统，女人是不能直接参与祭祀仪式的。

道具及法器：石安、羊皮鼓、铜锣、铜钵，巴色、朵玛、驱鬼棒、厄、索、牛尾。

"石安"是白盖使用的法器铜铃，呈广口圆盘状，中间的敲击物是一个木雕的椭圆形坠子。

"厄"指山魂，在一个簸箕上面插着红、黄、蓝、绿各色的剪纸小旗。

"索"是指用长约5厘米的杉木棍在瓦片上搭成的井字形，上边放上一些柏枝，撒上面粉。每当白盖念完一段经书就烧掉一个，也是向神的献祭。

"巴色"（图4-3）是白盖在祭祀活动中使用的法器，一个长约一尺五的浮雕六棱桃木棍，每一面都密密麻麻地雕刻着鸡、猴、羊等十二生肖和各路神仙的图像，还有树木、太阳、月亮等各种符号，据说多达一百八十个。

"朵玛"（图4-7）是用巴色印制的面偶，以前是用糌粑加蜂蜜印制，现在多用玉米面、荞面来印制。

图4-2　格格在道场念经①

图4-3　巴色②

---

① 该图片来自笔者的田野记录，拍摄人：李贫；拍摄地点：四川省绵阳市平武县白马藏族乡厄哩寨；拍摄时间：2017年2月1日。如图4-2所示，格格左上方挂着的是羊皮鼓，左手拿着的是"石安"。

② 该图片来自笔者的田野记录，拍摄人：李贫；拍摄地点：四川省绵阳市平武县白马藏族乡厄哩寨；拍摄时间：2017年2月1日。

二　仪式过程

(一) 念经请神

正月初五午后，等一切准备就绪，火枪手鸣枪三声，意为仪式开始。格格（白盖）一手敲着羊皮鼓，一手摇着"石安"走出来，后面紧跟着两排人，第一排两人，一人端着"厄"，一人抱着经书，拿着"巴色"；第二排两人，一人敲着铜锣，一人举着柏枝、纸和薄木板。后面跟着村民，拿着木板、火药袋等，一行人在锣鼓声中走到了"道场"。道场以三脚架为中心分为东、西两侧，格格坐在西北角最靠里的位置，往外是他的徒弟。格格翻开经书开始念经，每念完一段便敲鼓摇铃，他的徒弟便敲一下锣。旭仕修（主祭人）等几个老者正在制作祭祀用的供品，村民们到道场献上柏枝和香纸，在诵经声中将其燃烧，意为烟祭，其功能是在迎请神灵前要焚香净化祭祀空间，消除污秽秽气。

第二排紧跟着的两个人，一人敲着一面铜锣，另一人举着一束柏枝和一叠纸，还有几块薄木板。第二排后面三三两两地跟着帮忙的年轻人，拿着长长的木板、火药袋等东西。再往后就是寨子里的村民，全都穿着白马的民族服饰，跟在白盖队伍的后面。在锣鼓声中，白盖队伍戴着白色的沙嘎帽，白色的翎毛随风摇曳，走到寨子中心广场上，格格带头走进了之前准备好的"道场"。在旭仕修等几个长者的安排下，手持法器的年轻人有序地把法器放在指定位置，然后跟着格格和几位长者一起布置道场。

格格的徒弟茨丹吉拿出来白纸，折叠后用刀雕刻动物的图腾和符号，白马人称之为"约拉"，上面雕刻着鸡、狗、牛、羊、马等形象，象征着六畜兴旺（如图 4 - 6 所示）。另外一个开始印制"朵玛"，在"巴色"上使劲一按，印上鸡、羊、山、水、树等形状的图案，念完经后，这些面塑的"朵玛"仿佛被赋予了神力，用于敬神或打鬼，有的上面还插着小人形状的红色剪纸。格格把刚刚印制好、整齐地摆放在薄木板上的"朵玛"放在棚内最靠北的石台上（如图 4 - 7 所示），然

图 4 - 4　经书文字①

图 4 - 5　经书图腾②

后把"厄"放在道场东北角的位置。旭仕修和楚才里把剪好的纸样贴在道场北面石台上方的横梁上，在石台前地上放三个"索"，几个年轻人在道场中央的三脚架下点燃一小堆火，把羊皮鼓悬空挂在棚内西北角，靠近格格座位的地方，最后给格格和老者们的酒杯中盛满酒。

---

① 该图片来自笔者的田野记录，拍摄人：李贫；拍摄地点：四川省绵阳市平武县白马藏族乡厄哩寨；拍摄时间：2017 年 2 月 1 日。

② 该图片来自笔者的田野记录，拍摄人：李贫；拍摄地点：四川省绵阳市平武县白马藏族乡厄哩寨；拍摄时间：2017 年 2 月 1 日。

图 4 - 6　雕刻"约拉"

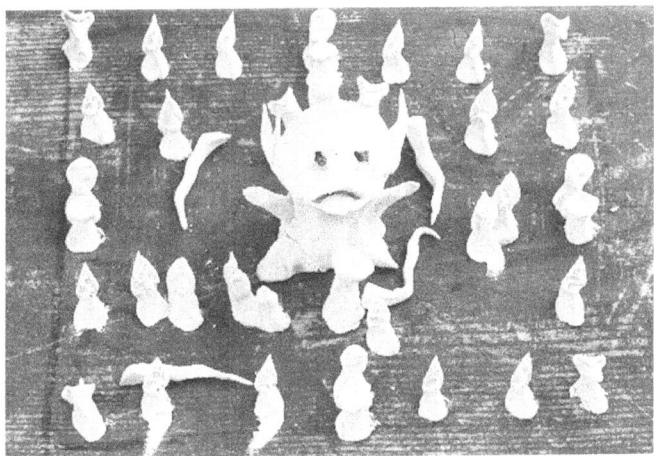

图 4 - 7　制作好的"朵玛"

　　等一切准备就绪，火枪手朝着天空鸣枪三声，意为仪式开始。格格翻开条状的古藏文经书开始念诵，每念完一小段便敲鼓摇铃，坐在他右手边的三个助手便敲一下锣。"道场"以三脚架为中心分为东、西两侧，大家围火而坐，格格坐在西北角最靠内的位置，靠外一侧是他的徒弟和助手。在"跳曹盖"仪式中，格格除了昼夜诵经，还要带领曹盖师们每家每户驱邪纳吉，要把握整个仪式的过程和进度，他的徒弟和助手在他身旁可以帮他敲锣打鼓、替换他念诵经文（如图 4 - 10所示）。篝火另一侧坐着旭仕修（仪式的主祭人）等几个七十多岁的老

图 4-8　旭仕修在道场准备 ①　　图 4-9　楚才里帮忙准备仪式②

者，正在制作祭祀用的供品，他们是村子里的长辈，熟悉祖先留下来的各种传统和禁忌，他们随着格格诵经的节奏敲响手中的铜锣，时而给格格和诵经的人添酒，时而往篝火里添些柴火。村民们听到鸣枪的声音和诵经的声音，自觉地跑到祭棚里献上柏枝和香纸，老者们把这些放到棚内"厄"的旁边，这些柏枝和香纸都要在念经的时候烧了，献给山神。人们相信，将这些带有香味的柏枝等植物慢慢燃烧，释放出香烟，飘上空中，神灵就会护佑祈祷者，这是苯教仪轨中的烟祭。焚香，藏语称"桑"，其本义是"清洗、涤荡、驱除"等。据恰白·次旦平措《藏族祭祀风俗概述》引苯教资料言："迎请神灵前首先要焚香净化周围环境，消除不净、秽气，因此焚香也被称为'桑'（净化）。在藏区，煨桑成了祭祀神灵的代名词，是世俗中的凡夫俗子与高高在上的神灵之间沟通的方式，他们相信高高升起的香烟可以直达天上，到达神住的地方，可以将人间的美味传递上去，因作为神灵，闻

---

① 该图片来自笔者的田野记录，拍摄人：李贫；拍摄地点：四川省绵阳市平武县白马藏族乡厄哩寨；拍摄时间：2017 年 2 月 1 日。

② 该图片来自笔者的田野记录，拍摄人：李贫；拍摄地点：四川省绵阳市平武县白马藏族乡厄哩寨；拍摄时间：2017 年 2 月 1 日。

香味即可。"① 因此，白马人焚香的习俗来源于苯教的烟祭，其功能是在宗教仪轨中净化祭祀环境，消除邪气、秽气，其目的是向神灵献祭，祈求护佑。

图 4 - 10　格格和他的徒弟在念经②

（二）宰牲敬神

　　下午六点整，开始宰羊祭祀。一边念经，一边用点燃的松柏枝绕羊三圈，用烟熏羊除秽，宰羊的时候要从颈部割开，把羊血滴在准备好的盆子里。（如图 4 - 11、图 4 - 12 所示）

　　羊宰杀后，从胸前肋骨处取出一块软骨，放入代表山魂的"厄"中；取出羊板油挂在祭石台上方的横梁上，并在羊板油中间戳一个洞，表示打开神界和人界的通道；再把羊的五脏串在一起挂在横梁上，取几小块内脏放在一块放满朵玛的木板上。旭仕修用柏树枝蘸水洒在宰羊的地方，然后点燃柏枝绕着广场走一圈，接着倒一碗羊血，碗中倒入少许酒，作为敬神的祭品供上，意为把整只羊敬献给了神灵。（图 4 - 13、图 4 - 14 所示）

---

① 才让：《藏传佛教信仰与民俗》（增订本），上海古籍出版社，2017，第 260 页。
② 该图片来自笔者的田野记录，拍摄人：李贫；拍摄地点：四川省绵阳市平武县白马藏族乡厄哩寨；拍摄时间：2017 年 2 月 1 日。

图 4 – 11　念经煨桑①

图 4 – 12　宰羊②

在《旧唐书·吐蕃传》中记载了吐蕃以动物祭祀神灵的习俗：

> 与其臣下一年一小盟，刑羊狗猕猴，先折其足而杀之，继裂其肠而屠之，令巫者告于天地山川日月星辰之神云："若心迁变，怀奸反覆，神明鉴之，同于羊狗。"三年一大盟，夜于坛埠之上与

---

① 该图片来自笔者的田野记录，拍摄人：李贫；拍摄地点：四川省绵阳市平武县白马藏族乡厄哩寨；拍摄时间：2017 年 2 月 1 日。
② 该图片来自笔者的田野记录，拍摄人：李贫；拍摄地点：四川省绵阳市平武县白马藏族乡厄哩寨；拍摄时间：2017 年 2 月 1 日。

图 4 - 13　献祭①

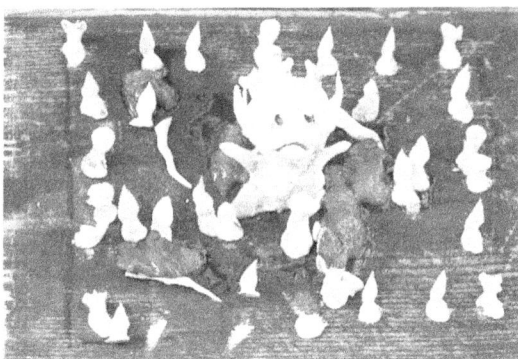

图 4 - 14　朵玛②

众陈设肴馔，杀犬马牛驴以为牲。③

"以动物为牺牲来祭祀神灵，求取神灵的欢心，是原始宗教中所共有的现象，是最为普遍的祭祀手段。包括山神在内的吐蕃地方神灵嗜血成性，无数的家畜、野生动物成为他们的享用品，奉献的牺牲越多越显示了对神的恭敬和虔诚。"④ 这是苯教仪轨中的血祭，当藏传佛教传入青藏高原之后，由于佛教不杀生，认为苯教的血祭不符合佛教的伦理，血祭被放生代替。但是在白马人聚居地，血祭被保留了下来，

---

① 该图片来自笔者的田野记录，拍摄人：李贫；拍摄地点：四川省绵阳市平武县白马藏族乡厄哩寨；拍摄时间：2017 年 2 月 1 日。

② 该图片来自笔者的田野记录，拍摄人：李贫；拍摄地点：四川省绵阳市平武县白马藏族乡厄哩寨；拍摄时间：2017 年 2 月 1 日。

③ （后晋）刘昫等撰《旧唐书》卷 196《吐蕃上》，中华书局，1975，第 5220 页。

④ 才让：《藏传佛教信仰与民俗》（增订本），上海古籍出版社，2017，第 140 页。

因为佛教没有传播到这里，所以依然保留了苯教的遗俗。

之后，几个年轻的小伙子在棚内篝火上的三脚架上支起一口大铁锅，倒上水，杀羊的人把半只羊切成块放入铁锅中开始煮肉，煮好后和寨子中的人们分享，每户人家都会前去分食，能吃到敬神的祭品是好运的象征。给山神献祭之后的羊肉被称为"鬼肉"，寨子里的人把"鬼"吃下去，鬼就不会再害人了，意为为自己的身体驱鬼（如图4－15、图4－16所示）。剩下的另外半只羊则挂在棚外柱子上，待仪式结束后送给白盖，作为酬谢物（如图4－18所示）。吃完羊肉后，大家带着好运慢慢地散去，回家吃晚饭。

图4－15　煮羊肉（一）①

图4－16　煮羊肉（二）②

---

① 该图片来自笔者的田野记录，拍摄人：李贫；拍摄地点：四川省绵阳市平武县白马藏族乡厄哩寨；拍摄时间：2017年2月1日。

② 该图片来自笔者的田野记录，拍摄人：李贫；拍摄地点：四川省绵阳市平武县白马藏族乡厄哩寨；拍摄时间：2017年2月1日。

图 4－17　祭祀的彩旗①

图 4－18　剩下半只羊②

（三）跳火圈舞

晚上七点多，待大家吃完晚饭，天色变得越来越暗，村民们又渐渐地聚集在广场上。广场中间燃起熊熊的篝火，人们围着篝火跳起了火圈舞，男女老少手拉着手围着篝火，舞步时而轻柔缓慢，时而厚重而铿锵有力，唱着高亢而悠长的歌曲：

燃起篝火，扯起圈子，
唱起来呀，跳起来呀。
祖先啊，是你带我们到这里来，
活在世上一辈子，不唱不跳划不着，
欢欢喜喜多热闹，唱唱跳跳多快活。
劳动的时候就劳动，唱歌的时候就唱歌，
骨头肉我们大家吃，咂杆酒我们众人喝。

① 该图片来自笔者的田野记录，拍摄人：李贫；拍摄地点：四川省绵阳市平武县白马藏族乡厄哩寨；拍摄时间：2017 年 2 月 1 日。

② 该图片来自笔者的田野记录，拍摄人：李贫；拍摄地点：四川省绵阳市平武县白马藏族乡厄哩寨；拍摄时间：2017 年 2 月 1 日。

兄弟姐妹欢聚一堂，嘴巴闲着就要唱歌，

边唱歌来边喝酒，比神仙都快乐。

今天我们说说笑笑，一切烦恼别往心中搁。

今天我们尽情地歌唱，歌声飞出了心窝窝。

祝愿白马山寨吉祥安康，祝愿白马人天天都是美好生活。

夜深深，星星闪，月亮像天灯，

我们跳得欢，我们唱得欢。

大人小人一条心，男男女女一条心，

一边跳舞一边唱，快快乐乐到天明。

不唱不跳，就没有欢乐，

又唱又跳，日子舒心。

我们有幸欢聚，唱吧跳吧。①

　　大概过了一个小时，天黑了，星星在空中眨着眼睛。夜晚变得寒冷起来，篝火燃烧得越发旺盛，火焰跳得跟人一样高，跳舞的人越来越多，圆圈越来越大，最后由一个变成了两个。远远望去，只看见熊熊的篝火在中间跳跃，圆盘一样的沙嘎帽围着篝火转动，白色的翎毛在空中飘摇，胸前挂着的鱼骨排、腰间系着的铜钱腰带、色彩斑斓的百褶裙在火焰的映照下十分耀眼。大家围着篝火载歌载舞，中间穿插着老人低沉的歌声、年轻人俏皮而欢快的对歌声，还有十几岁的孩子跑到圆圈中间即兴地跳一段舞蹈，这样唱着跳着直至凌晨。晚饭之后，凌晨之前，格格和他的助手们处于空档期，忙碌了一下午，也有些疲倦，他们在篝火不远处的房子里围着火塘喝酒、聊天、休息。凌晨之前，他们要穿戴好面具、道具、衣服，等待凌晨鸡鸣之后正式登场。

（四）请神驱鬼

　　正月初六零点，格格拿出古藏文手抄本经书摆在面前开始念诵，

---

　　① 张金生、刘启舒：《中国白马人文化书系·杂歌卷》，甘肃人民出版社，2015，第141~142页。

念完一本后，徒弟们开始敲锣打鼓，只听见三声火枪空中长鸣，意思是："1－2－3，开始了。"曹盖师们在锣鼓声中首次登场，六个曹盖师戴着面具、身穿皮袄、手舞拂尘，踏着鼓点，嘴里喊着"噢啊呼呼……噢啊呼呼……噢啊呼呼"从房子里跳出来。广场上跳火圈舞的人听见锣鼓声，自觉地站在广场的两边，等待曹盖队伍的到来。旭仕修老人把准备好的"朵玛"递给领头的曹盖，他朝着天空用力一甩，朵玛在空中划出一条抛物线，随后掉在地上；紧接着，又拿起一个朵玛向地上扔去。朵玛代表着神灵，意为天兵天将，向空中、地上抛朵玛的意思是派天兵天将去打小鬼。据格格介绍说：

> 这个时候，是阴阳交替之际，阴气最重的时候，小鬼们都会在这个时候趁机出来作祟，所以在这个时间念经作法是驱鬼除疫的最好时机。人的肉眼是看不到小鬼的，曹盖们戴上面具后代表着神灵附身，神的眼睛可以看见小鬼。①

曹盖师们戴着面具，模仿神灵找鬼、打鬼的动作，开始在寨子里找鬼、驱鬼。这是"跳曹盖"仪式的主线：敬神与驱鬼。从白马人仪式中念诵的经文来看，神要送上天界，鬼要打下地狱。老大曹盖领唱起了《敬神酒歌》：

> 法力无边的天老爷呵，天上的玉皇大帝！
> 还有前山后山的老爷，地下的土地老爷，平武的龙州大神，
> 我高举这杯清凉的美酒，请你们都来这里！②

大约半个小时，第一次"跳曹盖"结束了。曹盖师们也有些疲倦，回到之前休息的屋子里休息，等到早上鸡鸣后再正式驱鬼。广场上的村民也逐渐散去，格格回到"道场"继续念经，格格的徒弟在旁帮忙，也有一些老人自愿留下，围坐在篝火四周，有男有女，有的添柴、有

---

① 讲述人：格格才里；采录人：王艳；采录地点：四川省绵阳市平武县白马藏族乡厄哩寨；采录时间：2017 年 2 月 1 日。
② 张金生、刘启舒：《中国白马人文化书系·杂歌卷》，甘肃人民出版社，2015，第118 页。

的烧水，围火而坐、守夜聊天。据他们回忆，这一天就像汉族大年三十要通宵守岁一样，他们从小就这样跳火圈舞、唱歌聊天，冷的时候就在棚子里烤火、喝酒、讲故事，一直到天亮。

（五）寨头寨尾驱鬼

正月初六清晨六点，火枪手鸣枪三声，三声巨雷般的声响划破村庄的宁静，唤醒了全寨的村民，"跳曹盖"仪式要开始了。格格戴上了法帽"五福冠"，换上红袍，他的几个徒弟也换上红袍，铜锣敲起，开始念经。村民们陆陆续续地聚集到广场，广场中心的篝火被再次点燃，曹盖师们开始换衣服、戴面具，准备再次登场。大约过了一个小时，在铜锣、铜鼓、羊皮鼓、石安……交织的"交响乐"中，老大曹盖戴着面具、身穿羊皮袄、手挥牛尾鞭带领曹盖们登场，后面的曹盖们戴的面具都不一样，有的手持木剑、有的挥舞着牦牛尾、有的拿着驱鬼棒，在广场上围着圆圈跳起来，边跳边唱《圆圆舞歌》：

> 天上唱歌跳舞的是什么？天上唱歌跳舞的是太阳。
> 空中唱歌跳舞的是什么？空中唱歌跳舞的是雷声。
> 岩石上唱歌跳舞的是什么？岩石上唱歌跳舞的是老鹰。
> 柏树林中唱歌跳舞的是什么？柏树林中唱歌跳舞的是獐子。
> 草原上唱歌跳舞的是什么？草原上唱歌跳舞的是豺狗。
> 大森林中唱歌跳舞的是什么？大森林中唱歌跳舞的是虎、狼、熊。
> 松树林中唱歌跳舞的是什么？松树林中唱歌跳舞的是猴子。
> 桦树林中唱歌跳舞的是什么？桦树林中唱歌跳舞的是麻鸡。
> 竹林中唱歌跳舞的是什么？竹林中唱歌跳舞的是竹溜子。
> 耶沙林中唱歌跳舞的是什么？耶沙林中唱歌跳舞的是耶依。
> 柳树林中唱歌跳舞的是什么？柳树林中唱歌跳舞的是札依。
> 水中唱歌跳舞的是什么？水中唱歌跳舞的是鱼。
> 烂泥中唱歌跳舞的是什么？烂泥中唱歌跳舞的是蝴蝶。

大概一刻钟之后，一个中年男人（厄哩寨的村主任）进入圆圈，领头的曹盖面对着他踩着鼓点、左右转圈，其余的几个曹盖慢慢退到后面。这个时候锣鼓声突然变得急促起来，曹盖和男人面对面跳了几个回合，仿佛用傩舞交流。这是在向神汇报过去一年寨子里的情况，哪些人行善积德了，哪些人道德沦丧了，好人请神继续保佑，坏人请神惩戒。汇报完毕后，还要表态，以后再也不会发生类似的事情了，请神护佑。（如图 4 - 19 所示）

图 4 - 19　与神交流②

领头的曹盖和中年男人对跳了一刻钟后，曹盖师们自觉地形成一列，曹盖们在前面，后面跟着格格和他的徒弟和助手，再后面是火枪手，还有老人、村民，从广场西北方向的小路向寨头跳去。一路上，伴随着各种祭祀敲击乐器合奏的"交响乐"，村民们"嗷—哦—哈—吆……"地喊着各种各样的号子相互应和。在寨头的路中间，已经准备好了柏树枝和香纸，曹盖师们到了之后，开始列队跳了起来，曹盖们把象征着小鬼的东西用黄纸包起来，点燃焚烧。从广场到寨头，在曹

---

① 张金生、刘启舒：《中国白马人文化书系·杂歌卷》，甘肃人民出版社，2015，第99页。竹溜子是一种小兽，50厘米长，以竹子为主食；耶沙是一种带刺的灌木；耶依是一种小鸟，常成群活动；札依是一种小兽。

② 该图片来自笔者的田野记录，拍摄人：李贫；拍摄地点：四川省绵阳市平武县白马藏族乡厄哩寨；拍摄时间：2017年2月1日。

盖师们的傩舞中，在白盖的诵经中，意为小鬼被赶到了寨头。曹盖们把象征着小鬼的东西用黄纸包了起来和柏树枝一起焚烧成灰烬，火枪手瞄准正在燃烧的火堆开枪，意为小鬼被打得灰飞烟灭。紧接着，曹盖队伍回到广场，在广场上跳起来，一位老者向曹盖递上一个朵玛，为首的曹盖模仿打鬼的动作用力向天空抛出去，划出一条抛物线，意为打鬼。而后，曹盖队伍在"噢—噢—哈—呵"的欢呼声中朝着寨尾跳去，在寨尾同样的，已经准备好了柏树枝和香纸，……点燃焚烧……念经驱鬼……开枪把火堆打散……意为从寨头到寨尾，大鬼小鬼都被赶出去了。

（六）逐门逐户除疫

把鬼从寨头到寨尾彻底清除干净后，格格带着徒弟们回到道场，开始念经，曹盖师们准备开始逐门逐户除疫。大约早上八点半，三声枪响，曹盖队伍铿锵有力地跳着到了第一户人家，主人早已打开大门，站在门口迎接，等曹盖队伍一到，点燃已经准备好的柏树枝、黄纸、香蜡、鞭炮。曹盖师有的手拿驱魔棒，有的甩动着牦牛尾巴，有的挥舞着木剑，跳着进入院内，逆时针方向跳三圈傩舞，然后依次到客厅、卧室、厢房、门廊、厨房环绕一圈，用牦牛尾敲打门窗、敲一敲墙板、桌子以及火塘，把藏在屋里各处的恶鬼都打出来、撵出去，意为驱邪纳吉，祛灾祈福。大约十分钟，屋内的驱邪纳吉仪式结束了，主人已经备好酒菜，请曹盖师们休息享用，菜要吃一口，酒也要喝一口，代表神接受了主人的供奉。随后，寨子里的男女老少都凑进来唱起象征吉祥如意的白马民歌，向主人恭贺新春，片刻酒毕，锣鼓声响起，曹盖师们起身在鞭炮中跳着走向下一家。下一家的主人已经站在大门口迎接，入户驱邪的仪式跟第一家一模一样。

逐门逐户驱鬼除疫的顺序是从寨尾河滩上的新房子开始，再到寨头的老房子，寨子里70多户人家，家家户户都要进去跳，寨子里的男女老少都参与其中，等到曹盖们仪式结束、享用食物的时候，亲朋好友都要唱歌恭贺新春。中午的时候，曹盖队伍从最后一家出来了。

图4-20 逐门逐户除疫①

（七）敬山神巡田

巡田就是祭拜山神之后去庄稼地里念经、跳曹盖，驱除田地里的小鬼，保佑来年五谷丰登。"跳曹盖"仪式三年一个周期，前两年只祭拜本寨的山神，第三年要祭拜最高的山神——白马老爷（叶西纳蒙）。在白马山寨流传着白马老爷的故事：

最早见到阳光的山是雪宝顶，最受人们尊敬的神是白马老爷。

白马河同羊洞河汇流的地方，中间夹着一座大山，方圆百里的人们都要敬他拜他，这就是最高的山神——白马老爷。

很久很久以前，白马老爷行色匆匆，要赶赴四川峨眉山参加一个神仙会。神仙不同于凡人，他们都是昼伏夜出，披星戴月赶路。到了第七天晚上，白马老爷走呀走呀，当他路过罗通坝时，刮风了，打雷了，下雨了；天在崩，地在抖，山在塌，水在涨；庄稼眼看要被淹没，牛羊眼看要被冲走，房屋眼看就要倒塌……白马人美丽的家园，眼看就要毁于一旦。面对突如其来的灾难，白马人惊恐万分、大声哭喊、跪地祈祷，白马老爷看到此情此景，不免心生怜悯，停下来作法降妖除魔。于是，风停了，雨住了，雷哑了，水退了；庄稼保住了，牛羊保住了，房屋保住了。月亮出来了，星星出来了，男女老少载歌载舞颂扬白马老爷的恩德，白马姑娘们向白马老爷唱起了赞歌：

---

① 该图片来自笔者的田野记录，拍摄人：李贫；拍摄地点：四川省绵阳市平武县白马藏族乡厄哩寨；拍摄时间：2017年2月1日。

洪水来了，白马人的灾难来了；

白马老爷来了，天大的灾难没有了。

灾难和邪恶都消失了，

白马山寨到处都是安宁太平。

吃馍要吃火烧馍，

唱歌要唱敬酒歌，

敬神要敬心中的神，

心中的神就是白马老爷。

献上一碗香甜的青稞美酒，

白马老爷保佑着我们的幸福安康……

正当人们载歌载舞、尽情歌唱，感恩白马老爷时，听见三声雄鸡报晓。白马老爷正要上路，鸡叫了，天亮了，他再也走不动了。眨眼间，一座雄伟的石山，耸立在人们面前。从此，白马老爷化身为叶西纳蒙，护佑这片土地上的人们。①

午饭后，锣鼓声响起，曹盖队伍在广场上围着火堆，踩着鼓点，跳起傩舞，后面跟着村民，慢慢地跳成了一个圆圈。这个时候，从寨头到寨尾、家家户户的大鬼小鬼都被赶出了寨子，大家在广场上欢呼雀跃地跳起了傩舞，庆祝寨子中的鬼怪邪祟都已被驱走了。

大概跳了半个小时，由曹盖开路，格格和他的徒弟们拿着法器、端着"厄"，后面跟着村民从广场出发向后山走去。村民们纷纷从坝子中间的架子取下之前自家放上去的青冈树枝，其中有两三个年轻人牵着已经准备好的羊，跟着去敬山神。在半路上，祭祀的队伍分为两队：一队由旭仕修带领，捧着"厄"，牵着羊往山上走；另一队由格格带着向山下田地走去。每家都派出一个代表拿着青冈树枝跟着祭祀队伍到了半山腰，人们把羊绑在小树上，把"厄"摆放在羊的前面，把树枝顺着山势放在旁边，众人在旭仕修的带领下向山神祭拜，祈求山神保佑来年风调雨顺、五谷丰登。祭词大意为：

---

① 讲述人：旭仕修；采录人：王艳；采录地点：四川省绵阳市平武县白马藏族乡扒昔加旭仕修家；采录时间：2015 年 4 月 24 日。

天与地不分离，天像父亲，地如母亲。

天的头向上，地的头向下。蓝天是上苍，地下是青龙。

天上神灵降吉祥，应给各路神灵敬献祭品；

中间山神降吉祥，应给各路神灵敬献祭品；

地下龙神降吉祥，应给各路神灵敬献祭品；

听起来顺耳，叫起来舒心。

这一年十二个月，保佑大人百事顺利，保佑小孩一长成人，老天爷不要降灾，地婆婆不要降祸，手不要被刺划破，脚不要让石头绊倒。

这一年十二个月，风调雨顺粮满仓，六畜兴旺关满圈，裂缝陷坑里不掉，悬崖峭壁不失脚，猛虎不敢咬，豺狗不敢吃。

这一年十二个月，雨下到哪里？冷子下到哪里？风吹到哪里？害虫落到哪里？雨下到庄稼地里，冷子下到岷山上，风吹到寮崖上，害虫落到雪山草地上。

这一年十二个月，瘟病，谎言胡话，恶鬼，恶煞，请散去吧！请起步吧！游魂散鬼们，请都到三千里门外，雪山草地顶上去吧！①

图 4-21　取青冈树枝②

---

① 任跃章主编《中国白马人文化书系·信仰卷（上册）》，甘肃人民出版社，2015，第 13～14 页。

② 该图片来自笔者的田野记录，拍摄人：李贫；拍摄地点：四川省绵阳市平武县白马藏族乡厄哩寨；拍摄时间：2017 年 2 月 1 日。

图 4 - 22　祭祀山神①

　　另一队人跟着格格到了寨头田地里，白马人聚居地由于天气寒冷，冬季并不产农作物，地里都是空着的。寨子里的人们跟着格格行进的路线，在空旷的田地里跳起了"阿里甘昼"，意为"巡田"，给田地驱鬼，祈祷来年五谷丰登。这个时候曹盖和去巡田的村民一起跳了起来，有的手持木棍代表刀箭，有的手拿小彩旗，脸上摸着锅墨，伴随着锣鼓声，发出"哎……嗨嗨……吆吆"的声音，在空旷平坦的田地里，大家跳得兴致盎然。

　　白马人有涂抹锅墨的习俗，根据《新唐书·吐蕃传》记载：吐蕃以"赭涂面为好"，"居父母丧，……黛面"。② "这是藏族早期社会即佛教尚未成为主要信仰之前的遗俗，同吐蕃人居丧期间以'黛'（青黑色的颜料）涂面的习俗相近似，是一种伪装，不让邪魔势力认出真面目。黑色本身在藏族社会中被解释为一种不祥的、伤感的或者有时还认为是代表邪恶的色彩，也常用于镇魔的仪式中。"③ 白马人涂墨节的习俗也流传着一个故事：

　　　　传说，白马先民们来到此地，正值正月十七。这一天，突然出现了一个妖怪，抢走了一个白马女孩。从此以后，每年正月十七这个妖怪就出来作恶，抢一女孩才肯罢休。人们斗不过它，只得任凭它作恶。有一年正月十七晚上，妖怪又出现在寨子里，窜

面具之舞

---

　　① 　该图片来自笔者的田野记录，拍摄人：李贫；拍摄地点：四川省绵阳市平武县白马藏族乡厄哩寨；拍摄时间：2017 年 2 月 1 日。

　　② 　（宋）欧阳修、（宋）宋祁：《新唐书》，中华书局，1975，第 6072 页。

　　③ 　才让：《藏传佛教信仰与民俗》（增订本），上海古籍出版社，2017，第 444 ~ 445 页。

到一户名叫西珠的人家里。西珠预先将自己的女儿藏在灶膛里，可还是被妖怪发现了，妖怪一步窜到灶前将女孩抓出来。就在这时，妖怪突然一声怪叫，瞬间一阵狂风过后，妖怪不见了，西珠的女儿却没有被抓走，她躺在地上，被吓昏了。西珠看到女儿一脸锅墨，才恍然大悟。事后，西珠把这件事告诉人们，于是以后的每年正月十七人们都在自己女儿的脸上涂上一层锅墨，妖怪也就没敢再来。从那时起，每年正月十七就有了在脸上涂锅墨驱除妖怪的风俗，经过世代相传，成了今天的涂墨节。①

图 4 - 23 巡田②

（八）送神

巡田完成后回到广场，曹盖师们和村民围成圆圈跳了起来，格格则退回道场念经，此时已经到了仪式的最后一个环节——送神。挂在道场门口的另外半只羊已被取了下来，旭仕修把挂在棚内横梁上的羊心、羊肝等内脏取下放入其中，拴起羊的四脚将其包起来，然后抓住羊角把羊提起来。格格大声念一段经文，然后问："天神敬了没有？"助手把羊在火上绕一圈，众人答说："敬了！"格格再念一段经文，又问："地神敬了没有？"助手把羊在火上绕一圈，众人回答说："敬了！"格格再念一段经文，问："土神敬了没有？"助手把羊在火上绕一圈，众人大声地回答说："敬了！"据格格说，这是在谢神。此时，锣鼓声再次响起，曹盖师再次跳起，旭仕修再次上前递上最后两个朵玛，

---

① 石玉辉主编《九寨沟精神家园建设·舞》，成都时代出版社，2010，第39页。
② 该图片来自笔者的田野记录，拍摄人：李贫；拍摄地点：四川省绵阳市平武县白马藏族乡厄哩寨；拍摄时间：2017年2月1日。

曹盖边跳边把朵玛向天空扔去。

旭仕修把羊油点燃，羊血倒在路边，一块放着朵玛、羊肠和酒的木板也被抬到了场地中间，曹盖师们跳了十几分钟后，领头的曹盖在急促的鼓点声下将木板扔进火堆里，表示已经见血、杀鬼成功、送神结束。下午两点半左右，"跳曹盖"仪式告一段落，人们渐渐离去，但整个仪式还没有结束。

为期两天的"跳曹盖"接近尾声了，格格（白盖）和他的徒弟们、扮演曹盖的年轻小伙子们卸下面具、道具和服饰，换上自己的白马服饰，这个时候，他们紧绷的神经可以彻底地放松下来了。接下来，他们要到各家各户做客，喝酒吃肉，享受主人的感谢。此时，主人们已经煮好了砸杆酒、温好了自家酿制的蜂蜜酒，煮好的腊肉盛在大盘子里，摆在桌子上，旁边摆着凉菜、水果、糖果、瓜子、啤酒、饮料。等格格一行人进屋后，主人会把火塘边最好的位置让给他们，唱着敬酒歌，双手奉上美酒，表达自己的感谢之情。男主人会热情地招呼他们吃肉，但是格格和曹盖师们不敢多吃也不能久留，因为后面还有很多人家在等待，每家每户都要喝一杯酒、吃一块肉，表示接受主人的谢意了。白马人非常热情好客，进门是客，哪怕是陌生人，也会受到热情的招待。大概十几分钟，格格一行人准备起身离开，主人点燃已经准备好的鞭炮，格格一行随着噼里啪啦的鞭炮声走出大门，这样走村串户直到深夜。初六晚上十点左右，分成两路的曹盖队伍在寨尾集合，喝完酒后一行人再次来到寨尾公路中央，点燃柏枝、香纸，把"朵玛"放在中间，火枪手瞄准火堆开了几枪，正在燃烧的火堆被打得火星四溅，意为灰飞烟灭。2017年春节白马厄哩寨"跳曹盖"仪式，到此正式结束。

三 记忆中的"跳曹盖"

去木座乡之前就听很多人介绍那里是"白马人最传统的村落"，"到底有多传统"成为笔者心中的一个悬念。第一次去木座是在2015年4月，塔汝开着他的面包车从厄哩寨出发去木座，路上塔汝就告诉笔者一行，待会上山胆子小的千万别往山下看，会晕车。沿着山路一路盘山而上，到了半山腰，还是忍不住探出脑袋往下看，倒吸一口凉气，尖叫了一声。山路很窄，仅够一辆车通过，如果对面来车，就要在路边宽一点的地方停车等着，等来车通过才能继续前行。坐在车里往外看，看不到路，只看见陡峭的大山，那种不知道车在哪里走的恐惧感让人毛骨悚然。大概一个半小时，到了木座。

这是个安静的寨子，车开到寨子口就没有路了，行走在寨子里的羊肠小道上，原始古朴的气息扑面而来，房子都是传统的、木制的踏板楼，上面的油漆都已经脱落，有的房子已经没有人居住。村主任给大家说明我们的来意以后，村民们三三两两地来到村口的广场上。村子里老老小小全都聚集到了广场上，趁着午后慵懒的阳光坐在台阶上聊天、晒太阳（如图 4-25 所示）。当聊到"跳曹盖"的时候，安静的村子一下变得热闹起来，根据村子里的老人介绍说：

> 木座以前是白马十八寨最厉害的村子，我们村有最厉害的白盖，其他寨子有事儿都来我们村子请白盖做法事。我们村里"跳曹盖"也是最正宗的，规矩最严格的，厄哩他们以前都学我们。

说着把目光投向了开车带我们来的厄哩寨的塔汝。塔汝笑呵呵地说："那是以前，现在我们厄哩跳得最好了，你们还不是要跑下来看。"这句话挑起了村子里老人的情绪，他们开始回忆木座以前"跳曹盖"的情景，你一言、我一语，几十年前的画面仿佛就在昨天，历历在目。

> 我们跳曹盖是农历的正月初六和初七。初五下午就开始准备了，先在那里（说着手指向了操场的一个角落）搭一个棚子，初六的时候白盖带着他的徒弟就开始做准备了。初六晚上晚饭后，白盖就开始念经了，先念敬神的经再念驱鬼的经，顺序不能乱。念完经后，等着第一声鸡鸣，曹盖们就要开始跳了。先在这里跳，全村人都在，大家跟着曹盖们一起跳。然后挨家挨户地去跳，每到一家，都要好酒好肉招待。

当我问到现在还跳不跳的时候，全村人都笑了。

现在不跳了，我们都一把老骨头了，咋个跳啊？①

2014 年 10 月，笔者一行在四川省平武县白马藏族乡一个废弃的村子下壳子村，发现了很久以前的面具，颜色已经脱落，上面有黑色的岁月侵蚀的印记。我们把面具带回村子的时候，村子里的白盖塔汝把它擦拭干净，用干净的布包裹起来。塔汝说，这个面具开过光，具有神圣性，不能随便处理，处理不当会得罪神灵，引来灾祸。

图 4 - 24 "跳曹盖"古老的面具②

木寨村之前的村支书朱玉坤介绍说：

> 这是新中国成立前做的"跳曹盖"的面具，"破四旧"要烧毁，村子里的人不敢烧，怕烧毁面具会惹怒神灵，降下灾祸。老人觉得可惜舍不得烧就藏起来了。可是，谁也不敢让别人知道家里藏着封建迷信的东西。可能，时间长了，自己也忘记了吧。③

① 讲述人：朱玉坤等；采录人：王艳；采录地点：四川省绵阳市平武县木座藏族乡；采录时间：2015 年 4 月 23 日。
② 该图片来自笔者的田野记录，拍摄人：雷雾；拍摄地点：四川省绵阳市平武县白马藏族乡下壳子村；拍摄时间：2014 年 10 月 8 日。
③ 讲述人：朱玉坤等；采录人：王艳；采录地点：四川省绵阳市平武县木座藏族乡；采录时间：2015 年 4 月 23 日。

不同于笔者走访过的平武的其他白马山寨，木座年久失修的房屋、泥泞的羊肠小道、老人们的言谈举止、孩子们看到陌生人时惊奇的目光，每一个画面仿佛都诉说着沧桑的历史。尽管现在木座已经不再是木座人口中"最厉害的村子"，可是，他们还是愿意一再地强调曾经辉煌的历史，一再地强调他们的"跳曹盖"是白马十八寨最正宗的、最传统的。

图 4 - 25　午后闲暇的木座①

四　多种象征和文化意涵

"仪式就是一种单独的叙事，或者说是身体的叙事，它是人类与生俱来的最古老的叙事。"② 在白马人这样的无字族群中，"跳曹盖"仪式被赋予了更加复杂多元的叙事结构，并通过象征和隐喻的方式来模仿和复制社会结构和礼制规范，可被视为中央与地方社会之间"礼俗互动"的重要途径。

（一）多重结构与多重象征

武雅士（Arthur P. Wolf）曾提出"神、鬼、祖先"之说来解释中

---

① 该图片来自笔者的田野记录，拍摄人：王艳；拍摄地点：四川省绵阳市平武县木座藏族乡；拍摄时间：2015 年 4 月 23 日。

② 叶舒宪：《文学人类学：探寻文化表述的多重视野》，《西南民族大学学报》（人文社会科学版）2011 年第 1 期，第 171 页。

　　从一个小村落来观察，在三峡发现的超自然观念是中国传统
社会环境的具体反映。此种社会环境中，最为重要的成员是官员，
他们代表了皇帝和帝国；其次是家庭和宗族；最后就是作为异类
的陌生人、外来者、盗寇和乞丐。神是官员的化身；祖先代表家
族长者；陌生人代表的是危险、可怖的鬼。从更为一般的意义上
讲，神和祖先合二为一，为社会关系提供某种参照，而作为其对
立面的鬼，则代表了危险和不服管束的社会动因。①

武雅士以一个汉族村庄为考察对象提出"神、鬼、祖先"理论，
认为中国宗教的神灵体系是中国社会各阶层的投影。对于偏居藏彝走
廊边缘的白马人而言，这种"中国古代政治模式"的隐喻并不具备足
够的解释力，但却不失为一条从民间信仰出发来理解宗教仪式和社会
结构之间关系的进路。"中国乡村仪式主要建构起了一种与现实社会结
构互为模拟的'象征的秩序'。"在汉学人类学的传统视野中，这种
"象征的秩序"往往以一种"虚拟的中国古代政治模式"为基础来加
以解释。② 白马人信仰万物有灵的原始宗教，他们把自然界的一切都人
格化、神圣化，对宇宙自然怀有敬畏之心。他们对神灵、祖先和鬼的
崇拜显示了他们对社会阶级划分的认知，这种认知在"跳曹盖"仪式
中表现得更为形象生动。

第一层 白马老爷（叶西纳蒙）—土司

第二层 曹盖—祖先

第三层 村主任（主祭人）—番官

第四层 人—村民

第五层 鬼—外人、陌生人

----

① Arthur P. Wolf, Gods, Ghosts, and Ancestors, in Arthur P. Wolf, ed., *Religion and Rit-
ual in Chinese Society*, p. 175. 转引自覃延佳《仪式传统与地方文化建构》，社会科学
文献出版社，2015，第3页。

② 王铭铭：《象征的秩序》，《读书》1998年第2期，第60~68页。

从武雅士的"神、鬼、祖先"之说到白马人的五层神灵体系结构，民间信仰有着自己的一套文化逻辑，仪式将社会权利结构转化并翻译成地方神灵体系，隐喻着政治的烙印。白马文化圈最大的神是白马老爷（叶西纳蒙），在白马人看来，白马老爷是至高无上的统治者，是众神之中最具权威的一位神，也是现实社会中最大的统治者土司的象征。在白马人的神话传说中，白马老爷来自外面，途经白马人聚居地为了拯救身陷洪水之中的白马人而错过参加神仙会的时间，化身为神山，保佑这片土地的生灵。所以，在第一层结构中白马老爷是神灵的化身，象征着白马文化圈最大的统治者龙安土司。

第二层"曹盖"象征的是白马人的祖先，根据白马人的神话传说，"跳曹盖"是为了纪念白马人的先祖不堪忍受龙安土司的剥削和压迫，趁着过年给土司进贡之际戴着面具、刺杀土司凯旋的英雄事迹。在"跳曹盖"仪式过程中，当白马青年戴上曹盖面具的那一刻，就代表着祖先的灵魂附身，世俗的面孔和身份即被隐去，所有人都要以敬拜祖先的礼仪对待曹盖。在白马人客厅的正中位置摆放着神案，神案的墙上供奉着神像，神像是后人根据族谱画的近几代祖先的画像，一般以骑着白马、身穿战袍的形象出现。白马人的祖先逝世之后，后人会将祖先的画像和灵位供奉在神案上，他们相信祖先逝世之后灵魂仍然存在并拥有超凡的神力，可以庇佑子孙后代，所以每日焚香祭拜以求祖先保佑。后人把过去的历史记忆通过实践、操演的形式加以维系和巩固，通过扮演自己的祖先表达对先祖的崇拜和怀念，所以祖先已经被神化，与神合二为一了。

在"跳曹盖"的时候，其中有一个环节就是一个中年男人代表全村人向曹盖汇报寨子里的情况，这个中年男人就是这个村子的村主任，象征着番官，他们之间以下级向上级汇报工作的方式，通过傩舞来沟通交流，象征着长幼有序、对祖先的敬畏。费孝通曾说："（白马人）解放前受当地番官、土司、头人的奴役。"[1] 历史、传说与现实完全吻合，可互相印证。在白马人的集体记忆中，有过与外族战争、惨遭屠

① 费孝通：《关于我国民族的识别问题》，《中国社会科学》1980 年第 1 期，第 157 页。

杀的创伤记忆，所以白马人祖训中有一条就是不与外族通婚，因为在白马人的观念中，鬼指外人、陌生人，代表着危险，甚至是恶毒的。

（二）多重实践与二元结构

涂尔干（Émile Durkheim）在《宗教生活的基本形式》中将"神圣（the sacred）与世俗（the profane）"的关系看作二元对立的模式。① 而特纳的阈限理论将这种二元对立模式纳入同一个仪式框架之中，他喜欢用拉丁文"communitas"（即"交融"），并认为结构与交融之间的区别不仅仅是"神圣"与"世俗"之间的区别，也与政治与宗教之间的区别大不相同。② "阈限"在拉丁文中是"门槛"的意思，作为转化的装置并不是断裂、区隔的标志，它强调的是二元对立两端的连通性和转化性。在一个具体的社会群体，他们社会生活实践中的圣与俗实在很难泾渭分明。③ "跳曹盖"仪式是在神圣与世俗交织的二重时空中展开的，在时间上，除了在每年春节期间跳，在日常生活中的庙会、盖房，或者非物质文化遗产的展演中也会跳；在空间上，除了神山、寺庙和道场这些神圣空间，村落、田间地头甚至是旅游节表演的舞台等世俗的空间也会跳。这反映了白马人时间和空间互相融合和转化的时空认知逻辑，传统信仰根基、生产生活的实践观念与国家力量已经密不可分地交织在一起。④

"跳曹盖"的主线是敬神与驱鬼，神要祭拜，鬼要赶走或者杀死，而后人间从无序的混沌变为有序的世界，人们开始狂欢庆祝，这与米尔恰·伊利亚德（Mircea Eliade）提出的"有序宇宙"与"无序混沌"大致相似。在仪式中的某些角色被赋予了神圣的特质，比如白盖和主

---

① 〔法〕爱弥尔·涂尔干：《宗教生活的基本形式》，渠东、汲喆译，商务印书馆，2011，第45页。

② 〔法〕爱弥尔·涂尔干：《宗教生活的基本形式》，渠东、汲喆译，商务印书馆，2011，第97页。

③ 彭兆荣：《仪式音乐叙事中的族群历史记忆——广西贺州地区瑶族"还盘王愿"仪式音乐分析》，曹本冶编《中国民间仪式音乐研究·华南卷·下》，上海音乐学院出版社，2007，第277~278页。

④ 李菲：《嘉绒跳锅庄：墨尔多神山下的舞蹈、仪式与族群表述》，北京大学出版社，2014，第109页。

祭人的身份在仪式中被赋予神圣性和权威性,而扮演曹盖的人一旦戴上面具就是神的化身,神圣不可侵犯。一旦他们离开仪式,回归到日常生活,便与普通人一样,也就失去了神圣性和权威性。

小 结

本章通过对平武县白马藏族乡厄哩寨深入、动态、持续的田野调研,用图像叙事和文字描写相结合的方式,力图"深描"出"跳曹盖"在当地文化传统中"本来的样子,自在的样子,原本的样子"。[1]《社会学大辞典》将社会结构定义为:"对专门化的、彼此依存的社会制度,以及由各种职位和其行动者相互作用所形成的组织的特殊性安排。社会结构包括首要和基本的社会关系。"[2] 在白马人"跳曹盖"仪式体系中,每个角色都能在现实社会中找到原型,在这五层投影关系中,可以窥见民间信仰对社会结构的模仿和复制,实际上是模拟了官员权贵与百姓臣民之间的关系,而这种关系不仅仅是官员所代表的国家和臣民百姓之间关系的简单投射,其中还包含着白马社会宗族组织及其内部成员,这种象征的秩序也从更深层次上反映了人们对现实生活中各种社会结构关系的解读。

表 4-2 两个白马村落傩舞仪式对比表

	村寨名	入贡山(文县)	厄哩(平武县)
1	名称	池哥昼(tʂhɿ³¹ gə³⁵ndʐo³⁵)	跳曹盖(tshɔ³¹ gɛ³⁵ndʐo³⁵)
2	举行时间	每年农历正月十四至十五	每年农历正月初五至初六
3	祭祀地点	村寨里、宗庙前	村寨里、田地里及叶西纳蒙神山
4	主持人	乐佰:传承人 会首:组织仪式、保管面具,一般是村里德高望重的老人	白盖:念经、做法事 主祭人:组织仪式、统筹安排,一般是村里德高望重的老人

---

① 徐新建:《表述问题:文学人类学的起点和核心》,《西南民族大学学报》(人文社会科学版)2011 年第 1 期,第 149~154 页。

② 〔英〕维克多·特纳:《仪式过程:结构与反结构》,黄剑波、柳博赟译,中国人民大学出版社,2006,第 126~127 页。

	村寨名	入贡山（文县）	厄哩（平武县）
5	队伍成员	池哥4个（男性）、池姆2个（女性）、知玛2个（一男一女）、猴娃子1个（小男孩）	9个曹盖（男性），没有女性角色和猴娃子
6	道具及法器	牦牛尾、木剑、木刀、权杖；钹、鼓、镲、锣、铜铃、三眼铳	石安、羊皮鼓、铜锣、铜钵，巴色、朵玛、驱鬼棒、厄、索、牦牛尾
7	祭词	祭词（白马语）	苯教经书（古藏语）
8	仪式功能	驱鬼驱邪、祈福禳灾	驱鬼驱邪、祈福禳灾
9	仪式准备	制作草船 装扮池哥、池姆	搭建祭祀篷子 制作朵玛等祭祀用品 装扮曹盖
10	仪式过程	踩村 逐户驱鬼除疫 迎火把、跳火圈舞	念经请神 宰牲敬神 跳火圈舞 请神驱鬼 寨头寨尾除疫 逐户驱鬼除疫 敬山神巡田
11	仪式结束	送鬼、送瘟神	送神

从表4-2对比可知，笔者以文县入贡山村和平武县厄哩寨两个田野调查点为例，将白马人的"池哥昼/跳曹盖"仪式在两个不同地区呈现出的不同特征用图表的方式加以对比分析。相同点是：①仪式的名称是相同的，尽管汉语表述中出现了一词两译的现象，但是在白马人自我的认知里，不管是"池哥昼"还是"跳曹盖"，都指同一种文化事象；②仪式的功能是相同的，都是驱鬼驱邪、祈福禳灾；除此以外，每一部分都不相同，或者说略有不同，比如：

（1）仪式举行时间不同：在文县铁楼藏族乡，举行"池哥昼"的时间是农历正月十三至农历正月十八，时间上的前后顺序对应着空间上自西向东的顺序。而平武县的"跳曹盖"是每年正月初五到初六，如果把这两个地方视为一个整体去审视，也有一种可能性就是从四川平武开始到九寨沟，最后到文县铁楼，按照空间的布局进行时间上的先后排序。

（2）主持人和仪式队伍成员不同：平武的跳曹盖有白盖，即沟通人神的神职人员，在仪式中主要念经、做法事，还有另外一个就是主祭人，负责组织仪式、统筹安排，一般是村里德高望重的老人。而在文县，没有专门的神职人员，与之相对的是乐佰，即传承人，会首跟主祭人的功能是一样的。在文县"池哥昼"队伍中有9个成员，包括池哥4个（男性）、池姆2个（女性）、知玛2个（一男一女）、猴娃子1个（小男孩），而在平武的"跳曹盖"队伍中只有9个曹盖（男性），没有女性角色和猴娃子。这与白马人世世代代口耳相传的传说故事有关，仪式中的每一个角色实际上都是对祖先的扮演，他们通过这种方式来表达对先祖的崇敬。

（3）道具、法器和祭词：在田野中走访的时候，当问到当地的村民你们两个地方的面具舞有什么不同的时候，他们最先强调的是"经书"。村民说："他们（指四川平武）有经书，要念经的，我们没有，我们就是唱，祭词也是唱出来的。"这非常有趣，白马人信仰的是万物有灵的原始苯教，同祖同源的族群怎么会在宗教信仰的仪式中出现如此大的分歧？后来，笔者深入考察，发现他们仪式中使用的道具和配器也有很大的差异，一面呈现出汉传佛教、道教浸染的痕迹，如文县"池哥昼"使用的牦牛尾、木剑、木刀、权杖，钹、鼓、镲、锣、铜铃、三眼铳等；一面呈现出前佛教（也就是原始苯教）浸染的痕迹，如平武"跳曹盖"使用的石安、羊皮鼓、铜锣、铜钵、巴色、朵玛、驱鬼棒、厄、索、牦牛尾等。他们的祭词也不一样，文县是白马语，念诵的时候村民都能听懂；平武县是古藏语，对着经书念诵，村民都听不懂，只有白盖才知道经文的含义。由此可见，白马人的文化中沉淀着原始苯教、汉传佛教、道教的信仰元素，在历史发展的进程中不断地继承和扬弃，最后呈现出多元的文化。

第五章

▼

物的叙事

第一节 从"一重证据"到"四重证据"

一直以来，文字书写的历史代表着对过去权威的，甚至是唯一的表述，"文字中心主义者"成为历史的代言人。直到 1925 年，深受西学熏陶的国学大师王国维先生在清华大学讲授《古史新证》时，提出一重证据（传世文献）之外的"第二重证据"，即地下材料甲骨文和金文，唯文献至上的国学研究/历史研究者们所奉行的"第一重证据"坚如磐石的地位才开始动摇。

> 研究中国古史，为最纠纷之问题。上古之事，传说与史实混而不分。史实之中，固不免有所缘饰，与传说无异。而传说之中，亦往往有史实为之素地。二者不易区别，此世界各国之所同也，在中国古代已注意此事……孟子于古事之可存疑者，则曰："于传有之"；于不足信者，曰："好事者为之"……疑古之过，乃并尧舜禹（引案：即禹）之人物而亦疑之。其于怀疑之态度及批评之精神，不无可取，然惜于古史材料未尝为充分之处理也。吾辈生于今日，幸于纸上之材料外，更得地下之新材料。由此种材料，我辈固得据以补正纸上之材料，亦得证明古书之某部分全为实录，即百家不雅驯之言，亦不无表示一面之事实。此"二重证据法"，惟在今日始得为之。虽古书之未得证明者，不能加以否定；而其已得证明者，不能不加以肯定，可断言也。①

王国维提出的"二重证据法"源于当时的疑古思潮，在研究中国古史的时候，"传说"与"史实"之间，虚构与真实之间，孰是孰非，

---

① 王国维：《古史新证——王国维最后的讲义》，清华大学出版社，1994，第 1~3 页。

难以辨认。他同时也辨析了两者的关系:"史实有所缘饰,传说有史实为素地。"二者之间不易区别。所以,他提出用"地下之新材料"印证"纸上之材料",即用第二重证据补正第一重证据。比如,出生在德国的考古学家谢里曼(Heinrich Schliemann)从小坚信在书中看到的"荷马史诗"《伊利亚特》中所讲述的特洛伊战争是真实发生过的,特洛伊城堡像插图中的城堡一样一定深埋在地下某个地方。1873 年,他在土耳其挖掘出特洛伊遗址,这是一座被大火焚烧过的城堡,随处可见的黄金酒杯、王冠、手镯等黄金珍宝与"荷马史诗"中特洛伊之战的描写一模一样,轰动整个西方世界,由此开启了考古学划时代的新方法。① 以前的史学家都是通过文献记载来通向历史,然而对于无文字时代的历史却难以重构,正如特洛伊战争中脍炙人口的神话传说"木马屠城",史学家们坚信那仅仅是虚构的故事,谢里曼的考古挖掘使神话和传说走进了历史,由此开启了考古学划时代的新方法,为研究爱琴海文明找到了新的线索。

叶舒宪指出,不管是"第一重证据"还是"第二重证据","都还没有超出汉字记载的媒介范围。其研究视野被牢牢地束缚在有汉字记载以来的商周以下,对于商代之前的虞夏时期,乃至更早的炎黄时代,则不免发出难以企及的慨叹"②。杨向奎在《宗周社会与礼乐文明》序言中提出三重证据说:

> 文献不足则取决于考古材料,再不足则取决于民族学方面的研究。过去,研究中国古代史讲双重证据,即文献与考古相结合。鉴于中国各民族社会发展不平衡,民族学的材料,更可以补文献考古之不足,所以古史研究中三重证据代替了过去的双重证据。③

在当时的历史语境下,民族学是文化人类学的同义词,作为古史

---

① Francis H. Mcgoven M. D. "The Operation and Death of Henry Schliemann," *The Laryngoscope*, 1977(1), p. 10.
② 叶舒宪:《以物的叙事重建失落的历史世界》,《中国社会科学报》2014 年 7 月 4 日第 B01 版。
③ 杨向奎:《宗周社会与礼乐文明》(修订本),人民出版社,1997,"序言"第 1 页。

辨派的代表顾颉刚的学生，历史学家杨向奎在王国维提出的"第二重证据"的基础之上，将民族学材料归结为"第三重证据"，可以补充文献和考古之不足，对于解读古史古书有着重要的启发。后来，叶舒宪将其总结为人类学的"三重证据法"，这一说法也得到了他本人的认可。

> 考古学、民族学、民俗学、神话学和比较宗教学等，就其严格的学科划分而言，均可视为文化人类学的系属和分支；借人类学之名与传统考据学结缘，不用标"新"而新意自现，又能统合包容多重求证的各种途径于一身。①

事实上，民族学材料作为旁证可以作为"辅佐材料"去推理、说明、解释一些问题和现象。比如，我国第一代人类学家凌纯声在湘西田野调查的时候，就从铜鼓的花纹来研究《九歌》，卓有成效，这对后来的研究者有着深刻的启发作用。2004 年，叶舒宪通过长期以来对考古学新材料、博物馆收藏的上古文物的研究和解读，将考古学、博物学的研究方法和范式结合起来提出"第四重证据"，即图像和实物。

> 将比较文化视野中"物质文化"（material culture）及其图像资料作为人文学研究中的第四重证据，提示其所拥有的证明优势。希望能够说明，即使是那些来自时空差距巨大的不同语境中的图像，为什么对我们研究本土的文学和古文化真相也还会有很大的帮助作用。在某种意义上，这种作用类似于现象学所主张的那种"直面事物本身"的现象学还原方法之认识效果。②

"四重证据法的提出对应着文化人类学研究的较新的一个潮流，叫做'物质文化'（material culture），也就是直接研究物体本身蕴含的潜在'叙事'，从古代遗留的实物及图像中解读出文字文本没有记录的文

---

① 路坦：《"三重证据法"与人类学——读萧兵〈楚辞的文化破译〉》，《中国出版》1994年第 8 期，第 39 页。

② 叶舒宪：《第四重证据：比较图像学的视觉说服力——以猫头鹰象征的跨文化解读为例》，《文学评论》2006 年第 5 期，第 173 页。

化信息。"①"第四重证据"要让沉默千年的物发出自己的声音，要让不会说话的物开始说话。由此，历经百年形成的四重证据法呈现在我们的面前，一重证据指传世文献（纸上），如《尚书》《诗经》《春秋》《史记》等；二重证据指出土文献和文字（地下），如甲骨文和金文；三重证据指民族学、民俗学、神话学等人类学的口头传统，如神话传说、史诗、歌谣、谚语、仪式等；四重证据指图像和考古实物，如唐卡、壁画、文物等视觉符号。第一重证据和第二重证据是文字文本，是直接证据，第三重证据和第四重证据是旁证，是文化文本（culture as text）。叶舒宪将四重证据法内部不同材料之间的互补互证效应总结为"证据间性"。四重证据法的提出带有历史重建性质，物是沉默的，然而物却如史书一般，用自身的符码系统承载着丰富的历史信息。②

第二节　面具之"声"

《面具之道》（Lavoie des masques）是著名的结构主义人类学家克洛德·列维－斯特劳斯（Claude Lévi－Strauss）在此方面唯一的一本著作，他通过对美洲印第安人面具的细致分析，将神话、社会与宗教功能、造型艺术融为一体，演绎出面具与神话的内在联系。列氏不仅对面具艺术的美学价值极为推崇，而且应用结构主义分析的方法发掘面具的人类学价值。在他看来："在面具里，隐藏着人类的密史。"③

> 面具的每一种类型都与神话有联系……任何孤立的诠解都是徒劳的。我们也可以进一步承认，这些形式、颜色和表情跟与之形成对照的其他形式、颜色和表情是密不可分的，因为它们都是为了表明一种面具的特点才被选用的，后者的存在理由恰恰在于

① 叶舒宪：《物的叙事：中华文明探源的四重证据法》，《兰州大学学报》（社会科学版）2010年第6期，第1页。

② 叶舒宪：《论四重证据法的证据间性：以西汉窦氏墓玉组佩神话图像解读为例》，《陕西师范大学学报》（哲学社会科学版）2014年第5期，第72页。

③ 〔法〕克洛德－列维－斯特劳斯：《面具之道》，张祖建译，中国人民大学出版社，2008。

与先前的面具有所不同。依照这一假设，只有通过比较两种类型的面具才能界定一个语义场，其中每个类型的功能是互为补充的。①

所以，"面具之道即面具之声"②，面具的形式、颜色、表情等都有着象征意义，甚至面具的起源、分布与流传也隐藏着不为人知的历史，这就是面具所要表达的"声音"。正如彭兆荣教授将面具置于中国语境所分析的：

> 面具与神话、仪式、宗教、教义、崇拜、偶像、祭祀、驱鬼、军事、治疗、戏剧、表演、娱乐等重要的历史范畴和文化主题联系在一起；相伴随的还有诸如仪式的仪轨、宗教的教规、符号的隐喻、传统的传承、色彩的意义、行动的行为、表演的表达、装饰的服装、材料的材质、面具的制作……而且不同的宗教、不同的族群、不同的氏族、不同的祭祀、不同的仪式、不同的表演、不同的剧目、不同的性别等都可能被赋予不同的意义。③

笔者在做田野调查的时候，白马人在仪式中戴的傩面具、用的道具及器物和穿的服饰独具特色，让人过目难忘。对于无字族群来说，在民间信仰仪式中所使用的面具、道具、器物、服饰等被赋予了无限的意义和被阐释的空间。白马人是如何应用造型艺术中的造型、颜色、装饰、图案、线条等来表述文化的？古人云："礼失而求诸野。"钱穆先生也曾说："我们若能从社会追溯到历史，从历史认识到社会，把眼前社会来做以往历史的一个生动见证，这样研究，才始活泼真确，不

---

① 〔法〕克洛德·列维－斯特劳斯：《面具之道》，张祖建译，中国人民大学出版社，2008，第46页。
② 〔法〕克洛德·列维－斯特劳斯：《面具之道》，张祖建译，中国人民大学出版社，2008，第2~3页。
③ 彭兆荣：《面具之"声"——艺术人类学的原理关涉》，《民族艺术》2016年第4期，第50页。

要专在文字记载上做片面的搜索。"① 中国傩文化自古至今流传了几千年，至今仍然方兴未艾，并非只有"活化石"的意义，它是一个动态的文化过程，是"活着的文化"。当下，研究白马人的历史与文化，文字文本这样的直接证据（第一重证据和第二重证据）少之又少，笔者只能"从社会追溯到历史"，通过文化文本（第三重证据和第四重证据）来重构历史，当然重构的过程只能是尽可能地接近真实，对于历史真实的探求是一个无限接近却永远无法抵达的过程。

一 "傩"之发生学

傩是古代流行在中原地区的一种祭祀，其目的在于驱鬼逐疫，祈福禳灾，保佑平安。就其形式和功能而言，傩是驱邪巫术的一种。② 傩，现代读音为（nuó），在汉语中是一个古老的字，最早可追溯到殷商时期的甲骨文。东汉许慎《说文解字》："傩，行有节也。从人，难声。"③《诗经·卫风·竹竿》曰："巧笑之瑳，佩玉之傩。"由此可见，最早的"傩"字，本义是"行有节度"，意思是说：按照礼仪规范，巧笑时牙齿洁白，佩玉行动有节奏。

驱疫之"傩"，本字是"难"（難），意为难问、责难。《礼记正义·月令》曰："季冬之月。命有司大难，旁磔，出土牛，以送寒气。"④ 驱疫之"难（nuó）"后来加上了"亻"，表示驱鬼逐疫的是人。而"难"又是"又"和"佳"的组合，从宇宙观念看，"又"代表"天"，"佳"代表"地"，因而"难"是天地的合一，而"傩"为天、地、人的合一。"当'难'的本义为'傩'代替'难'发展并固定为困难、艰难之意义。'难'之演变为'傩'，是由于自然神为人格化神乃至历史上真实的人取代。傩反映了人类社会历史的演变以及人与自然、人与人关系的转变。"⑤

---

① 钱穆：《中国历史研究法》，生活·读书·新知三联书店，2005，第 52 ~ 56 页。
② 刘锡诚：《傩祭与艺术》，转引自陈跃红、徐新建、钱荫榆《中国傩文化》，中央编译出版社，2008，第 5 页。
③ （东汉）许慎：《说文解字》，中华书局，1963，第 280 页。
④ 《礼记正义》（黄侃经文句读本），上海古籍出版社，1990，第 346 页。
⑤ 汪晓云：《一字之天地人："傩"的发生学研究》，《民族艺术》2005 年第 1 期，第 22 ~ 28 页。

二 傩面具的文化内涵

"所谓傩文化，是指以鬼神信仰为核心，以各种各样的请神逐鬼活动为其外在显象并以祈福免灾、沟通人—神（人—天）为目的的一个完整系统。"① 由此可见，鬼神信仰是傩文化的文化内核，由此展开的仪式以及仪式中使用的面具、服装、道具、器物等都是由这一文化内核派生出来的"外相"。

"无面不成傩"，青藏高原上流传千年的藏戏"阿吉拉姆"戴着白色、红色、绿色、黄色、半黑半白、青色的傩面具，每一种颜色都被赋予了不同的意义。善者的面具是白色的，白色代表纯洁；国王的面具是红色的，红色代表威严；王妃的面具是绿色的，绿色代表柔顺；活佛的面具是黄色的，黄色代表吉祥；巫女的面具是半黑半白，象征其两面三刀的性格；妖魔的面具青面獠牙，以示压抑和恐怖。白马人的傩面具包括跳"池哥昼"戴的池哥、池姆面具，"跳曹盖"戴的曹盖面具，跳"㑇舞"戴的十二相面，其造型、颜色、风格等都不尽相同，背后隐含着宗教的、历史的、文化的、信仰的、纵横交错的、多层次的历史文化内涵。笔者在四川省三星堆博物馆参观时曾看到陈列的"曹盖"面具，据说是在广汉出土的汉代墓中发现的。由此可见，白马人的傩文化不仅仅局限于今天白马人居住的两省三县有限的区域，历史上很可能流传更广，在广汉等地也有流传。

（一）池哥面具

四个池哥代表着白马人的先祖，依次为老大、老二、老三、老四，戴的面具呈现出威武、凶悍甚至是狰狞的感觉。面具上装饰有由红色、绿色、黄色、白色的纸叠成的"扇子花"，长长的鸡翎毛和红布条。根据赵逵夫先生考证："三目神是氐族的祖先神，它跟上古时氐先民的雕题习俗有关。"② 《礼记·王制》郑玄注："雕题，刻其肌，以丹青涅

① 陈跃红、徐新建、钱荫榆：《中国傩文化》，中央编译出版社，2008，第9页。
② 赵逵夫：《三目神与氐族渊源》，《文史知识》1997年第6期，第39、36页。

之。"如今，甘肃文县铁楼藏族乡和四川平武县白马藏族乡的白马人早已没有了"雕题"的习俗，但是池哥的面具上有明显的纵目的特征，老大的纵目是显而易见的，代表着白马山寨最大的山神——白马老爷，其他三个兄弟的纵目已经图案化、符号化了。（如图5-1所示）

图5-1 四个池哥的面具造型①

---

① 该图片来自笔者的田野记录，拍摄人：王艳；拍摄地点：甘肃省陇南市文县铁楼藏族乡入贡山村；拍摄时间：2009年2月8日。

（二）池姆面具

两个池姆代表着两菩萨，戴的面具柳眉凤眼、慈眉善目、呈现出温柔贤淑的女性特征，由于面部特征看起来很像观世音菩萨，也被称为"女菩萨"。池姆实际上是由男性扮演的，因为女性是不能参与宗教祭祀活动的，认为不吉利、不洁净。可见，在当地人的传统观念中，男尊女卑观念根深蒂固。（如图5-2所示）

图5-2　两个池姆的面具造型①

三　面具之源

（一）面具的制作

1. 选材：白马人制作傩面具的材料都是就地取材，寨子后面有大片树林，生长着很多树种，一般会选择椴木，它富含油脂、耐磨、耐腐蚀、不易开裂、木纹细、易加工、韧性强，是木制工艺品首选的雕刻材料。每年农历七月，是伐木最好的季节，白马人上山砍树，扒皮后晾在空地上，一年后，木料晾到半干就可以使用了。这个时候，木料的干度最合适，既容易雕刻又不易变形。

①　该图片来自笔者的田野记录，拍摄人：王艳；拍摄地点：甘肃省陇南市文县铁楼藏族乡入贡山村；拍摄时间：2009年2月8日。

2. 雕刻：雕刻面具之前有一个很重要的仪式就是敬神。白马人认为，池哥、池姆的面具是神的面孔，是神圣不可侵犯的。因此，在雕刻之前会请人占卜"算日子"，算一个黄道吉日摆上香烛、烧上香纸，向神祈祷，请求神的应允。拜祭之后，才可以开始雕刻，这个时候雕刻因为得到了神的应允，整个过程变得神圣起来，可以说是"以神之名"。另一方面，雕刻者也在拜祭之后，变得虔诚起来，他认为自己是神的仆人。不同于一般工艺品的制作，傩面具的雕刻过程像藏族画唐卡一样变成了信仰的实践过程、个人的修行过程。雕刻面具没有规定的样式，也没有设计好的图纸，只遵循古老的传统，怎么雕？雕成什么样？这些全在雕刻者的心里，可以说是"像由心生"。

3. 染色：雕刻完之后就要给面具上色，以前使用植物的汁或者矿物颜料染色，现在普遍使用油漆。颜色以红色、黑色、黄色、绿色等明亮的颜色为主，形成色彩斑斓的视觉效果。

4. "开光"：面具雕刻、染色都完成后，就要举行祭神仪式了，白马人借用了道教的一个名词——"开光"。"开光"就是把宇宙中无形的、具有无边法力的真灵注入神像中去，神像也就具有了无边法力。故而"开光"是神像被供奉后，必不可少的仪式。在傩面具制作完成之后，要设祭坛，摆上五谷、水果、点心、酒等祭品，点燃香、纸、蜡等供品向天、地、各方神灵念咒语祷告，其目的是"请神入相"。这个时候，面具不再是世俗空间的手工艺品，经过"开光"的面具具有了宗教意义上的神圣性，普通的物被赋予了神圣的灵力，具有了保佑家宅平安的功能，受到民众的顶礼膜拜。

（二）面具的神圣性

法国人类学家爱弥尔·涂尔干（Émile Durkheim）在《宗教生活的基本形式》中如此定义"圣物"——"圣物是一种俗物不应该、也不能够、不惩罚性接触的事物"。[①] 由此可见，人类学意义上的圣物是远

---

① 〔法〕爱弥尔·涂尔干：《宗教生活的基本形式》，渠东、汲喆译，商务印书馆，2011，第 46 页。

离世俗的供奉品，要高于凡俗事物一筹。白马人的傩面具作为神的面孔，也具有无上的"神圣性"，在"池哥昼"仪式结束之后，池哥、池姆的面具便被洁净的布包裹起来，供奉在高处（一般是在房子的顶层阁楼，平时很少有人去、干净的地方），任何人不得接触，更不能取出，否则会触怒神灵、降下灾祸。"巫术与宗教不仅是教义或哲学，不仅是思想方面的一块知识，乃是一种特殊行为状态，一种以理性，情感，意志等为基础的实用态度；巫术与宗教既是行为状态，又是信仰系统；既是社会现象，又是个人经验。"① "傩戏面具是界定傩戏艺术的重要特征。在傩戏演出者和信仰者看来，面具并不是戏剧家所讲的道具，也不是美术家赞不绝口的工艺品，而是神的象征和载体，是沟通人、鬼、神世界之间的工具，是他们的灵魂，戴上一张与凡人不同的面具，既提醒演员，也提醒观众，他们现在已经进入了另一个世界。"②

第三节　器物之"语"

"子曰：'书不尽言，言不尽意。'然则圣人之意其不可见乎？子曰：'圣人立象以尽意，设卦以尽情伪，系辞焉以尽其言，变而通之以尽利，鼓之舞之以尽神。'"③ 由此可见，中国古之圣贤就有"立象以尽意"之表述策略，而在礼乐的创制中，"象"的重要呈现载体即器物及其纹饰，也就是"文"（纹）。我们今天在博物馆中见到的"文物"最初的原意是典章制度，也就是最早的汉语"文学"，并不是今天所说的考古出土的东西。在笔者的田野调查中，出现了很多在仪式中使用的器物，比如，羊皮鼓、石安、铜锣、铜钵，巴色、朵玛、驱鬼棒、厄、索、牦牛尾鞭、木剑、木刀、权杖、钹、鼓、三眼铳等。这些都

---

① 〔英〕马林诺夫斯基著《巫术、科学、宗教与神话》，李安宅译，中国民间文艺出版社，1986，第9页。

② 庹修明：《中国西南傩戏述论》，《贵州民族学院学报》（哲学社会科学版）2001年第4期，第24页。

③ （清）阮元校刻《十三经注疏·周易正义》，中华书局，2009，第171页。

是在白马人的傩祭仪式中特有的器物，也就是叶舒宪最为关注的第四重证据，每一个器物除了在仪式中特有的功能以外，还隐含着很多文化意涵和历史叙事，也就是"物"的叙事。

一 羊皮鼓的传说

"神话通常有强烈的宗教意味，甚至带有解释的任务，神话不是人们围坐篝火旁记诵的'粗浅之物'，而是在特殊仪式上叙述给成人的东西。"①

> 传说，很久很久以前，白马人的白盖（祭司）从很远很远的寺院求得了一本经书，在回来的途中，由于太累了便躺在草地上睡着了，醒来的时候，发现经书被一只白色的绵羊啃着吃进肚子里了。白盖非常悲痛，失声大哭，对着绵羊说："羊儿啊，你吃了我拯救族人的经书啊！我回去可怎么交代啊？"这个时候，绵羊居然开口说话了："你把我吃了吧，把我的皮扒下来做成鼓，每当你敲鼓的时候，经文就会出现在羊皮鼓上，但是只有你才能看见。"白盖按照绵羊的方法，吃了所有的羊肉，用羊皮做成了羊皮鼓，每次敲羊皮鼓的时候，经文就出现在他的眼前。②

这个传说叙事的线索并不是特别清晰，但是，很有意思的是，在与白马人比邻而居的羌族村寨，流传着几乎一模一样的传说故事。

> 巫师前往寻求一本经书。在归程的途中，他昏昏入睡了，一只白绵羊便开始啃吃书本。当巫师醒来发现这一切之后，便悲恸地哭了。一只金丝猴劝他买下这只绵羊，并且一个人把所有的羊肉都吃掉，用其皮制成一面鼓。每次当他擂鼓时，他便会回忆起经书中的一句话。巫师依法行事，确实是又思忆起来经文。③

① 〔英〕杰克·古迪：《神话、仪式与口述》，李源译，中国人民大学出版社，2014，第8～9页。
② 访谈对象：塔汝；访谈人：王艳；访谈地点：四川省绵阳市平武县白马藏族乡厄哩寨；访谈时间：2015年4月23日。
③ 〔法〕石泰安：《汉藏走廊古部落》，耿昇译，中国藏学出版社，2013，第140页。

这个故事给了笔者很大的启发，两个故事的梗概大致相同，属于同一个母题，故事中"经书"都来自远方的寺院。远方究竟是何方？两个故事中都没有交代，这或许跟白马人生活环境与世隔绝有关，他们口中最远的远方就是两省的省会：成都和兰州，他们能接触到的藏族就是九寨沟、松潘一带的藏族。白马人故事中"白盖"和羌族人故事中的"巫师"（羌族人称为"释比"）在当地人的宗教生活中，都是沟通人与神的神职人员。白色的绵羊在他们的宗教祭祀仪式中都是非常重要的祭祀品，白马人"跳曹盖"仪式中很重要的一个环节就是宰羊献祭，羌族也是同样的，在很多宗教仪式中都要宰杀绵羊，这是原始苯教时期的遗俗——血祭。

顺着这个故事的线索，笔者发现，平武的"跳曹盖"仪式深受羌族的影响。比如，在仪式过程中用到的法器、仪式中念诵的经文与羌族的十分相似。2017年11月25日，笔者在西南民族大学校博物馆参观时，见到了羌族做法事用的法器、经文和图腾，跟笔者在平武县见到的非常像。（如图5-3、图5-4所示）

图5-3　羌族释比经典①

---

① 该图片来自笔者的田野记录，拍摄人：王艳；拍摄地点：四川省成都市西南民族大学校博物馆；拍摄时间：2017年11月25日。

图 5 - 4　羌族释比法器①

根据羌族经文记载，释比法器的来源是这样的：

> 唐僧师徒去西天取经，途中遇到大海，于是请土地婆婆搭桥。土地婆婆提出一个条件，要师徒四人帮她问问佛祖她的背为什么会痛。师徒四人答应她的请求后，土地婆婆才把海里的木鱼叫上来，他们乘着木鱼过了那片海。取到经后，师徒四人返回时还是找土地婆婆搭桥。当他们走到海中间时，土地婆婆问起了上次委托他们的事，可发现师徒四人根本就没有帮她问，于是土地婆婆非常生气，就命令他们乘坐的木鱼翻身，经书就这样全部被弄湿了。师徒四人没办法，就只好把经书放在青石头上晒。因为孙悟空生性好玩，晒经书的时候，就到处玩。回来时发现有半本经书被羊吃了，于是他就只好再去西天，问佛祖该怎么办。佛祖得知这件事之后，就说："经书被羊吃了是你的错，等你死后就扒了你的皮用来做衣裳，用你的脑袋做帽子，然后戴在端公头上，以此来继承军师（猴帽在法器中就像军师一样）。接着再把羊宰了，用羊皮绷成皮鼓，让端公敲一下吐一个字。"从此就这样定下了猴帽子、猴衣裳、羊皮鼓这三种羌族释比的法器。②

① 该图片来自笔者的田野记录，拍摄人：王艳；拍摄地点：四川省成都市西南民族大学校博物馆；拍摄时间：2017 年 11 月 25 日。

② 讲述人：西南民族大学校博物馆讲解老师；采录人：王艳；采录地点：四川省成都市西南民族大学校博物馆；采录时间：2017 年 11 月 25 日。

白马人和羌族一样信仰万物有灵的原始宗教，白马人的白盖和羌族的释比都是沟通人神的祭司，专门从事祭祀还愿、驱鬼除疫、招魂消灾，还有安宅、婚丧嫁娶等活动，都是由男性担任，平时跟普通人一样需要劳作。就笔者目前所见，他们举行仪式使用的法器，祭祀时念的经书、经书里面的文字和图腾都十分相似，难辨彼此。白盖戴的"五福帽"和释比戴的猴帽子几乎一模一样，羊皮鼓也是一样的。为什么文县铁楼白马人中没有白盖？没有经书？没有羊皮鼓？没有五福帽？从族源上讲，他们才是同源同祖的族群。要回答这个问题，必须回到田野寻找答案。

二 巴色与朵玛

（一）巴色与朵玛班丹

巴色是平武"白盖"在祭祀中使用的法器，相当于印版，做法事前，用玉米面团捏一百八十个形状各异的小面团，在巴色上使劲按一下，念一下经，小小的面团摇身一变，就变成神圣的神像了。

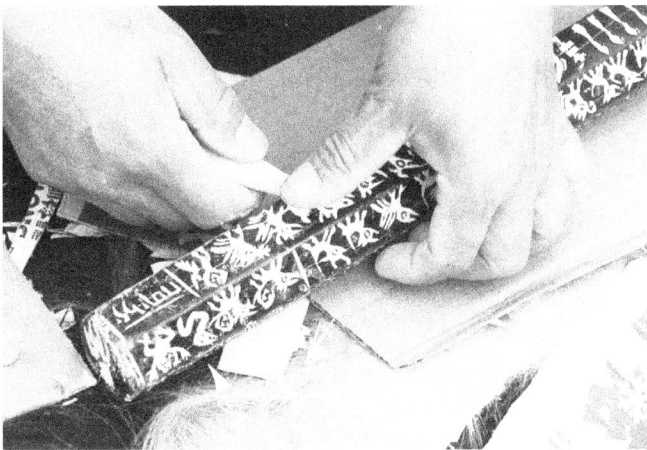

图 5-5　在巴色上印制"朵玛"①

---

① 该图片来自笔者的田野记录，拍摄人：李贫；拍摄地点：四川省绵阳市平武县白马藏族乡厄哩寨；拍摄时间：2017 年 2 月 11 日。

"巴色上刻有各种动物、植物、人物以及日月星辰的图案，还有各种抽象的宗教符号，与藏区苯教法师使用的'朵玛班丹'极为相似，朵玛班丹有两面、四面、六面、八面多种形式刻有各种姿态的吉祥人物、吉祥八宝、五妙欲、各类鸟、鱼虫走兽、瓜果五谷、日月星辰及刀箭佛塔等吉祥图纹。"① 朵玛班丹的起源与莲花生大师有着直接关联。在早期的藏族社会，尤其是佛教传入之前，用活生生的动物来祭祀神灵是非常盛行的，甚至还有过人祭。这是原始苯教的遗俗，用活生生的动物或者人来献祭，是最虔诚、最恭敬的。赤松德赞时期，佛苯之辩后，佛教不杀生，所以开始反对这种血祭，后来莲花生大师想出用糌粑印制而成的面偶来替代祭祀牺牲品，于是产生了朵玛。还有一说是苯教祖师辛饶米沃统一原始苯教后，"反对杀牲血祭，甚至用活人祭祀等恶习，他用生灵的模仿物来代替，创造了用糌粑、酥油捏塑的具有象征意义的朵玛贡品"。② 在此基础上，又发展了使用方便、易于携带的印制模具朵玛班丹。

巴色和朵玛班丹在功能上是一样的，都是印制"朵玛"的贡品模具，但是就今天笔者在田野中见到的巴色和西藏的朵玛班丹相对比，其图案、花纹有相似的，也有不同的。相同的是巴色和朵玛班丹都刻有牛、羊、马动物的形象，以及人物和工具。不同的是巴色上有些图纹朵玛班丹上没有，如鸡、树木等，朵玛班丹上有些图纹（如八吉祥物、八吉祥徽、五妙欲、佛塔）也是独有的，这些都是传自印度佛教的贡品，亦见于很多佛教经典之中。从白马人的巴色和西藏朵玛班丹两者的图纹对比可以发现，器物的产生和发展跟宗教、社会、自然环境息息相关。巴色和朵玛班丹两者相同的宗教功能和牛、羊、马、人物、工具这些相同的图纹说明两者都产生于苯教时期；巴色上的鸡和树木等图纹说明白马人受苯教的影响较大，流传至今，鸡是白马人非常尊崇的动物，甚至还有白鸡崇拜的风俗，树木反映了白马人生活的自然环境是山区；朵玛班丹上八吉祥物、八吉祥徽、五妙欲、佛塔这

面具之舞

---

① 凌立、拉都：《西藏吉祥密码（下）》，山月文化有限公司，2007，第79页。
② 杨学政、萧霁虹：《苯教文化之旅》，四川文艺出版社，2007，第42页。

些图纹来自印度佛教，说明佛苯之辩后，藏传佛教在西藏等地盛行，但是对白马文化圈的影响却并不深入。

（二）朵玛

白马人将巴色印制的面偶称作"朵玛"，朵玛是藏语音译，本义为"食子"，是藏传佛教祭祀仪轨中重要的祭品，在西藏是用糌粑、酥油做成，现在白马人多用玉米面团来印制。这是因为"食子"相当于敬神的糕点，糌粑和酥油是青藏高原上藏民的主食，而在白马人聚居地，不产糌粑和酥油，所以用玉米面代替。苯教典籍《敦巴辛绕全集》中记载："世间苯教所施法，六道众生受恩泽，互换两者'鲁'所代，'鲁'代之物用朵玛，疾病需要诊断，朵玛用来驱邪，魔妖降计施于法，千计魔障鲁来平……"[1] 虽然现在白马人的"朵玛"和西藏的"朵玛"是同一个词，都发源于苯教，有着"驱邪、降魔、禳灾、解难"的功能，但是做朵玛的材料、模具、形状都不一样。

白马人的朵玛是用玉米面团在巴色上印制而成，一般是由白盖来做，只有在"跳曹盖"仪式或者一些重要的宗教仪式中才会制作；而西藏的朵玛是藏族人日常生活中常见的祭祀贡品，朵玛的材料、形状、摆设、供奉时辰因供奉的对象不同而不同，朵玛用糌粑和酥油揉捏好的面团在朵玛班丹上印制而成，也有些是手工捏成的，拉萨的大街小巷或者藏传佛教寺院，随处可见形状各样的朵玛。西藏的朵玛不仅是苯教的宗教产物，也是藏传佛教的宗教符号，是苯教和藏传佛教融合的产物，由于藏传佛教传承体系不同，供奉朵玛的仪轨、形状、性质、功能、摆设等都不相同，而且有很多禁忌。笔者在云南泸沽湖边参加摩梭人的祭山神仪式的时候也见到了朵玛，还有印制朵玛的模具（如图 5-6 所示），摩梭人信仰藏传佛教和达巴，在摩梭人聚居的村寨都有藏传佛教的寺院，摩梭人一出生就要请寺院里的活佛取一个藏族名

第五章　物的叙事

---

① 巴桑次仁主编《敦巴辛绕全集》，西藏古籍出版社，2000；转引自才让《藏传佛教信仰与民俗（增订本）》，上海古籍出版社，2017，第 321 页。

字，也说明了摩梭人受藏传佛教的影响比较深。达巴所使用的法棍也是由藏族的朵玛班丹演变而来，与白马人的巴色有着相似之处。

图5-6　摩梭人的朵玛和制作朵玛的模具①

（三）苯教印记

白马人信仰的是万物有灵的原始宗教，有天神、土地神、山神、树神、日神、月神、水神、火神等，最尊敬的是白马路十八寨的总山神"白马老爷"，白马语叫"叶西纳蒙"。白马人的神祇、仪轨、经书以及法器上雕刻的日月星辰、山川树木、动物人物都呈现出受到早期苯教浸染的印迹。这种历史印迹最早可追溯到唐蕃交战之际，公元7世纪，吐蕃东进，吐蕃势力最强大的时候已经蔓延到今天的九寨沟县和松潘县境内。后来，除了建立大大小小的苯教寺院以外，甚至改变了语言和风俗习惯。时至今日，在若尔盖县、九寨沟县、松潘县仍然保留着几座苯教寺庙。随着历史的演进，吐蕃政权早已土崩瓦解退出这一区域，但苯教信仰却绵延至今，在这一带尤其是嘉绒藏族聚居地获得更大发展。白马人聚居地历史上也曾有过苯教的寺庙。根据兰州大学宗喀·漾正冈布和王万平的田野

---

① 该图片来自笔者的田野记录，拍摄人：阿七尼玛；拍摄地点：云南省丽江市宁蒗彝族自治县瓦那别村；拍摄时间：2015年7月21日。

调查，在今九寨沟县下塘马家乡马香村流传着一首名叫《池斯池该阿拉鲁》的古歌：

> 萨达（土地神）一家病了，
>
> 来了弟兄三人为他们治病；
>
> 首先来的是老大阿拉鲁，
>
> 他唱了一天一夜的"鲁"
>
> 但是效果非常有限，
>
> 土地高神没好转；
>
> 接着来的是老二桑杰吹，
>
> 桑杰吹跳了一天一夜的神，
>
> 通过打卦的方式传达神谕，
>
> 但是治疗效果也不明显；
>
> 这时老三雍仲贝来了，
>
> 雍仲贝用了一天一夜的时间敲鼓诵经，
>
> 最后，土地神一家的病好了。

这首古歌是用一种古老的藏语方言演唱的，并非白马语，说明这首古歌很可能是外来的，不是原生的，根据语言分析，极有可能是从西藏流传过来的。故事中，老大、老二、老三的名字其实代表着三种宗教，分别是原始宗教、藏传佛教和雍仲苯教，阿拉鲁不只存在于白马人聚居地，古代青藏高原上的民众信仰生活中都有"阿拉鲁""桑杰吹""雍仲贝"三种宗教。这些古歌中蕴含着丰富的吐蕃前佛教观念，尤其是苯教观念，而且是斯巴苯教的观念。① 被白马人尊崇的土地神因为老三雍仲贝敲鼓念经才把病治好了，说明了在白马人心中，雍仲苯教的法力是最强的。由此可以推断，当苯教随着吐蕃东进传播到白马人聚居地后，对这一区域产生了深远的影响，巴色、朵玛、经书等这些仪式中重要的法器都带有明显的苯教印记。

---

① 宗略·漾正冈布、王万平：《白马藏人古歌"gLu"与斯巴苯教》，《西藏大学学报》（社会科学版）2016 年第 3 期，第 10 页。

第四节 服饰之"道"

一 白马服饰

白马人一直生活在川甘交界处的大山之中，长期处于自给自足的自然经济状态，很少受到外来文化与现代文明的侵蚀和影响，所以白马人风格独特的服饰文化才得以完整地保存下来。时至今日，白马人的服饰样式、织布工艺、房屋建筑、种田及养畜大抵如古，不同的是过去妇女捻线织布，现代则使用毛呢绒线，其勤劳勇敢、善良淳朴的品质没有因社会的变迁而改变。一顶沙嘎帽、一件绣花衣、一条百褶裙，一双牛皮靴就是一套精美绝伦的艺术品，反映了白马妇女极高的审美情趣和精湛的工艺水平，倾注了她们对生活的无限热爱。

图 5-7 《皇清职贡图》

图 5-7 原注："文县地联秦蜀，所属番民盖亦苗蛮之一种，与西陲诸番不同。居县属之下舍书英坡山等处。明时设王马二百户分领之。至本朝雍正八年，改土归流按地输粮由县征解。男帽插鸡翎，每农事毕，常挟弓矢以射猎为事。番妇以布抹额杂缀珠石，衣五色褐布缘边衣，近亦多有效民间服饰者。性蠢愚，颇勤耕织。"①

据《皇清职贡图》所配文字的译文"文县与秦、蜀两地相邻，在

---

① （清）傅恒等编纂《皇清职贡图》，广陵书社，2008，第 315 页。

文县的少数民族大概也是西南少数民族的一支，但是与西部边疆的少数民族不同。居住在县内的舍书、英坡山等地方。明朝时设立了王、马两个百户进行统领治理。到清朝雍正八年，实行改土归流政策向朝廷缴纳赋税。这个部族男人的帽子插着鸡的翎毛，每年到农事结束，常常带着弓箭打猎。女人用缝缀着珠子的布扎在额头上，穿着带有各种颜色布边的衣服。现在也有像汉民一样穿着的。他们文化程度较低，但是很善于耕种打猎"。《皇清职贡图》是乾隆十六年（1751），乾隆皇帝下令各地总督、巡抚描绘其管辖境内不同民族及与清王朝有来往的诸国之民族的衣冠形貌，因而所绘图像以描写外形为主，并且注重对人物表情的刻画。书中记载都为作者亲眼所见，每一种图像皆描绘男、女二幅，每幅图绘之后，皆附有文字说明，文字浅显易懂，简要地介绍此民族与清王朝的关系，以及当地的风土民情，故为真实可信的史籍图志。

俗话说"观服而知俗"。从图 5-7 我们可以看出文县白马人以前的服饰以及社会生活，据图我们可以看到当时的妇女是披肩发，前额有短刘海。额头上扎着条状头巾，穿对开襟长袍，胸前缝有环形绣品。袍裙下摆缝有块状拼图；而男人则头戴碟形帽子，并在一端插有一根羽毛，身着搭襟圆角长袍，领口及下裙摆缝缀有条状拼图。男服明显比女服要短一些，袖口也更窄一些，也许是为了方便劳作或者打猎。我们如果给现在的白马男、女画一幅素描，与我们在上图看到的《皇清职贡图》中的"文县番民""文县番妇"大致相同，这说明白马人的服饰近百年来还是保持着传统的样式。

根据清修《文县志》记载：

> 文番即氐羌遗种，昔年赦书乡居多。雍正八年，改土归流，谓之新民，已与汉族无异。上丹堡、下丹堡、柏元、糜地、岷堡、黄土地、白马峪、七山头等处，仍与汉民杂处，富者衣服与汉同，余则衣服五色，不穿中衣，戴毡笠如庵，以鸡翎插之，其旧俗也。性喜斗，刀箭不离身，遇急则结阵以待，喊声震山谷，不着鞋袜，亦足可行千里，夜则借草以卧，不用被褥。其妇女绩羊毛为褐衫，

镶边大领，束以带，宽约八寸，耳坠大银寰，重两许，不流鬐，以珊瑚玛瑙络之。性复嗜酒、喜歌、侑客觞，不饮，即跪唱番曲，必饮而后止。①

以上这段文字摘自康熙四十一年（1702）成书的江景瑞《文县志》中，这是清代最早关于文县白马人服饰的记载。从历史回到现实，当代白马人的服饰是历史的再现，传统的延续，有继承也有发展，同时也受到了周围汉族和藏族的影响。比如，白色的沙嘎帽、鱼排骨头饰、五色百褶裙、金腰带等都大抵如古，但是随着现代科技的发展，衣服的面料在不断地进步，衣服的样式、饰品也受到藏族服饰的影响，白马人特有的"番鞋"也退出了历史的舞台，走进了民俗博物馆。

（一）沙嘎帽

白马人服饰里，最具特色的莫过于沙嘎帽。沙嘎帽是用羊毛擀制的白色盘状、荷叶边的帽子。这种帽子的最大特点在于它既不能遮风挡雨，又不能抵御严寒，只是纯粹的一种装饰品。白马人喜欢用明亮耀眼的颜色来打扮自己，无论男女老少，头上都戴着沙嘎帽，上面用红蓝两色的细线绣着不同形状的几何图案。线与帽之间插着锦鸡翎或者白羽毛，男的大多插一支，显得英俊而潇洒，女的大多插两支或者三支，显得婀娜多姿。现在很多爱美的白马姑娘还喜欢把彩色的小珠珠串成一串缝在帽子上，顺着荷叶边吊下来，走在蓝天白云下，跃动的白色羽毛，随风摆动的五彩珠，显得分外妩媚动人。白马山寨还有一首歌这样唱：

> 天上的月亮明又亮
> 寨子的姑娘多漂亮
> 爱跳的小伙快来跳
> 会唱的姑娘快来唱

面具之舞

① （清）江景瑞：《文县志》刻本，清康熙四十一年（1702）；转引自陈英《文县史话》，甘肃文化出版社，2011，第15～16页。

小伙子头上戴什么

姑娘们头上系什么

小伙子头上戴沙嘎帽

姑娘们头上系鱼排

接着，歌词还对男女青年的头饰特征和装扮后的效果做了生动的描绘：

沙嘎顶上插什么

鱼排上面系什么

沙嘎顶上插羽毛

鱼排上面系珍珠

羽毛随风飘起来

鱼排珍珠放光彩

良辰吉日这一天

白马山寨乐无边

图 5 - 8　擀制沙嘎帽①

① 该图片来自笔者的田野记录，拍摄人：王艳；拍摄地点：甘肃省陇南市文县铁楼藏族乡强曲村；拍摄时间：2009 年 2 月 9 日。

第五章　物的叙事

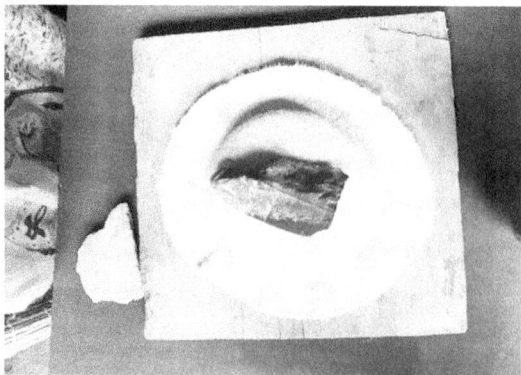

图 5 - 9　沙嘎帽定形①

　　此外，当地有些寨子的成年妇女还喜欢鱼骨排头饰，这种头饰是由彩色的绒线串起来的鱼骨（海贝片）和五彩的小珠子排成的圆形装饰品。白马妇女喜欢留长发，结成辫子，系上鱼骨排头饰，辫子盘在头上，白色的鱼骨排、珍珠悬在额前，辫子尖的五彩珠子和红头绳穗子缠绕在一起垂于左耳之侧。白马妇女头饰中的海贝和珍珠都是来自海洋生物，怎么会被大山深处的白马妇女所喜爱？笔者认为，由海贝串成的饰品，象征着财富与地位，因为天然海贝在新石器时代晚期就

图 5 - 10　白马妇女鱼骨排头饰②

①　该图片来自笔者的田野记录，拍摄人：王艳；拍摄地点：甘肃省陇南市文县铁楼藏族乡强曲村；拍摄时间：2009 年 2 月 9 日。
②　该图片来自笔者的田野记录，拍摄人：王艳；拍摄地点：甘肃省陇南市文县铁楼藏族乡强曲村；拍摄时间：2009 年 2 月 9 日。

图 5 – 11　白马婆婆黑色头帕①

被当作货币用于商品交换，是最早的古代货币。这跟藏族妇女喜欢用珊瑚、绿松石做饰品有着相似之处。年老的妇女喜欢戴一种黑色的瓜皮帽，还要在小毡帽外面裹上黑色头帕。据文县铁楼藏族乡入贡山的班正廉老人介绍说，系着鱼骨排的头饰是白马妇女最古老、最传统、最具有特色的头饰，一般婚后的、成熟女性喜欢这种头饰，等到年老的时候，就会在瓜皮帽外面裹上黑色的头帕。从上述白马人千百年来流传下来的歌谣里也可以印证这一点。

（二）金腰带

白马妇女的服饰中还有一件与众不同的配饰——"金腰带"。这种"金腰带"是由大小相同的铜钱用麻绳串起来的，一圈一圈重叠系在腰间，寓意腰缠万贯，象征着富有。据说，以前妇女们腰间系的"金腰带"越长，就说明家庭越富有。当女儿长大成人时，母亲就把自己祖传的腰带传给女儿，犹如一件成人礼。虽然现在这种古老的"金腰带"已经被质地柔软、保暖的羊毛腰带取代，但白马姑娘腰间的铜钱腰带，依然是富贵的象征，白马人给红腰带取了"腰缠万贯"的含义，虽然现在腰间系的腰带不见铜钱，它所承载的意义也并没有改变。在白马山寨里，依然可以看见织腰带的情形，这种古老而传统的织布机并没

---

① 该图片来自笔者的田野记录，拍摄人：王艳；拍摄地点：甘肃省陇南市文县铁楼藏族乡强曲村；拍摄时间：2009 年 2 月 9 日。

有随着现代化进程被遗弃。

图 5 – 12　织金腰带①

（三）百褶衣

"衣，依也，上曰衣，下曰常。象覆二人之形。"② "常"，即 "裳"，段玉裁解释："常，下裙也。"③ 百褶衣是白马妇女世代流传的传统服装样式，由于上部为衣、下部为裙，也称之为百褶裙。白马妇女最喜欢穿着五彩的绣花长裙衫，肩袖用黑、红、绿、蓝、白等彩色的布条镶成，袖口大多由轻而薄的花布做成，前胸是手工刺绣的各种图腾的图案，现在很多年轻人都喜欢各种颜色拼接的大三角的图案，腹前系一方彩色的围裙，用宽宽的羊毛织大腰带，束成窈窕的身材。下裙是黑色羊毛的百褶裙，质地柔软而高雅，百褶四散，呈喇叭状，走动起来，褶皱闪动，轻盈飘洒，分外俏美。天气冷的时候，白马妇女在百褶裙外面套上件黑色镶着花边、绣着各种图案的短衫，既保暖又是一种装饰。

---

① 该图片来自笔者的田野记录，拍摄人：王艳；拍摄地点：甘肃省陇南市文县铁楼藏族乡入贡山村；拍摄时间：2009 年 2 月 10 日。

② （东汉）许慎：《说文解字》，中华书局，1963，第 170 页。

③ （东汉）许慎撰，（清）段玉裁注《说文解字注》，浙江古籍出版社，1998，第 388 页。

图 5 - 13　白马女子服饰①

笔者在文县铁楼藏族乡入贡山见到了白马妇女老式的、手工缝制的百褶衣（如图 5 - 14、5 - 15 所示），白马服饰第三代传承人曹小宁介绍说：

> 这是五六十年代做的衣服，都是手工缝制的，衣服上的绣花都是一块一块绣好再缝上去的，绣花图案主要以各种各样的花为主，也有鱼、鸟等动物的图案。衣服的面料和现在使用的衣服面料完全不一样，以前的是黑色的布，轻薄不保暖，现在都是用的毛呢面料，暖和。以前做一件百褶衣，从到城里集市上买布料、买绣花线开始要好几个月的时间，现在除了绣花是一针一线绣的，其他都是用缝纫机做的。②

这种传统样式的百褶衣流行于清朝末年，现在已成为历史、成为记忆走进了白马民俗文化博物馆。这种传统服饰的工艺复杂，老一辈的白马妇女都会做，农闲的时候，大家在一起互相学习、互相协助制作完成，一件精美的绣花衣是每个白马女子最好的礼物。现在，只有几个人还能做百褶衣，而绣花的衣领、袖子和背部大多用几何图案代替了。

---

① 该图片来自笔者的田野记录，拍摄人：王艳；拍摄地点：甘肃省陇南市文县铁楼藏族乡入贡山村；拍摄时间：2009 年 2 月 8 日。

② 访谈对象：曹小宁；访谈人：王艳；访谈地点：甘肃省陇南市文县曹小宁家；访谈时间：2011 年 1 月 15 日。

图 5 - 14　白马妇女传统百褶裙①　　图 5 - 15　白马妇女百褶裙绣花图案②

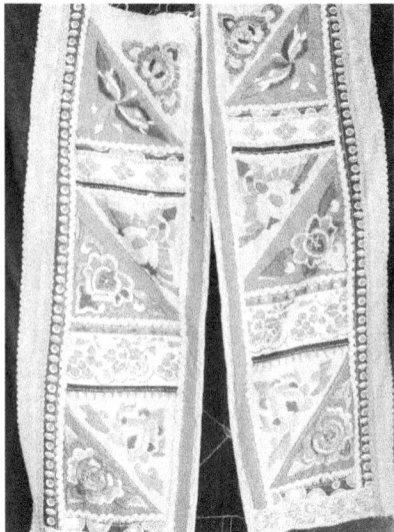

　　很多人以为白马男子的服装就是藏族服装。这其实是一种误读，一方面是因为现在我们看到的很多白马男子穿的服装已经藏化了，根据笔者调查，随着与外界的来往越来越密切，白马人心理上趋向于藏族，这是由于住在九寨沟的藏族对他们的影响。另外一方面是因为白马男子的服装和藏族服装很像，都是对开斜襟，没有纽扣，穿的时候用腰带束起来，带穗垂于臀部后面，腰间常常佩带短刀。但它们之间还是有差异的，比如白马男子的服装在领子、袖口以及衣襟的下摆是不镶毛皮边的，镶的是多色条纹的花边。白马男子喜欢穿嵌花边的白色长衫，系红色羊毛腰带，除了毛织腰带之外，还系嵌满了黄铜镂花饰物的牛皮腰带。天气不冷的时候，他们喜欢把左侧的衣襟边向外翻，将镶嵌在里面的装饰边露出来。但是，在外人看来，这些细节的差异并不是特别明显。

　　在白马人的生活中，海贝、象牙等具有普遍认同的象征意义，他们常把小海贝挂在婴儿的手腕上，或缝于小孩背布上，以祈求宝宝健

---

① 该图片来自笔者的田野记录，拍摄人：王艳；拍摄地点：甘肃省陇南市文县铁楼藏族乡入贡山村；拍摄时间：2009 年 2 月 8 日。

② 该图片来自笔者的田野记录，拍摄人：王艳；拍摄地点：甘肃省陇南市文县铁楼藏族乡入贡山村；拍摄时间：2009 年 2 月 8 日。

康吉祥，并像海贝一样洁白无瑕。白马女子喜欢佩戴饰品，胸前有海贝片和贝壳组成的挂件，腰间有铜钱串成的腰带。据当地白马老人说：

> 以前腰带由红、黄、蓝、白、绿、黑各种不同的三角、菱形、方块组合成不同的图案，色彩极其鲜艳，图案也是非常多变。家家户户都有织腰带的织布机，每个白马妇女都会捻线、织布、织腰带。现在腰带只有一种颜色了，就是红色。会用这种原始古老机器的人也不多了，在入贡山只有班正廉老人懂得这种技艺。①

（四）番鞋

过去，白马人夏天多穿草鞋，用杨柳枝、树皮或者山核桃树皮搓绳编成。冬天，穿的是自制的牛皮靴，剪一块比脚掌大一些的牛皮或野猪皮做底，羊毛线织的毛料做面，四边打孔，穿绳，收束成鞋状即可穿用，当地人也称之为"番鞋"。用牛皮或野猪皮做鞋底，既柔韧舒适又经久耐磨。现在胶鞋、布鞋、皮鞋已经代替了以前的草鞋，甚至是白马人引以为豪的牛皮靴，除了在节日期间跳"池哥昼"的时候穿以外，生活中已经见不到它们的踪影。

图 5-16　白马人传统的番鞋②

---

① 访谈对象：余林机；访谈人：王艳；访谈地点：甘肃省陇南市文县铁楼藏族乡强曲村余林机家中；访谈时间：2009 年 2 月 11 日。

② 该图片来自笔者的田野记录，拍摄人：王艳；拍摄地点：甘肃省陇南市文县铁楼藏族乡入贡山村；拍摄时间：2009 年 2 月 10 日。

二 白马人传统服饰的现代功能

衣食住行衣为首，白马人的服饰与白马人的建筑、风俗、宗教一样，作为彰显白马人文化的物质载体，也蕴含着丰富的文化信息。服饰文化是人类创造和完成自身世界与历史的第一项活动。白马人的服饰是穿在身上的"史书"，通过符号、图案、颜色来表述历史，表述文化。服饰对白马人而言，一方面弥补了他们没有文字记载历史的缺憾，深刻地折射出白马人的历史记忆；一方面又作为文化传承的载体，表达了他们对于宇宙、自然、神圣、世俗的认知理解。从人类学的视角来看，服装服饰的文化功能透露着一个族群历史发展、社会习俗、宗教信仰的信息，因而对服饰文化的解读是了解族群文化的重要途径。

（一）历史记忆功能

"物作为集体记忆的结晶体，是集体记忆所不能离开的'身体形式'，在对过去重现的情境之中又努力活在当下，它一方面作为保存集体记忆的载体，另一方面也强化了它所营造的社会关系。"[1] 中国古代服饰上的图案纹样和符号不仅仅是装饰品，《虞书·益稷》载："帝曰：予欲观古人之象，日、月、星辰、山、龙、华虫作会；宗彝、藻、火、粉米、黼、黻、绨绣。以五彩彰施于五色，作服，汝明。"在传统服饰中大量运用日、月、星辰等符号图案，是白马人万物有灵信仰的符号化表征。白马人用车轮状图案代表太阳，是对太阳万丈光芒的形象化表述，太阳纹以圆形车轮状和"米"字形为主，象征着对日神的崇拜；月亮纹以圆形为框，代表月亮的形状，圆圈里绣着各种花卉图案（有月亮花、牡丹花、牵牛花等）。白马人崇尚光明，恐惧夜晚，他们认为，在晚上如果有月亮，鬼邪就少了，因此，白马人崇尚月神。每年的中秋节都要敬月神。[2] 而星星有两种表述方式：圆形小点和三角形。在这些纹饰中，花、鱼为阴，三角形为阳，太阳为阴，月亮为阳，在

① 白文硕：《物尽其用——物的文化建构功能》，《兰州大学学报》（社会科学版）2016年第 5 期，第 98 页。
② 曾维益：《色尔藏族》，兰州大学出版社，2012，第 388 页。

白马人当中流传的故事《太阳姊妹和月亮兄弟》可以印证这一点。太阳、月亮、星星、花、鱼等图案在百褶裙上以对称的方式排列、组合起来，以圆形、三角形、菱形为框，嵌入了菊花、牡丹、月亮花图案以及蝴蝶、鱼、铜钱等图案。一般前面的衣领绣着"星星花"，后面背部绣着太阳纹与月纹，意为"披星戴月"。这些图案是白马人自然崇拜的符号表述。

苯教在公元前5世纪由古象雄王子辛饶米沃创建。在佛教从印度传入青藏高原前长达数千年的时间里，苯教是藏族传统文化的基石。苯教早期崇拜的内容可归纳为自然崇拜、神灵崇拜、生灵崇拜、图腾崇拜、图符崇拜、灵物崇拜、祖先崇拜等，并崇尚念咒、驱鬼、占卜、禳祓、重鬼佑巫等仪式。① 这些崇拜在白马人的服饰文化中均有体现。"卍"符号在很多少数民族的服饰中被广泛使用。在古印度，"卍"符号梵文意为"吉祥海云相"。在西藏原始苯教中具有吉祥和生命不息之意。佛教认为它是"轮回"的概念。白马人喜欢把"卍"符号绣在衣服上，作为原始苯教的标志，有其特殊的象征意义。在白马服饰中，"卍"常与日、月、火的图案连用，被绣在白马人五彩衣的后背或者沙嘎帽上，作为一种护身符，表示永生、永恒、长存。白马人认为穿上这些图案的服饰就可以平安无灾，得到神的保佑，康泰吉祥，益寿延年。正如符号学家罗兰·巴尔特指出的那样，把符号看作一个封闭的文本，会忽视知识生产的实践过程。他认为，符号并没有固定不变的意义，意义是在一个动态的实践过程中产生的。现有的符号通常被赋予新的意义，这意味着符号被转变成能指，因为它们被附加了新的所指。换句话说，意义不是固定不变的，符号可以在变化的社会历史语境中被不同的个体用许多不同的方式来解释。② 这些符号与图案，虽然不是文字，不是具体的历史事实，但它是文化，是信仰，是白马人对自己族群文化的表述，是世代相传的族人对自己重要历史片段、历史

第五章　物的叙事

---

① 康·格桑益希：《苯教——藏族传统文化的源头》，《四川大学学报》（哲学社会科学版）2003年第5期，第60页。
② 〔法〕罗兰·巴尔特：《符号学原理》，李幼蒸译，中国人民大学出版社，2008，第19页。

事件一种模糊的记忆手段。

（二）审美认知功能

色彩是服饰的表情，色彩斑斓的民族服饰更具有深刻的文化意义。红色、黑色与白色，构成了白马人服饰的"三原色"。[1] 法国藏学家石泰安在格萨尔王史诗《汉地之章》（rgya levu）中是这样表述的：

> 两只鸟生了十八只蛋，分成了三组，各为六个（白色、黄色和蓝色）。这些蛋都是由上部天神（lha，白色的）、中部神（gn-yan，黄色的，也就是指人类）和地下"鲁"神（klu，蓝色的）中的铁匠们锻造而成。中部神的六个蛋产生了人类，尤其是西藏"矮人六氏族"（bod mivu gdong drug）。[2]

这说明白马人对于色彩的感知从某种程度上来说其实也是源于深植于内心的宗教观念。

红色：红色是日常生活中最常见的颜色，在白马人的传统服饰中被普遍使用。白马人认为红色具有驱逐邪恶的功能。红色是太阳的象征，火的象征，鲜血的象征，它代表着生命、温暖和正义，是一切邪恶不可与之抗衡的。在盛大的民族传统节日中，白马人在身上佩戴红色饰物，这意味着神灵已降其身，保佑他吉祥如意、事事平安。白马人的红腰带、红色的鱼骨排头饰就是白马人喜欢红色的典型代表。另外，在佛教中，红色是远离世俗、进入无忧无虑世界的象征。

黑色：黑色被认为是支配天地万物的颜色，老人和成年男子喜欢穿黑色的衣裳，象征着自己在家里的地位，显示出自己庄重、沉稳、成熟的一面。黑色在白马人的服饰中应用得也比较多，它总是与庄重、高贵、成熟联系在一起，以前白马人的衣服也大多以黑色为主，上面绣着各种图腾图案，后来随着时代的发展，文县白马人的服饰受到四川羌族的影响，渐渐在服饰中融入各种鲜艳的颜色。

---

① 焦虎三：《白马服饰图纹的特点与底层结构》，古元章、张金生、邱雷生、毛树林：《首届中国白马人民俗文化研讨会论文集》，甘肃人民出版社，2013，第317页。

② 〔法〕石泰安：《汉藏走廊古部族》，耿昇译，中国藏学出版社，2013，第28页。

白色：白马人崇尚白色，对于他们来说，白色是高贵、圣洁、庄严的代名词，这可能与他们的祖先崇拜和原始信仰有关。白马人崇拜马王爷，在他们的神话故事中，马王爷是白马人的先祖。《尔雅》中说："马高八尺为龙。"在宗庙里，家里供奉的祖先族谱里，白马人的祖先都是骑着高大威猛的白马、戴着插着白色翎毛的沙嘎帽出现。白色的马在整幅族谱的构图中占据了核心的位置，这也许跟《西游记》中的"白龙马"是同样的含义，"上天为龙，下地为马"。很多游牧民族对白马有着类似的神性描述，如藏族英雄史诗《格萨尔》中，格萨尔王就是身骑白色的战马驰骋战场，最后在"三十三天"登入天界。如今，位于甘肃省张掖市郊外的马蹄寺就因为格萨尔王的马蹄印而得名。白马人的白色沙嘎帽、白色长衫、白色番鞋、白色的鱼骨排头饰都反映出他们尚白的心理。根据白马人中流传的"白鸡救人"的传说，白马人尚白跟"白雄鸡崇拜"也有一定的关联。

根据笔者 2009 年 1 月在甘肃陇南文县铁楼藏族乡的调查，白马人有一个白色鸡翎世代相传的传说：

> 相传在很久以前，白马人以英勇善战而闻名，当时的统治者担心桀骜不驯的白马人会威胁到自己的统治，想消灭白马部族以绝后患。于是派军队进攻白马人山寨，白马人拼死抵抗，但由于寡不敌众，连连败退，许多白马人惨遭杀害。为了不让白马人绝种，幸存的白马勇士们把老弱妇幼送到深山里后准备与随后而来的敌人决一死战。可是他们太疲劳了，以酒解乏，很快就都睡着了。谁知，敌人深夜发起了偷袭，悄悄逼近了营垒。白马勇士们却酣睡不醒。就在这千钧一发之际，一只白色的大公鸡惊醒，跳上石头，引颈长啼。
>
> 嘹亮的鸡鸣唤醒了沉睡中的白马勇士，也唤醒了他们骨血中的杀气，他们将生死置之度外，以一当十，浴血奋战，终于打败了敌人。这才使得这最后的白马人免于灭绝。后来，白马人组织了一次祭祀活动，把这只白雄鸡奉为鸡神，为了纪念这只白雄鸡的功德，也为了让后人记住这段历史，就把白鸡毛插在自己的头

上，一代一代传了下来。时至今日，白马人对白雄鸡仍见而生敬，把它奉为鸡神。不论在田间劳作还是在外做客，歇息时都把沙嘎帽放在洁净的高处，忌讳外人随便戴和辱没羽毛。①

上述神话传说是白马人对自己族源——本族生死存亡事件的历史记忆，虽然没有史书去佐证它的真实性，但却是白马人拥有的共同记忆（shared memories）。这个共同记忆深深地镌刻在白马人的脑海里，一代一代地流传下来，在对祖先共同追忆的过程中延续着族群认同。笔者在田野调查中，见到很多房屋的屋顶都站着一只"白色雄鸡"，好像在引颈高歌。每次见到白色的雄鸡都会联想到白马人的这个故事，这其实是历史现实化，不仅让子子孙孙纪念这只白鸡，更是让人们记住这段历史，白马人有白鸡崇拜的习俗，还供奉鸡神，有一首《白鸡翎歌》是这样唱的：

> 沙嘎帽，头上戴，白鸡翎，飘起来。
> 像白云一朵朵，飘落在白马山寨。
> 美丽俊俏，潇洒豪迈。
> 日月在天地间轮回，先祖从梦乡中走来。
> 白鸡翎，白鸡翎，插起来，飘起来。
> 达嘎贝的救星，白马人永远刻在胸怀。
> 沙嘎帽，头上戴，白鸡翎，飘起来。
> 一朵朵迎春花，开满了白马山寨。
> 神圣庄重，亮丽洁白。
> 牛羊在草坡里肥壮，酒歌在天底下溢彩。
> 白鸡翎，白鸡翎，飘起来，飘起来。
> 闪闪发亮的路标，白马人从远古走向未来。②

---

① 讲述人：余石东，文县旅游局局长；采录人：王艳；采录地点：甘肃省陇南市文县铁楼藏族乡；采录时间：2010 年 2 月 13 日。
② 张金生、刘启舒：《中国白马人文化书系·杂歌卷》，甘肃人民出版社，2015，第140 页。

图 5 - 17 白马人屋顶上的白色雄鸡①

(三) 族群识别功能

人类的族群区分常以身体符号来表达。在体质无明显差异的人群间，人们常以文化来创造、改变身体特征，如文身、拔牙、穿鼻与拉大耳垂等，更普遍的是以服饰、发饰作为身体的延伸，以表达族群认同及与他族群的区分。在西南地区，各区域人群在体质上差异不大，或根本无差别，因此人们常以服饰、发饰来创造"我族身体"，并借以区分我族与他族。② 在我国少数民族服饰中，白马人的"沙嘎帽"跟苗族的银牛角冠、毛南族的花竹帽、傈僳族的珠帽、彝族的鸡冠帽、白族的凤凰帽、回族的回回帽等一样成为本民族的"族徽"，对于别的民族，它是区别于其他民族的标志，但是对于本民族，它却是互相认同的旗帜、结成整体的纽带。据康熙四十一年（1702）《文县志》记载白马男子"衣服五色……戴毡笠如庵，以鸡翎插之"，女子则"绩羊毛为褐衫，镶边大领，束以带，宽约八寸，耳坠大银寰，重两许，不流髻，以珊瑚玛瑙络之"。无论在大山深处还是城市里，只要看见戴着插着白色羽毛的沙嘎帽就知道那一定是白马人。时至今日，白马人仍然通过服饰来强调自我的特色，使其与周边的人保持着一定的界限和距离，也

① 该图片来自笔者的田野记录，拍摄人：王艳；拍摄地点：四川省绵阳市平武县白马藏族乡扒昔加；拍摄时间：2015 年 4 月 19 日。

② 王明珂：《由族群到民族：中国西南历史经验》，《西南民族大学学报》（人文社科版）2007 年第 11 期，第 2 页。

正是因为这种心理上的有意识的区隔，使白马人尽管生活在汉族、羌族、藏族的重重包围之中，却还没有被同化。

2015 年 4 月 24 日，笔者在平武县城做田野调查的时候，偶遇一对老年夫妇坐在廊桥上。老妇戴着沙嘎帽，身穿白马服饰，坐在旁边的老头虽然戴着汉族的帽子，穿着白马长衫，但是依然还保留着绑腿的习惯。与现代化的小县城显得格格不入，周围来来往往的人一看就知道他们是白马人，也有穿着汉族服装的白马人过去用白马语跟他们打招呼。这幅景象深深地印刻在笔者的心里，老人的年龄大概 70 岁，就算在日常生活中，他们依然保持着白马人传统的习俗，穿着民族传统服饰，甚至在没有飞禽走兽的城市里，还保持着绑腿的习惯。虽然他们从村庄迁移到了城市，生活方式也城镇化了，但是他们的思想观念、文化习俗还是没有改变。（如图 5 - 18 所示）

图 5 - 18　坐在廊桥上的白马老人①

"服饰，犹能体现演化过程中过去与现在的关联。服饰有时跟思想观念联结在一起。"② 在笔者看来，服饰是人类最擅长且最喜欢描绘的"文化文本"，人类历史的演进、思想观念的外化等信息都可以通过服饰来表述。服饰是白马人文化的表述，也是本族群的历史记忆。它为我们研究白马人提供了丰富的素材和崭新的视野。在白马人的生活里，

---

①　该图片来自笔者的田野记录，拍摄人：王艳；拍摄地点：四川省绵阳市平武县县城；拍摄时间：2015 年 4 月 24 日。

②　王璐：《传统服饰与观念表述——民国时期民族志中的西南少数民族女性表述之考察》，《民族文学研究》2017 年第 2 期，第 150 ~ 151 页。

每到婚礼、丧礼、祭祀礼、节庆等重要的仪式中，服饰扮演了举足轻重的角色，它是白马人族群认同的纽带。对于白马人而言，服饰是一种特殊的记忆手段，是他们书写历史、传承文化、承载记忆的方式。白马人服饰的制作、服饰的图案、服饰的颜色、服饰的符号处处蕴含着白马文化的内涵，处处彰显着白马人的社会习俗，处处隐藏着白马人的宗教信仰，处处凝结着白马人的历史记忆。正如克利福德·格尔茨（Clifford Geertz）在《文化的解释》一书中提出的"深描"一样，"了解一定文化中的象征体系对人们的观念和社会生活的界说，从而达到对地方性知识的观照、理解和阐释"。① 笔者通过服饰要"深描"的不是物的表象，而是隐藏在物的表象之下的意义的阐释。"人类群体常以文化建构之'身体'作为我群与他群间的区分，古今中外皆然。服饰作为个人身体的延伸，可能是最普遍的一种文化建构的群体'身体'，此也肯定不是国族主义下的建构。"②

第五章　物的叙事

第五节　远去的传统，归来的传承

"在非物质文化遗产体系下，传承人是故事讲述家、（史诗）歌手、说唱艺人、戏曲表演家等的统称。传承人指长期直接参与民间文艺活动，并通过自身进行演唱或讲述民间作品的传承者。"③ 笔者在做田野调查的时候，经常会去走访村子里的老人，不仅仅是因为他们被赋予的身份，更多的是因为在当地传统农业社会里，这些人往往是"地方性知识"的持有人，他们是打开当地文化的"钥匙"。比如笔者在甘肃省文县铁楼藏族乡入贡山村认识的班正廉老人，他做出来的傩面具惟妙惟肖，做的沙嘎帽、金腰带、牛皮靴更是别具特色，每年过年都指导年轻人跳"池哥昼"。他虽然目不识丁，但是能言善道。四川省平武县白马藏族乡的旭仕修老人，他讲起白马人先祖的传说故事能讲三天

---

① 〔美〕克利福德·格尔茨著《文化的解释》，韩莉译，译林出版社，1999，第31页。
② Eric Hobsbawm & Terence Ranger ed., *The Invention of Tradition*, Cambridge：Cambridge University Press, 1983.
③ 张紫晨：《民间文艺学原理》，花山文艺出版社，1991，第106页。

三夜。他虽然一生务农，但是智慧过人，在他们家里客厅最显眼的位置都摆着政府颁发的"非物质文化遗产项目传承人"的证书，当然是实至名归，每每有客人到访，都要隆重地介绍一番，但是，对于传统农业社会来说，乡民们的尊重和认可比政府颁发的证书更加重要。老一辈的人，无论是习俗还是文化根源，身上都有一种鲜明的烙印。这个烙印与传统紧密相连，无论是生活习惯还是思维方式，都有一种令人肃然起敬的、祥和的、安静的力量。这些上了年纪的老人对于世界的认知仍然停留在固有的思维模式，对于生活的习俗更是坚守纯粹的传统。他们大多汉语不好，有的甚至不会说汉语，对人没有猜测和判断，身上具有包容与宽厚，忍耐与坚强的品质。以下是笔者在做田野调查时候的部分田野笔记。

一 民间艺术家——旭仕修

2016 年 11 月 25 ~ 29 日，应四川省平武县政府的邀请，中国社会科学院民族文学研究所汤晓青研究员、四川大学徐新建教授、梁昭副教授和笔者一行前往平武参加了"平武县土司文化与人文生态旅游培训会"，会后，笔者一行再访王朗自然保护区和白马藏族乡的扒昔加古寨。旭仕修老人是笔者每次来白马山寨都要拜访的老人，他是笔者认识这片土地、认识这片土地的主人——白马人的"钥匙"。在他家里，笔者一行偶遇了中国社会科学院孙宏开一行，我们坐在旭仕修老人的火塘旁边，听他讲起很多"白马往事"，他津津乐道地介绍起了 1979 年他作为少数民族代表到北京参加"国庆节少数民族参观团"的经历。

旭仕修：74 岁，（白马）藏族，四川省平武县白马藏族乡扒昔加古寨人，四川省非物质文化遗产项目"白马跳曹盖"代表性传承人。

问：院子里墙上挂的这些面具都是你做的吗？

答：都是我做的，这边是"十二面相"，跳"十二生肖舞"戴的，依次往过数：子（鼠）、丑（牛）、寅（虎）、卯（兔）、辰（龙）、巳（蛇）、午（马）、未（羊）、申（猴）、酉（鸡）、戌

图 5-19　旭仕修介绍他去北京的照片①

（狗）、亥（猪）。这边是"跳曹盖"用的池哥、池姆的面具，还没有做完。

问：子、丑、寅、卯……是什么？分别对应的什么？

答：就是汉族的十二生肖，子是鼠、丑是牛、寅是虎、卯是兔……我们老一辈的人习惯说子、丑、寅、卯。十二生肖舞我们这里有，南坪（现九寨沟县）有，文县也跳。

问：顺序呢？跳十二生肖舞的时候有没有固定的顺序？

答：有，比如说今年是猴年，那就猴子当先。明年是鸡年，那就鸡当先。

问：你们的时间呢？跟汉族一样不一样？过年的时候跟汉族一样吗？会不会过藏历年？

答：时间一样的，"跳曹盖"的时间按照阴历来算，每年正月初五的时候，大概跳两三天，过年的时间也跟汉族一样的，大年初一，不一样的是，汉族过年大年三十团圆，我们过十五。藏历年不知道，我们不过。

问：做面具的木头是什么木头？哪里来的？

---

① 该图片来自笔者的田野记录，拍摄人：王艳；拍摄地点：四川省绵阳市平武县白马藏族乡扒昔加；拍摄时间：2016 年 11 月 25 日。

答：是椴木。山上砍来的，砍回来就放在这里晾着。

问：你做面具有没有图纸？或者设计好的样子？

答：没有的。

问：那你按照什么样子做呢？

答：想怎么雕就怎么雕（哈哈哈），一般按照老样子做，池哥的面具雕得凶一些，辟邪的、杀鬼的。鬼面，鬼面，那就雕得越恶越好。

问：曹盖白马语怎么说？什么意思？

答：曹盖就是白马话，汉语没有这个词。白马话是"很丑"的意思，我们白马人骂人就说："你长得跟曹盖一样的，意思就是你长得太丑了。"

问：曹盖是神，是人，还是鬼？

答：不是神也不是鬼，神不神、鬼不鬼那样的。

问：雕一个（面具）要多长时间？

答：每天都雕的话，要十几天吧。

问：你当时为什么要学习雕刻面具呢？

答：70年代的时候，这些面具、法器全部烧了、毁了。后来，到1979年的时候，我到北京参加了全国少数民族参观团，去转了一圈儿，专门去了一些少数民族居住的地方，他们说，这个（傩面具）就是民族的文化，是艺术，要保留，回去要好好地建起来。回来之后，我就开始东找西找，找了几个老年人，向他们学习雕刻面具。

问：你平时什么时候做？

答：平时农闲的时候，家里不招呼客人，只要有时间就做。自己喜欢做。

问：你什么时候弄了一个"工作室"？是政府帮你弄的吗？

答：我自己弄的，不是政府弄的。快十年了。我们这个村子是古寨，整个白马河流域的村子，现在就只有我们扒昔加的房子是以前的老房子，后来重建也是按照原来的样子重建的，寨子里还有超过百年的老宅子，这才是我们白马人传统的房子，叫"踏板楼"。有过来旅游的人，尤其是你们这些专家们，都喜欢到我家里来看看面具是怎么做的，我就把这个地方收拾了一下，弄成"工作室"了。

问：你现在做的这个面具是做什么用的？

答：墙上挂的"跳曹盖"的面具不全，还差几个，我想把他们做全。听说县城里修了一个白马人的民俗文化博物馆，等博物馆建设好了，我就全部捐出去了。放在博物馆，给更多的人看，让外面的人都了解我们白马文化。①

其实每次跟旭仕修老人聊天都很愉快。他很健谈，是白马人里第一批上学的人，因为家贫、路远，初中就辍学了。即便如此，他也是白马山寨最有文化的人。他的一生可以说是白马人近百年来社会历史变迁的缩影，他家里的照片、荣誉证书不仅仅是他一生美好的回忆，更像是一个符号、一个里程碑记录着白马人整个族群的历史发展脉络。从这次交谈中，我们不仅仅能从他简单质朴的语言文字中听到他对本民族文化的热爱，更能从他的表情、语调和肢体语言中感受到他的"文化自觉"，他对白马文化的坚守。他从很早开始就已经意识到自己民族文化的厚重，学习雕刻面具、传承"跳曹盖"，还是寨子里有名的"故事大王"。

图 5-20　"十二相"面具②

---

① 访谈对象：旭仕修；访谈人：徐新建；记录人：王艳；访谈地点：四川省绵阳市平武县白马藏族乡扒昔加古寨旭仕修家；访谈时间：2016 年 11 月 25 日。
② 该图片来自笔者的田野记录，拍摄人：王艳；拍摄地点：四川省绵阳市平武县白马藏族乡扒昔加；拍摄时间：2016 年 11 月 25 日。图片中的"十二相"面具均为旭仕修老人雕刻。

二　逝去的大师——班正廉

班正廉：83岁（生于1930年，已故），（白马）藏族，甘肃省文县铁楼藏族乡入贡山村人，国家级非物质文化遗产项目"文县池哥昼"面具雕刻制作技艺的省级代表性传承人，是迄今为止可追溯的第二代传人。他是寨子里远近闻名的"能人儿"，会跳"池哥昼"，会雕刻面具、会做沙嘎帽、会做番鞋、会织金腰带……好像没有他不会做的，

图 5 - 21　班正廉绕线①

图 5 - 22　班正廉在客厅②

---

① 该图片来自笔者的田野记录，拍摄人：王艳；拍摄地点：甘肃省陇南市文县铁楼藏族乡入贡山村；拍摄时间：2007年5月20日。
② 该图片来自笔者的田野记录，拍摄人：王艳；拍摄地点：甘肃省陇南市文县铁楼藏族乡入贡山村；拍摄时间：2007年5月20日。

面具之舞

所以寨子里的人都夸他是"能人儿"。每年跳"池哥昼"的时候，他都负责组织，带领年轻人忙前忙后，因为跳"池哥昼"的步骤、规矩、禁忌等没有人比他更清楚。以前文县铁楼藏族乡白马人山寨跳"池哥昼"的傩面具焚烧殆尽，现在各山寨所有的面具工匠都是他一手教会的。十一届三中全会以来，他为各村培养了一批青少年"池哥昼"传承人，起到了"传、帮、带"的作用，对"池哥昼"传承的延续做出了突出贡献。

问：您什么时候开始做傩面具？

答：我们不叫"傩"，我们称傩面具为"脸壳子""鬼面子"，称傩仪为"跳神"，我从年轻的时候就喜欢，村子里老人做，我就在旁边打下手帮忙，后来时间长了，就学会了。

问：您有没有想过有一天做面具会成为省级"非物质文化遗产传承人"？

答：哪里敢想，好多年村子里没有人组织跳"池哥昼"。

问：每年跳"池哥昼"都是您组织，指导村里的年轻人跳吗？

答：是的。每年都是我组织安排，现在年轻人平时都在外面打工挣钱，只有过年的时候才回家过年，跳"池哥昼"，他们不熟悉，怎么跳？有什么讲究，他们都不清楚。

问：什么时候又恢复了跳"池哥昼"的习俗？

答：大概是八几年吧，具体哪一年记不清了，十一届三中全会之后，我们村子里的几个老人带着年轻人开始跳了。

问：现在村子里每年跳"池哥昼"的时候，也有外面的人来凑热闹，什么时候开始的？

答：以前就近的村子里人过来耍，有些是在寨子里有亲戚朋友的，趁着热闹的时候过来走亲戚。最近几年，有更远的地方的人专门来，大多是专家、教授，还有研究生，都是知识分子，我家里来过兰州的、四川的，还有更远的，好像是北京的。

问：那对你们跳"池哥昼"有没有什么影响呢？会不会因为外人的旁观有所改变呢？

答：那没有的，他们看他们的，我们跳我们的。有时候村子的干部带几个客人到家里来，看看我家的族谱、看看我院子里的老房子，聊聊天。我们跳"池哥昼"的时候，他们都在旁边拍照片，年轻人看见有人拍照，还跳得更带劲儿。

问：听说现在寨子里做面具的匠人都是您带出来的徒弟，是吗？

答：是的。徒弟算不上，因为没有拜师这个过程啊。这些年轻人，都是自己想学，跑到我这里来学，我也只是把自己会的东西都毫无保留地教给他们。毕竟这些东西都是属于我们这个民族的，年轻人愿意学，我高兴都来不及。①

笔者当时采访班正廉老人的时候还是 2009 年的正月十五前后，那个时候文县铁楼藏族乡地处偏远、山大沟深、交通不便、经济落后。也正因为如此，白马人的文化未受到外部因素的侵入和影响，保持着最原始、最本真的状态。白马人的热情好客、淳朴善良深深地触动着每一个人，走在乡间的羊肠小道上，每一个看见你的人都要热情地招呼你到家里做客。到了晚上，家家户户都备好了咂杆酒、煮好了最好的肉，等着招待进门的客人。遗憾的是，班正廉老人现已故去，在笔者记忆中，他总是穿着白马人黑色的传统服装，戴着沙嘎帽，灰白的胡须，吊着个烟斗，宛若《皇清职贡图》里走出来的白马人。农闲的时候，他喜欢在院子里抽旱烟。他家院子里有一个百年老建筑，是白马人传统的踏板楼，虽然已经破旧不堪、不能居住，他还是不忍心拆。

十年前，做田野调查的时候，白马文化的传承人都是老人，年轻人都在外面打工，每次在白马山寨总会听到老人们焦虑的唠叨：白马文化无人传承了，年轻人都出去打工了，年轻人都喜欢外面的世界。这确实是非物质文化遗产面临的困境，这种困境是不可逆转的，是现代性的后果之一。但是班杰军是年轻人里面传承白马文化的佼佼者，

① 访谈对象：班正廉；访谈人：王艳；访谈地点：甘肃省陇南市文县铁楼藏族乡入贡山村班正廉家；访谈时间：2009 年 2 月 11 日。

他让我们看到了传承的希望。

三　归来的传承——班杰军

班杰军：40 岁（生于 1980 年），（白马）藏族，甘肃省文县铁楼藏族乡麦贡山村人，国家级非物质文化遗产项目"文县池哥昼"面具雕刻制作技艺的省级代表性传承人。他是年青一代国家级非物质文化遗产的代表性传承人，2006 年，其作品"池哥昼面具"参选甘肃省民俗文化展，被甘肃省博物馆收藏；2014 年，"池哥昼面具"获得外观设计专利权；2015 年 3 月，班杰军的系列产品"池哥昼面具"获国家第七届旅游产品展金奖；2016 年 4 月，其原创作品"池哥昼面具"被中央美术学院收藏，如今，班杰军又多了一个头衔——甘肃省十三届人民代表大会代表。2018 年 1 月 27 日，正值甘肃省第十三届人民代表

图 5 - 23　班杰军正在画山神①

---

① 该图片由班杰军本人提供，拍摄人：班某；拍摄地点：甘肃省陇南市文县铁楼藏族乡草河坝村；拍摄时间：2018 年 1 月 27 日。

大会召开期间，班杰军作为陇南代表团的代表参加了会议。笔者在甘肃省兰州市人民代表大会会议期间对他进行了采访：

问：班师，先恭喜你今年当选人大代表了。

答：谢谢。我也没有想到。

问：你脖子上挂的这个小面具很漂亮，是你雕的吗？

答：是的，这是我在西北民族大学学习完了之后雕的毕业作品，紫檀木的，背后刻着我的名字。

问：为什么会喜欢雕刻傩面具？

答：以前，我爷爷（班正廉）是山上山下十几个村唯一会雕刻"池哥昼"面具的匠人。在我儿时的记忆里，每次爷爷做面具，我就围在一旁看热闹，那时爷爷未刻意教，我也没有心思去学，可能是从小受爷爷的影响，自小就喜欢画画儿，"池哥昼面具"是我唯一能接触到的"画"。

问：你是什么时候开始雕刻傩面具的？师傅是谁？

答：中专毕业后吧。那时候在成县上的农校，毕业后报考公务员也没有考上，回到家里也无所事事，就跟着入贡山班正廉老人学习"池哥昼面具"雕刻技艺。

问：那班正廉老人算是你的启蒙师傅？

答：算是，他是我爷爷，我们住得很近，他在入贡山，我在麦贡山，两座山连着。他是个很厉害的人，什么都会，面具也会雕、腰带也会织、帽子（沙嘎帽）也会做……我们白马文化的东西他都会，跟着他不仅学习雕刻面具，也学习白马文化。

问：你一直跟着他学吗？

答：没有。跟着我爷爷主要学习雕刻技艺，这些都是白马人传统的手艺，祖祖辈辈传下来的。因为一直喜欢画画，后来，我到九寨沟那边拜师学艺，师傅是李银成，他是这一带非常有名的匠人，很多人请他画壁画、彩绘，还有房屋的装饰画，跟着他主要学习彩绘、木雕技艺。我的师爷是尚志林，这位人称"尚画匠"的传奇名匠曾经活跃于文县、九寨沟地区，我虽然没有见过他，但是他身怀绝技，亦善铁艺，能打制枪械，枪法高超，善于打猎，是一个传奇人物，今年陇南政协的张主席还问我关于他的事迹，要把他的传奇故事写进书里。

问：你师傅是以画画谋生？平时都画什么？哪些人请？

答：我们都叫师傅"李匠人"，他平时画的有民间寺庙神像壁画、建筑彩画、门窗装饰、家族神像画案，有时候还做一些木雕，如神像雕刻、建筑装饰雕刻以及面具雕刻等。哪里修寺庙了、谁家修新房了都会请师傅过去。

问：你跟着师傅什么都学吗？

答：是的，师傅经常跟我说："我们画画跟别人画画不一样，我们画的是神像，别人画的是人物、是风景……我们画的神像都是要开光的。"

问：你觉得师傅说得对吗？你怎么理解？

答：我刚开始理解得不深，后来到了中央美术学院接触了很多画家，才理解透了。他们把我们这个叫民间艺术，师傅说艺术和技术是不一样的，艺术是神圣的，比如我们画神像的时候心里都是虔诚的，对神都是敬畏的，美院的画家画画的技术都非常厉害。

问：你都参加过"非遗"的哪些培训？

答：2015 年，去兰州参加了西北民族大学开设的唐卡班学习宗教画的绘制技艺，年底，参加了中央美术学院开设的木雕班交流传统雕刻技艺。培训结束的时候，每个学员要完成一个主题是"将传统和现代相结合"的结业作品。2016 年 3 月，带着结业作品参加了第二届"非遗保护与现代生活——中青年非遗传承人高级研究班"结业展览。2016 年暑假，在西北民族大学参加了由文化部组织的"中国非物质文化遗产传承人群研修培训班"学习木雕。

问：这些"非遗"培训的经历对你来说有什么意义？

答：我最高学历是中专，在县里上的农校，参加了两次培训，一次在省会兰州，另外一次在首都北京。我想如果我不是"非遗"的传承人，我可能就没有这样的机会到中央美术学院这样顶级的大学学习，有那么好的老师指导我。

问：听说你的作品被中央美术学院收藏了？

答：是啊，他们非常喜欢我雕的面具，学习结束的时候，班里选了两个人讲自己的作品，我是第一个，第一次面对那么多的人，讲那么多的话，真是很紧张。美院的老师还派了两个研究生一直跟踪调研我，他们来白马山寨都两次了。

问：你做面具的收入能维持生活吗？

答：不能。"池哥昼面具"都是纯手工制作，制作的时间也长，市场需求也非常有限。闲了再做些其他的，打打工，老婆孩子都在城里租房子住，家里也需要开支。

问：去年一年做了多少个面具？收入多少？

答：去年一共做了五十多个，总共三万多块钱。

问：都是哪些人定制的？

答：有九寨沟的、平武的，还有陕西的一个老板定做了几个，做好了两个，有几个还没有做完。有的是过年的时候跳"池哥昼"用的，有的是家里摆放的，有的是博物馆收藏的。

问：这些都是提前定制的吗？

答：是啊，都是要定制的，因为要求不一样，用处也不一样。跳"池哥昼"的颜色就要鲜艳一些，家里摆放面具的颜色就要柔和一点，还有民俗博物馆的就要按照人家的要求来做。

问：是不是成套定制呢？

答：没有，都是需要哪个定制哪个。今年就做了一套成套的，九寨沟那边定的"十二相面具"。

问：有没有想过把它做成旅游商品？

答：已经做了，北京联合大学的老师根据池哥、池姆的面具设计了很多旅游产品，办展览的时候邀请我去北京了，我的面具就放在第一个展位。

问：那你以后就打算在自己的家乡发展吗？

答：是的，在外面打工虽然挣得多，但是不能做自己喜欢的事情，也不能照顾老人孩子。现在在家虽然挣得少，但是可以坚持自己喜欢做的事情，我家里人也很支持我。以前在家乡只能务农，乡下条件也不好，所以大家都往外面跑，都去外面打工挣钱。
现在不一样了，我们家乡现在建设得特别美，有些年轻人也跟我
一样回家了。……①

图 5-24　班杰军的部分作品②

---

① 访谈对象：班杰军；访谈人：王艳；访谈地点：甘肃省兰州市皇冠假日酒店；访谈
　时间：2018 年 1 月 27 日（甘肃省第十三届人民代表大会召开期间）。
② 该图片由班杰军本人提供，拍摄人：班杰军；拍摄地点：甘肃省陇南市文县铁楼藏
　族乡草河坝村；拍摄时间：2017 年 12 月 29 日。图片中是"十二相面具"的其中 9
　个，2017 年九寨沟定做的。

在和班杰军的谈话中，他对本民族文化的热爱和坚守，对理想与现实的挣扎与妥协都蕴含其中。那一刻，笔者对面坐着的班杰军，已经不再是以前的"匠人""非遗的传承人"，他又有了一个新的身份——"人大代表"。作为一个"80后"新生代的农民，他从小就想脱离这片贫瘠的土地，改变祖祖辈辈面朝土地背朝天的命运，求学没考上大学，学艺不能养家糊口，后来到城市里打工，虽然解决了生计问题，但始终如浮萍一样漂泊，不能侍奉老人、陪伴家人是最大的遗憾。最后在"池哥昼"被列入非物质文化遗产名录之后，他义无反顾地回到家乡传承白马文化，尽管收入微薄，但能和家人在一起，侍奉父母，养育儿女。班杰军是幸运的，在"非遗"的体系中，他因为"非遗"传承人的身份到西北民族大学、中央美术学院学习。这是老一辈的传承人可望而不可即的，他自己也感慨生在了一个好的时代，在推选人大代表的时候，由于"非遗"传承人的身份，为白马文化的传承做出一定贡献而当选。

小 结

本章以文字文本为基础，结合文化文本，将文献、遗址、神话、图像以及口述史放置在同一个框架中试图去重建史前失落的历史。以"四重证据法"为理论背景，从面具之"声"、器物之"语"、服饰之"道"三个方面展开"物的叙事"，试图通过对物的符号、色彩、造型的阐释，解读出潜在的历史信息。最后对旭仕修、班正廉、班杰军三位代表性的非物质文化遗产传承人做了口述史，以他们个人的生命史呈现白马人社会文化的变迁。文化记忆通过文字文本和文化文本传承，在有文字社会，文字代表着对过去权威的甚至是唯一的表述，"在无文字文化中，文化记忆并不是单一地附着在文本上，而是还可以附着在舞蹈、竞赛、仪式、面具、图像、韵律、乐曲、饮食、空间和地点、服饰装扮、文身、饰物、武器等之上，这些形式以更密集的方式出现在了群体对自我认知进行现时化和确认时所举行的仪式庆典中"。[①] 无

---

① 〔德〕扬·阿斯曼：《文化记忆：早期高级文化中的文字、回忆和政治身份》，金寿福、黄晓晨译，北京大学出版社，2015，第54页。

论是历史文献、口头传统、物象图像还是仪式庆典，都是关于过去真实的历史记忆，而记忆往往是零碎的，人们在仪式庆典过程中吟诵、歌唱、舞蹈以唤醒被时间模糊的记忆。记忆并没有把我们带到"过去"，而是把"过去"带到现在，记忆并不是对"过去"完全真实的再现，而是根据当下的要求重构"过去"，完成"追寻意义的努力"。①

---

① Frederic Bartlett, *Remembering: A Study in Experimental and Social Psychology*, Cambridge: Cambridge University Press, 1967, p. 227.

结 论

中华民族从新石器时代"满天星斗"模式到商周时期"中国戎夷，五方之民"① 的交融格局，从秦汉"华夷共祖"到隋唐"华夷一家"② 的历史演进，从元朝"蒙汉一体"到清朝"长城内外是一家"的发展脉络，几千年来形成了"你中有我，我中有你"而又各具个性的多元统一体。生活在汉藏羌之间的白马人是东亚大陆上最古老的部族，他们几千年来传承下来的民族文化是东亚大陆上最古老的文化。如果以"仪式"为切入点，会发现在这个"文化文本"当中，历史上很多古老的文化遗存都沉淀在这里，进入这个活态的文化文本之中，仿佛进入了一个时空隧道，穿越到了远古时期。"文化即表述。"③ 在白马人这样的无文字族群中，仪式是动态的、交流的文化事象，是我们观察、阅读和阐释民族文化不可多得的"文化文本"。笔者选取了文县的"池哥昼"和平武县的"跳曹盖"两个"文本"，通过长期、持续、动态、多点的田野考察，结合口述文本、图像文本，以期阐释和表述白马人的历史与文化、信仰与观念。

一 生命信仰——神圣空间的多重面孔

（一）多重信仰下的神灵体系

《辞海》对"信仰"的定义是："对某种宗教或主义极度信服和尊

---

① 《十三经注疏·礼记正义·王制》，中华书局，2009，第 2896 页。
② 王文光、徐媛媛：《中华民族共同体意识形成与发展的历史过程研究论纲》，《思想战线》2018 年第 2 期，第 72 页。
③ 徐新建：《文化即表述》，《社会科学家》2013 年第 2 期。

重，并以之为行动的准则。"① 白马人信仰的是万物有灵的原始宗教，有天神、土地神、山神、树神、日神、月神、水神、火神等，最大的神是白马路十八寨的总山神白马老爷（白马语称为叶西纳蒙）。在白马人的宗教观念中，神灵无处不在、无处不有，宇宙分为天上、地上和地下三部分。天上住着神，地上住着人和动物，地下住着鬼和精灵。神高高在上，掌管着世间万物的一切，人是万物之中灵肉合一的个体，人死后脱离肉体变成鬼，居于地下，神、人、鬼三者共同构成了虚幻而又真实的世界。这跟远古时期青藏高原上广泛传播的原始苯教的信仰观念完全一致。原始苯教"三界论"把世界分为三部分，即天界、虚空界和地界。② 在这个世界当中，人是能动的主体，是连接神、人、鬼三界的媒介，每年都会在特定的时间举行仪式敬神打鬼，使三界达到安宁与祥和。

白马人的宗教信仰还受到汉族、藏族、羌族不同程度的影响和浸染，在笔者的田野调查中，甘肃文县白马人的宗教信仰受汉族影响较大，比如在白马人客厅的神案上除了供奉祖先的画像以外，还供奉着观世音菩萨的神像；在白马人的神话和歌谣中有"玉皇大帝""王母娘娘"等神的称谓。而四川平武县白马人的宗教信仰受藏族和羌族的影响较大，在平武县详述加、扒昔加两个村子之间曾有过喇嘛庙，新中国成立前被毁，这一带至今流传着很多苯教时期的古藏文文献。这种聚居在同一区域，同祖同源的族群在信仰上呈现出的差异与当地人的宗教观念密切相关。

（二）原始苯教印记

白马人在神祇、经书、仪轨及法器上雕刻的图案与符号等方面都呈现出明显的苯教印记，说明原始苯教随着吐蕃东进传播到白马文化圈后，对这一区域产生了深远的影响。比如："卍"字符作为原始苯教

---

① 夏征农、陈至立主编《辞海》（第六版缩印本），上海辞书出版社，2010，第2123页。

② 宗喀·漾正冈布、王万平：《白马藏人古歌"gLu"与斯巴苯教》，《西藏大学学报》（社会科学版）2016年第3期，第11页。

的标志性符号出现在很多地方，写在仪式的古藏文经书中、画在家里的墙壁和门楣上、绣在白马女子的五彩衣和沙嘎帽上。在白马人服饰中"卐"常与日、月、火等图案连用，作为一种护身符，表示永生、永恒、长存。文县"池哥昼"每年正月十三开始，平武县"跳曹盖"仪式中要宰羊血祭，数字"十三"在苯教中被认为是吉祥的数字，血祭也是苯教的遗俗，白马文化圈流传着的古歌和故事也都被认为与原始苯教信仰有着千丝万缕的联系。平武县"跳曹盖"仪式中使用的巴色、朵玛、手抄本经书等法器都带有明显的苯教印记。如果把巴色和西藏朵玛班丹两者的图纹进行对比可以发现，物的产生和发展跟宗教、社会、自然环境息息相关。巴色和朵玛班丹两者相同的宗教功能和相同的图纹（如牛、羊、马、人物、工具）说明两者都产生于苯教时期。白马人巴色上雕刻的鸡和树木等图纹说明白马文化圈受苯教的影响较大，鸡是白马人非常尊崇的动物，甚至还有白鸡崇拜，树木反映了白马人生活的自然环境属于山区。而西藏朵玛班丹上八吉祥物、八吉祥徽、五妙欲、佛塔这些图纹来自印度佛教，说明佛苯之辩后，藏传佛教在西藏盛行，原始苯教的影响变得越来越小。

二 文化表述——超越文字的"仪式"

格尔茨借用马克斯·韦伯（Max Weber）有关文化的理论："人类是悬挂在自己编织的意义之网上的动物。"提出："所谓文化就是这样一些由人自己编织的意义之网，对文化的分析不是寻求规律的实验科学，而是一种探求意义的阐释科学。"① 叶舒宪以"四重证据法"为理论背景，将文化书写（writing culture）方式划分成四至五种：①口传叙事；②传世的文字文本叙事；③出土的文字文本叙事；④图像叙事与物的叙事；⑤仪式和表演的叙事。② 对于白马人这样的无字族群而言，文字记载是少之又少的，如何超越文字记录的局限和束缚，在文字文本之外重新建构文化文本以弥补文字的缺失？笔者将目光转向了

① 〔美〕克利福德·格尔茨：《文化的解释》，韩莉译，译林出版社，1999，第5页。
② 叶舒宪：《物的叙事：中华文明探源的四重证据法》，《兰州大学学报》（社会科学版）2010年第6期，第2页。

第三重证据和第四重证据①，它为研究白马人提供了丰富的素材和崭新的视野，以此展开了文化书写、文化表述的多重视野和多层表述。

（一）物的表述

物是沉默的，然而物却如史书一般，用自身的符码系统承载着丰富的历史信息。神话图像的一个重要的认知功能在于，相当于找到先于文字而存在和外于文字而存在的一套思想观念表达的符码系统，借此有助于重建无文字时代和无文字民族的复数的神话历史，即史前史和少数民族史。② 白马人在宗教祭祀仪式"池哥昼/跳曹盖"中戴的傩面具、用的道具、器物和穿着的服饰被赋予了无限的意义和被阐释的空间。中国傩文化自古至今流传了几千年，至今仍然方兴未艾，并非只有"活化石"的意义，它是一个动态的文化过程，是"活着的文化"，它反映了人类社会历史的演变以及人与自然、人与人关系的转变。

莫里斯·哈布瓦赫（Maurice Halbwachs）在他的代表作《论集体记忆》一书中说："尽管宗教记忆试图超越世俗世界，但它也和每一种集体记忆一样，遵循着同样的运行法则：它不是在保留过去，而是借助过去留下的遗迹、仪式、经书和传统，并借助晚近的心理方面和社会方面的第一手资料，也就是说现在，重构了过去。"③ 当下，研究白马人的宗教信仰、历史文化，文字文本这样的直接证据（第一重证据和第二重证据）少之又少，笔者只能"从社会追溯到历史"，通过文化文本（第三重证据和第四重证据）来重构历史，当然重构的过程只能是尽可能地接近真实，历史的真实只是一个目标。这些符号与图案，虽然不是文字，不是具体的历史事实，但它是文化，是信仰，是白马人对自己族群文化的自表述，是白马人世代相承的对本族群重要历史

---

① 叶舒宪认为：第三重证据指民族学、民俗学、神话学等人类学的口头传统，如神话传说、史诗、歌谣、谚语、仪式等；第四重证据指图像和考古实物，如唐卡、壁画、文物等视觉符号。

② 叶舒宪：《神话历史与神话图像》，《民族艺术》2017年第1期，第70页。

③ 〔法〕莫里斯·哈布瓦赫：《论集体记忆》，毕然、郭金华等译，上海人民出版社，2002，第199~200页。

片段、历史事件的一种记忆手段。

（二）口头表述

在西方，古代希腊神话被视作历史的"药"，正如维柯（Giovanni Battista Vico）分析神话叙述文本时所说："神话故事在起源时却是些真实而严肃的叙述"，而在分析神话言说的内容时，则认为"诸天神的寓言就是当时的历史……英雄时代的寓言曾是英雄们和英雄习俗的真实历史"①。在无字族群中，神话产生于特定的历史情境之中，并不是历史之外的文本，而是历史真实的表述。神话起源于宗教仪式并与之密切相关，它是"宗教仪式的口头部分，是宗教仪式表演的故事"。② 不管是文县的"池哥昼"还是平武县的"跳曹盖"，都伴随着具有地方性的神话传说，它不仅是人类原始的思维，也是人类记忆的结晶体。"神话通常有强烈的宗教意味，甚至带有解释的任务，神话不是人们围坐篝火旁记诵的'粗浅之物'，而是在特殊仪式上叙述给成人的东西。"③ 它通常讲述的是世界的起源、人类的命运、族群的历史、祖先的迁徙等追溯人类/族群起源的问题。从某种意义上来说，神话传说负责解释宗教仪式的功能，神话是仪式的脚本，仪式是对神话的表演。这些神话传说与宗教仪式相生相伴，通过讲述与听众交换、共享同一个故事世界，确认族群成员间的归属与认同。神话穿越时空以口耳相传的方式流传至今，它本身具有的生命力和对于该族群的意义是不言而喻的。

（三）身体表述

"身体之言，即是生命之言；或曰之，是生命的性情之本在展示。这种言说再扩大，组成群体间的交往互动就是仪式，变成咏歌形式的

---

① 〔意〕维柯：《新科学》，朱光潜译，人民文学出版社，1986，第452、458页。
② 〔美〕勒内·韦勒克、奥斯汀·沃伦著《文学理论》，浙江人民出版社，2017，第180～188页。
③ 〔英〕杰克·古迪：《神话、仪式与口述》，李源译，中国人民大学出版社，2014，第8～9页。

就是口传……"① 对于每一个白马人来说，一年一度的"池哥昼/跳曹
盖"是祖祖辈辈传承下来的最重要的节日，凝结着他们的生产、生活、
信仰、习俗、观念、情感等诸多因素。本书所呈现的两个田野点历来
是兵家必争的"腹地"，其社会经济和文化教育发展相对滞后，境内高
山峻岭绵延，深沟浅壑纵横，原始森林密布，地形崎岖险阻，具有山
高水险，交通闭塞的特征。与此相应，千百年来白马人一直处于自给
自足的生活状态，当地的仪式传统保存完整，在长期与地方文化互动
交流的过程中，形成了多样性的特点。

在全球化的浪潮下，现代化正以不可阻挡的力量、不可扭转的趋
势改变着我们的生活。白马人世代传承的文化正在以前所未有的速度
被侵蚀着、改变着、重塑着。白马人居住的"藏彝走廊"这一带自古
以来就是少数民族和众多部族南来北往、频繁迁徙流动、文化交融交
汇之地，也是沟通西北与西南重要的通道，历史的流变不居、民族的
不断交融、文化的不断碰撞使得白马人的文化呈现出多样性，正是各
个民族交往、交流、交融的历史叙事。

---

① 徐新建：《表述问题：文学人类学的起点和核心》，《西南民族大学学报》（人文社会
科学版）2011 年第 1 期，第 152 页。

参考文献

（一）中文著作

巴桑次仁主编《敦巴辛绕全集》，西藏古籍出版社，2000。

才让：《藏传佛教信仰与民俗》（增订本），上海古籍出版社，2017。

车文博主编《弗洛伊德主义原著选辑》，辽宁人民出版社，1988。

陈跃红、徐新建、钱荫榆：《中国傩文化》，中央编译出版社，2008。

费孝通：《中华民族多元一体格局》，中央民族学院出版社，1989。

费孝通：《费孝通文集：第1卷》，群言出版社，1999。

费孝通：《乡土中国》，华文书局，2018。

古元章、张金生、邱雷生、毛树林：《首届中国白马人民俗文化研讨会论文集》，甘肃人民出版社，2013。

顾颉刚：《史林杂识初编·氐》，中华书局，1977。

何光岳：《氐羌源流史》，江西教育出版社，2000。

李菲：《嘉绒跳锅庄：墨尔多神山下的舞蹈、仪式与族群表述》，北京大学出版社，2014。

李济：《中国民族的形成》，江苏教育出版社，2005。

李绍明：《论氐族的族源与民族融合》，《李绍明民族学文选》，成都出版社，1995。

李绍明：《藏彝走廊民族历史文化》，民族出版社，2008。

凌立、拉都：《西藏吉祥密码（下）》，山月文化有限公司，2007。

刘大先：《现代中国与少数民族文学》，中国社会科学出版社，2013。

刘启舒：《文县白马人》，甘肃民族出版社，2006。

刘志扬：《藏彝走廊里的白马藏族：习俗、信仰与社会》，民族出版社，2012。

马长寿：《氐与羌》，上海人民出版社，1984。

蒙默：《南方古族论稿》，商务印书馆，2016。

彭兆荣：《人类学仪式的理论与实践》，民族出版社，2007。

钱穆：《中国历史研究法》，生活·读书·新知三联书店，2005。

邱雷生、蒲向明：《陇南白马人民俗文化研究（故事卷）》，甘肃人民出版社，2011。

曲六乙、钱茀：《东方傩文化概论》，山西教育出版社，2006。

任跃章主编《中国白马人文化书系·信仰卷（上册）》，甘肃人民出版社，2015。

石硕：《藏彝走廊：文明起源与民族源流》，四川人民出版社，2009。

石玉辉主编《九寨沟精神家园建设·舞》，成都时代出版社，2010。

四川省格萨尔工作办公室：《阿尼·格萨与冲格萨》，内部刊印，2002。

四川省民族研究所：《白马人族属问题讨论集》，内部刊印，1980。

孙宏开、齐卡佳、刘光坤：《白马语研究》，民族出版社，2007。

孙宏开、魏琳、张金生、邱雷生主编《白马汉大词典》，甘肃人民出版社，2019。

王国维：《古史新证——王国维最后的讲义》，清华大学出版社，1994。

王柯：《从"天下"国家到民族国家：历史中国的认知与实践》，上海人民出版社，2020。

王明珂：《羌在汉藏之间》，中华书局，2008。

王明珂：《华夏边缘——历史记忆与族群认同》（增订本），浙江人民出版社，2013。

王明珂：《反思史学与史学反思》，上海人民出版社，2016。

王越平：《乡民闲暇与日常生活：一个白马藏族村落的民族志研究》，民族出版社，2011。

乌兰杰：《蒙古族古代音乐舞蹈初探》，内蒙古人民出版社，1985。

夏征农、陈至立主编《辞海》（第六版缩印本），上海辞书出版社，2010。

谢长、葛岩：《人体文化：古典舞世界里的中国与西方》，四川人民出版社，1987。

徐新建：《民歌与国学》，花木兰文化出版社，2014。

杨建新：《中国西北少数民族史》，民族出版社，2003。

杨圣敏主编《中国民族志》（修订本），中央民族大学出版社，2003。

杨向奎：《宗周社会与礼乐文明》（修订本），人民出版社，1997。

杨学政、萧霁虹：《苯教文化之旅》，四川文艺出版社，2007。

叶舒宪：《文学与人类学——知识全球化时代的文学研究》，社会科学文献出版社，2003。

袁晓文、李锦主编《藏彝走廊东部边缘族群互动与发展》，民族出版社，2006。

曾维益：《白马藏族研究文集》，四川民族研究所（内部资料），2002。

曾维益：《色尔藏族》，兰州大学出版社，2012。

张金生、刘启舒：《中国白马人文化书系（杂歌卷）》，甘肃人民出版社，2015。

张荣祖、郑度、杨勤业、刘燕华：《横断山区自然地理》，科学出版社，1997。

张益琴：《陇南白马人民俗文化研究（歌曲卷）》，甘肃人民出版社，2011。

张映全：《甘肃文县白马藏族考》，甘肃民族出版社，2009。

张紫晨：《民间文艺学原理》，花山文艺出版社，1991。

赵静蓉：《文化记忆与身份认同》，生活·读书·新知三联书店，2015。

智观巴·贡却乎丹巴绕吉:《安多政教史》,甘肃民族出版社,1989。

《中国大百科全书·民族》,第 91 页。转引自黄布凡、张明慧《白马话支属问题研究》,《中国藏学》1995 年第 2 期。

中国大百科全书总编辑委员会:《中国大百科全书》(精粹本),中国大百科全书出版社,2009。

(二)译著

〔法〕阿诺尔德·范热内普:《过渡礼仪》,张举文译,商务印书馆,2010。

〔英〕埃里克·霍布斯鲍姆:《民族与民族主义》,李金梅译,上海人民出版社,2006。

〔法〕爱弥尔·涂尔干:《宗教生活的基本形式》,渠东、汲喆译,商务印书馆,2011。

〔美〕安得鲁·斯特拉桑:《身体思想》,王业伟、赵国新译,春风文艺出版社,1999。

〔英〕安东尼·吉登斯:《现代性的后果》,田禾译,黄平校,译林出版社,2011。

〔美〕保罗·康纳顿:《社会如何记忆》,纳日碧力戈译,上海人民出版社,2000。

〔美〕本尼迪克特·安德森:《想象的共同体》(增订版),吴叡人译,上海人民出版社,2011。

〔英〕冯客:《近代中国之种族观念》,杨立华译,江苏人民出版社,1999。

〔挪威〕弗雷德里克·巴斯主编《族群与边界——文化差异下的社会组织》,李丽琴译,马成俊校,商务印书馆,2014。

〔英〕杰克·古迪:《神话、仪式与口述》,李源译,中国人民大学出版社,2014。

〔美〕克里福德·格尔茨:《文化的解释》,韩莉译,译林出版社,1999。

〔法〕克洛德·列维-斯特劳斯:《面具之道》,张祖建译,中国

226　人民大学出版社，2008。

〔美〕勒内·韦勒克、奥斯汀·沃伦著《文学理论》，浙江人民出版社，2017。

〔法〕罗兰·巴尔特：《符号学原理》，李幼蒸译，中国人民大学出版社，2008。

〔英〕马林诺夫斯基：《巫术、科学、宗教与神话》，李安宅译，中国民间文艺出版社，1986。

〔罗马尼亚〕米尔恰·伊利亚德：《神圣与世俗》，王建光译，华夏出版社，2002。

〔法〕莫里斯·哈布瓦赫：《论集体记忆》，毕然、郭金华等译，上海人民出版社，2002。

〔法〕石泰安：《汉藏走廊古部族》，耿昇译，中国藏学出版社，2013。

〔苏联〕斯大林：《马克思主义和民族问题》，《斯大林全集》（第2卷），中共中央马克思恩格斯列宁斯大林著作编译局编译，人民出版社，1954。

〔德〕瓦尔特·本雅明：《无法扼杀的愉悦：文学与美学漫笔》，陈敏译，北京师范大学出版社，2016。

〔意〕维柯：《新科学》，朱光潜译，人民文学出版社，1986。

〔英〕维克多·特纳：《仪式过程：结构与反结构》，黄剑波、柳博赟译，中国人民大学出版社，2006。

〔德〕扬·阿斯曼：《文化记忆：早期高级文化中的文字、回忆和政治身份》，金寿福、黄晓晨译，北京大学出版社，2015。

（三）古籍与地方志

《十三经注疏·周易正义》，中华书局，2009。

《十三经注疏·礼记正义·王制》，中华书局，2009。

《礼记正义》（黄侃经文句读本），上海古籍出版社，1990。

（西汉）司马迁：《史记》，中华书局，1982。

（东汉）班固：《汉书》（卷二十八下），中华书局，1962。

（东汉）许慎：《说文解字》，中华书局，1963。

（东汉）许慎著，（清）段玉裁注《说文解字注》，浙江古籍出版社，1998。

（晋）陈寿：《三国志》，中华书局，1959。

〔晋〕常璩撰，刘琳校注《华阳国志校注·汉中志》，巴蜀书社，1984。

（南朝宋）范晔：《后汉书》（卷八十六），中华书局，1965。

（后晋）刘昫等撰《旧唐书》卷196《吐蕃上》，中华书局，1975。

（唐）房玄龄：《晋书·苻坚载记上》，中华书局，1982。

（唐）李泰等：《括地志辑校》，中华书局，1980。

（唐）李延寿：《北史》，中华书局，1974。

（唐）杜佑：《通典》，中华书局，1988。

（宋）欧阳修，（宋）宋祁：《新唐书》，中华书局，1975。

（元）马端临：《文献通考》卷三三三《四裔考十》。

（清）江景瑞：《文县志》刻本，清康熙四十一年（1702）。

（清）傅恒等编纂《皇清职贡图》，广陵书社，2008。

（清）邓存咏等辑修《龙安府志》（清道光板藏本），内部资料，1996。

（清）吴鹏翱辑《武阶备志》卷二十《蕃夷志》。

陈英：《文县史话》，甘肃文化出版社，2011。

李学勤主编《毛诗正义》卷二十，北京大学出版社，2000。

李祖桓：《仇池国志》，书目文献出版社，1986。

平武县县志编纂委员会：《平武县志》，四川科学技术出版社，1997。

四川省丹巴县志编纂委员会：《丹巴县志》，民族出版社，1996。

文县志编纂委员会：《文县志》，甘肃人民出版社，1997。

（四）期刊论文

〔德〕阿莱达·阿斯曼：《历史与记忆之间的转换》，教佳怡译，《学术交流》2017年第1期。

阿旺措成、王建民：《白马藏区语言调查纪实》，《西南民族学院学报》（语言文字专辑），1988。

昂巴：《铁楼乡白马藏族经济社会现状与旅游经济发展研究——文县藏族乡村经济社会跨越式发展调研》，《西藏大学学报》（社会科学版）2011年第3期。

白文硕：《物尽其用——物的文化建构功能》，《兰州大学学报》（社会科学版）2016年第5期。

班运翔：《白马藏族舞蹈生态探微》，《西北民族研究》2013年第2期。

陈泳超：《民间传说演变的动力学机制——以洪洞县"接姑姑迎娘娘"文化圈内传说为中心》，《文史哲》2010年第2期。

戴庆厦：《中国藏缅语描写语言学的现状及展望》，《民族语文》1989年第4期。

邓亚楠、夏航：《陇南白马藏傩舞面具的设计宗源》，《艺术评论》2014年第3期。

段丽波、闵红云：《白马氐与白马羌辨》，《思想战线》2008年第5期。

〔加〕菲尔兰多·波亚托斯：《文学人类学源起》，徐新建、史芸芸译，《民族文学研究》2015年第1期，第58页。

费孝通：《关于我国民族的识别问题》，《中国社会科学》1980年第1期。

费孝通：《民族社会学调查的尝试》，《中央民族学院学报》1982年第2期。

费孝通：《支持六江流域民族的综合调查》，《民族学报》1982年第2期。

费孝通：《谈深入开展民族调查问题》，《中南民族学院学报》（哲学社会科学版）1982年第3期。

费孝通：《中华民族的多元一体格局》，《北京大学学报》（哲学社会科学版）1989年第4期。

费孝通：《给"藏彝走廊历史文化学术讨论会"的贺信》，《藏学学刊》2005年；石硕主编《藏彝走廊：历史与文化》，四川人民出版社，2005。

费孝通：《关于中国民族基因的研究——＜中国人类基因组＞评审研讨会上的发言》，《开放时代》2005 第 4 期。

格桑卓玛：《白马藏族的面具舞习俗》，《西藏民俗》1998 年第 2 期。

格桑卓玛、杨士宏、班旭东：《白马藏族信仰与神灵体系的田野考察》，《中国藏学》2015 年第 2 期。

郝时远：《对西方学界有关族群释义的辨析》，《广西民族学院学报》（哲学社会科学版）2002 年第 4 期。

何才、牛青：《民族旅游与民族文化的重构——以平武县白马藏族为例》，《商业文化》（学术版）2007 年第 11 期。

何晓兵：《四川白马藏族民歌的描述与解释》（连载），《云南艺术学院学报》1999 年第 3～4 期，2000 年第 1～2 期。

贾安林：《"篝火之舞"与"连袂踏歌"——藏缅语族圈舞文化特征和功能》，《北京舞蹈学院学报》2005 年第 2 期。

焦虎三：《白马服饰图纹的特点与底层结构》，古元章、张金生、邱雷生、毛树林：《首届中国白马人民俗文化研讨会论文集》，甘肃人民出版社，2013。

康·格桑益希：《苯教——藏族传统文化的源头》，《四川大学学报》（哲学社会科学版）2003 年第 5 期。

拉先：《辨析白马藏人的族属及其文化特征》，《中国藏学》2009 年第 2 期。

拉先：《白马藏区神职人员的渊源及现状调查研究》，《中国藏学》2010 年第 4 期。

拉先：《白马藏族"巴"舞研究》，《西藏大学学报》（社会科学版）2019 年第 4 期。

李菲：《遗产名录与族群整合》，《中南民族大学学报》（人文社会科学版）2008 年第 3 期。

李鉴踪：《跳曹盖——一种古老的傩文化形态》，《西藏民族学院学报》（社会科学版）1993 年第 1 期。

李鉴踪：《白马藏人的跳曹盖习俗研究》，《天府新论》1994 年第

2 期。

李林、肖洪根：《民族旅游与族群文化变迁——以四川平武白马藏族为例》，《旅游论坛》2013 年第 4 期。

李绍明：《清〈职贡图〉所见绵阳藏羌习俗考》，《西南民族大学学报》（人文社科版）2005 年第 10 期，袁晓文、李锦主编《藏彝走廊东部边缘族群互动与发展》，民族出版社，2006。

联合国教科文组织：《联合国教科文组织：保护非物质文化遗产伦理原则》，巴莫曲布嫫、张玲译，《民族文学研究》2016 年第 3 期。

连玉銮：《生态旅游的"小众"模式管窥——从王朗等自然保护区的实践谈起》，《四川师范大学学报》（社会科学版）2005 年第 1 期。

连玉銮：《白马社区旅游开发个案研究——兼论自然与文化生态脆弱区的旅游发展》，《旅游学刊》2005 年第 3 期。

刘大先：《叙事作为行动：少数民族文学的文化记忆问题》，《南方文坛》2013 年第 1 期。

刘锡诚：《傩祭与艺术》，此注转引自陈跃红、徐新建、钱荫榆《中国傩文化》，中央编译出版社，2008。

路坦：《"三重证据法"与人类学——读萧兵〈楚辞的文化破译〉》，《中国出版》1994 年第 8 期。

刘震：《何谓"道场"？》，《复旦学报》（社会科学版）2015 年第 6 期。

刘志扬：《居住空间的文化建构：白马藏族房屋变迁的个案分析》，《民族研究》2011 年第 3 期。

刘志扬：《民族旅游的麦当劳化——以白马藏族风情游为例》，《旅游学刊》2012 年第 12 期。

刘宗迪：《尚书·尧典——一篇古老的傩戏"剧本"》，《民族艺术》2000 年第 3 期。

莫超、班旭东：《白马语动词的人称变化》，《民族语文》2014 年第 2 期。

彭兆荣：《人类学仪式理论的知识谱系》，《民俗研究》2003 年第 2 期。

彭兆荣：《面具之"声"——艺术人类学的原理关涉》,《民族艺术》2016 年第 4 期。

彭兆荣：《仪式音乐叙事中的族群历史记忆——广西贺州地区瑶族"还盘王愿"仪式音乐分析》,曹本治编《中国民间仪式音乐研究·华南卷·下》,上海音乐学院出版社,2007。

蒲向明：《论白马藏族神话的主要类型和述说特征——以陇南为中心》,《贵州文史丛刊》2013 年第 3 期。

蒲向明：《族群历史、底层意识与地域叙事——论陇南白马藏族民间故事题材的主要类型》,《河南工业大学学报》（社会科学版）2014 年第 4 期。

蒲向明：《论白马藏族的民间故事——以陇南白马藏族故事为中心》,《井冈山大学学报》（社会科学版）2015 年第 3 期。

〔荷〕齐卡佳：《白马语与藏语方言的示证范畴》,《民族语文》2008 年第 3 期。

祁坤钰、杨士宏：《基于词汇语料的白马藏语语音分析研究》,《西藏大学学报》（社会科学版）2014 年第 3 期。

乔健：《族群关系与文化咨询》,周星、王铭铭：《社会文化人类学讲演集》,天津人民出版社,1997。

任佳易、张兴华等：《从不对称行为特征探讨白马人的族源》,《解剖学杂志》2016 年第 6 期。

〔苏联〕斯大林：《马克思主义和民族问题》,《斯大林全集》第 2 卷,中共中央马克思恩格斯列宁斯大林著作编译局编译。

尚理、周锡银、冉光荣：《论"白马藏人"的族属问题》,四川省民族研究所：《白马人族属问题讨论集》,内部刊印,1980。

石硕：《藏彝走廊：一个独具价值的民族区域——谈费孝通先生提出的"藏彝走廊"概念与区域》,《藏彝走廊历史文化学术讨论会论文集》,2003。

石硕：《藏彝走廊：文明起源与民族源流》,四川人民出版社,2009。

石硕：《关于藏彝走廊的民族与文化格局——试论藏彝走廊的文化

分区》,《西南民族大学学报》（人文社会科学版）2010 年第 12 期。

孙宏开：《历史上的氐族和川甘地区的白马人——白马人族属初探》,《民族研究》1980 年第 3 期。

谭同学：《关于制约当代民族研究的若干重要问题反思——迈向实践社会科学的视野》,《开放时代》2020 第 1 期。

庹修明：《中国西南傩戏论述》,《贵州民族学院学报》（哲学社会科学版）2001 年第 4 期。

〔美〕W. 高斯密：《论人类学诸学科的整体性》，张海洋译，《中央民族大学学报》（哲学社会科学版）2000 年第 6 期。

汪丹：《愉悦、哀思与迷狂：白马藏族歌谣的情感体验》,《学术研究》2011 年第 5 期。

汪晓云：《一字之天地人："傩"的发生学研究》,《民族艺术》2005 年第 1 期。

王家佑：《"白马藏人"族属试探》，四川省民族研究所：《白马人族属问题讨论集》，内部刊印，1980。

王璐：《传统服饰与观念表述——民国时期民族志中的西南少数民族女性表述之考察》,《民族文学研究》2017 年第 2 期。

王明珂：《由族群到民族：中国西南历史经验》,《西南民族大学学报》（人文社会科学版）2007 年第 11 期。

王铭铭：《象征的秩序》,《读书》1998 年第 2 期。

王挺之、李林：《旅游开发对小族群传统文化的影响——对四川平武白马藏族的个案研究》,《西南民族大学学报》（人文社会科学版）2009 年第 5 期。

王万平：《族群认同视阈下的民间信仰研究——以白马藏人祭神仪式为例》,《西北民族研究》2016 年第 1 期。

王万平、王志豪：《白马藏人苯教法师"北布"调查研究》,《宗教学研究》2016 年第 1 期。

王文光、徐媛媛：《中华民族共同体意识形成与发展的历史过程研究论纲》,《思想战线》2018 年第 2 期。

王希恩：《民族认同与民族意识》,《民族研究》1995 年第 6 期。

王希隆、赵雨星：《清代以来甘肃省文县白马藏族服饰演变探讨》，《中南民族大学学报》（人文社会科学版）2011 年第 1 期。

王霄冰：《文字、仪式与文化记忆》，《江西社会科学》2007 年第 2 期。

王艳：《族群认同与文化表述——白马藏人服饰的遗产意义》，《文化遗产研究》（第 5 辑），巴蜀书社，2015。

王艳：《白马藏人的民俗遗产——"池哥昼"仪式的考察分析》，《中外文化与文论》（第 26 辑），四川大学出版社，2015。

王艳：《史诗的田野——白马人〈阿尼·格萨〉田野调查报告》，《兰州大学学报》（社会科学版）2016 年第 5 期。

王艳：《跨族群文化共存——〈格萨尔〉史诗的多民族传播和比较》，《中外文化与文论》（第 35 辑），四川大学出版社，2017。

王艳：《文化记忆与身分认同——白马人族源神话的多元叙事》，《民族文学研究》2019 年第 6 期。

王阳文：《角色象征与身体审美——白马人面具舞蹈"池哥昼"的文化解读》，《北京舞蹈学院学报》2016 年第 6 期。

王越平：《敬神与狂欢——白马藏族三个村落"跳曹盖"仪式的比较研究》，《中南民族大学学报》（人文社会科学版）2008 年第 2 期。

武斌：《传统音乐元素在现代作品中的运用创新——以四川平武白马藏族民歌为例》，《人民音乐》2019 年第 12 期。

萧兵：《"人学"的复归：文学人类学实验报告》，《淮阴师专学报》1997 年第 1 期。

徐新建：《表述问题：文学人类学的起点和核心》，《西南民族大学学报》（人文社会科学版）2011 年第 1 期。

徐新建：《文化即表述》，《社会科学家》2013 年第 2 期。

徐新建：《一己之见：中国文学人类学的四十年和一百年》，《文学人类学研究》（2018 年第一辑），社会科学文献出版社，2018 年。

徐学书：《南坪"白马藏人""十二相"祭祀舞探索——兼论南坪"白马藏人"的族源》，《西藏艺术研究》1988 年第 3 期。

杨冬燕：《（白马）藏族信仰习俗现状调查研究》，《西北民族研究》

2001 年第 3 期。

杨福泉：《多元因素影响下的纳族群称谓与认同》，《民族研究》2013 年第 5 期。

杨鸣键：《"楚些"今踪——谈白马藏族民歌中出现的"些"》，《中央民族学院学报》（哲学社会科学版）1988 年第 6 期。

杨士宏：《"白马"藏族族源辨析》，《西北民族学院学报》（哲学社会科学版）1985 年第 4 期。

杨士宏、杨峰：《白马藏区"阿尼格萨"研究》，《中央民族大学学报》（哲学社会科学版）2017 年第 4 期。

叶舒宪：《第四重证据：比较图像学的视觉说服力——以猫头鹰象征的跨文化解读为例》，《文学评论》2006 年第 5 期。

叶舒宪：《本土文化自觉与"文学""文学史"观反思》，《文学评论》2008 年第 6 期。

叶舒宪：《物的叙事：中华文明探源的四重证据法》，《兰州大学学报》（社会科学版）2010 年第 6 期。

叶舒宪：《论四重证据法的证据间性：以西汉窦氏墓玉组佩神话图像解读为例》，《陕西师范大学学报（哲学社会科学版）》2014 年第 5 期。

叶舒宪：《神话历史与神话图像》，《民族艺术》2017 年第 1 期。

叶舒宪、彭兆荣、徐新建：《"人类学写作"的多重含义——三种"转向"与四个议题》，《重庆文理学院学报》（社会科学版）2011 年第 2 期。

叶舒宪、徐新建：《重述中国：文学人类学的新话语》，《百色学院学报》2017 年第 3 期。

乐黛云：《文学人类学与〈中国文化的人类学破译〉》，《东方丛刊》1999 年第 4 辑。

张济川：《白马话与藏语（上）》，《民族语文》1994 年第 2 期。

张济川：《白马话和藏语（下）》，《民族语文》1994 年第 3 期。

张兴华，宇克莉，郑连斌：《中国 14 个特殊旁系族群的头面部特征比较》，《人类学学报》2019 年第 38 卷。

张兴华、宇克莉、杨亚军、金丹、任佳易、董文静、魏榆、郑连斌：《中国白马人的体质特征研究》，《人类学学报》2017年第36卷。

赵逵夫：《三目神与氐族渊源》，《文史知识》1997年第6期。

赵逵夫：《从〈二郎爷赶山〉的传说说到白马人的来源与其民俗文化的价值》，《西北民族研究》2009年第4期。

赵世瑜：《传说·历史·历史记忆——从20世纪的新史学到后现代史学》，《中国社会科学》2003年第2期。

郑本法：《白马文化的保护、开发和利用》，《甘肃社会科学》2009年第6期。

宗喀·漾正冈布、王万平：《白马藏人古歌"gLu"与斯巴苯教》，《西藏大学学报》（社会科学版）2016年第3期。

（五）学位论文

贯井正：《〈三国志演义〉诸葛亮形象生成史》，博士学位论文，中国社会科学院研究生院，2002。

连玉銮：《现代化进程中白马藏族的社会变迁研究》，硕士学位论文，四川大学，2005。

邱月：《平武白马人"跳曹盖"仪式调查研究》，硕士学位论文，中央民族大学，2010。

王艳：《从生命信仰到文化表述：白马人"池哥昼/跳曹盖"研究》，博士学位论文，四川大学，2018。

曾穷石：《土司制度的世界图式：一项"中间圈"政治过程的历史人类学研究》，博士学位论文，中央民族大学，2009。

张雪娇：《白马人民间文学研究》，博士学位论文，四川大学，2015。

（六）报纸网络文献

莫超：《氐羌来宾：远古走来的白马藏人》，《中国社会科学报》2015年4月15日，A05版。

钱丽花：《"我从哪里来"DNA研究告诉你》，《中国民族报》2013年12月20日，第009版。

叶舒宪：《以物的叙事重建失落的历史世界》，《中国社会科学报》

2014 年 7 月 4 日，第 B01 版。

（七）外文原文文献

Geertz Clifford, *The Interpretation of Cultures*, New York: Basic Books, 1973, pp. 6 – 10.

Hobsbawm Eric & Ranger Terence ed. , *The Invention of Tradition*, Cambridge: Cambridge University Press, 1983.

Jurji Edward Jabra, *The Phenomenology of Religion*, Philadelphia: Westminster Press, 1963, p. 1.

Lattimore Owen, *Inner Asian Frontiers of China*, Oxford University Press, 1989.

McGoven Francis H. , *The Operation and Death of Henry Schliemann*, The Laryngoscope, 1977（1）, pp. 1726 – 1730.

Spectacle（Philadelphia）: Institute for the Study of Human Issues.

Wolf Arthur P. , "Gods, Ghosts, and Ancestors," in Wolf Arthur P. , ed. , *Religion and Ritual in Chinese Society*, p. 175. 转引自覃延佳《仪式传统与地方文化建构》，社会科学文献出版社，2015，第 3 页。

后　记

本书由我在四川大学完成的博士学位论文《从生命信仰到文化表述：白马人"池哥昼/跳曹盖"研究》修改而成。自2008年开始，我在甘肃文县铁楼藏族乡展开了定点、定时、持续的田野调查，随着研究的深入，又在四川平武县白马藏族乡、九寨沟县及松潘县进行多点式的田野调研。这中间承载着我的学术启蒙，对学术的认识、困惑、迷惘与迷思，也牵连着我对自我身份的追问与表述。2015年，我有缘到四川大学师从徐新建教授攻读博士学位，他多年来对西南多民族文学与文化的研究、探索与实践对我产生了深刻的影响。在博士学位论文开题之际，我选择生活在"藏彝走廊"的"白马人"作为研究对象，仿佛是偶然中的必然。俗语说"十年磨一剑"，原本打算以博士学位论文为契机，以"文化持有者的内部眼界"对白马人的神话与仪式进行多层次、多学科、多角度的分析和解读，对文化文本的符号、行为和意义进行深入的探察和阐释，对他们习以为常的日常生活进行"深描"和分析，表述文化的深层意涵。但是，长达两年的论文写作过程中我才意识到，这不是一个终点，而是一个起点。

我对"白马人"的兴趣与生俱来，对自己民族身份的追问一直引导着我的学术旨趣，这是一个从"他者描写"到"自我表述"的身份探寻和文化书写。在这本书中，我以白马人一年一度举行的"池哥昼/跳曹盖"仪式文本为中心，将从前研究者分置于宗教信仰、历史文化、口头传统、民间文学、民俗艺术、文化遗产等多个学科领域的相关文化事象用"仪式"连接起来，置于新兴的交叉学科——文学人类学的框架下进行跨学科研究，并搭建起理论探讨与田野实证互补、共时维度与历时维度并重、定量研究与定性研究结合的立体研究框架。本书的绪论梳理了研究的缘起和国内外研究现状，第一章在历史文献中"做田野"，通过对史料的梳理和现实的印证，结合生物人类学的研究成果，我认为：白马人称谓的多元表述事实上是多民族交融交汇的历史叙事。第二章从书斋走向田野，从地理特征、行政区域、文化空间三个维度界定"白马文化圈"，参与式观察白马人的生产生活，以价值中立的态度，无先入之见地进入当地文化的思维方式、情感表达和行为模式。第三章和第四章在田野中记录、思考，以仪式为"文化文本"，用"深描"的方式记录了"池哥昼/跳曹盖"仪式的准备、过程和结束，并以图像叙事，多层面探寻"写文化"的多元表述。第五章从社会追溯历史，应用"四重证据法"阐释物所蕴含的潜在"叙事"，古今互证，通过文化文本来重构历史。遗憾的是，由于自己知识的局限、视野的狭窄、认知的不完整，深感工作学习繁忙，精力不及昔日，因此缺点必多，还希海内鸿博君子，有以正之。

2018年底，我到中国社会科学院民族文学研究所跟随朝戈金研究员从事博士后研究工作，研究方向和学术兴趣也随之转移。我觉得是时候跟我的"白马情结"暂别了，以便心无旁骛地投入新的研究领域当中。于我个人而言，漫长而艰苦的修改过程仿佛审视以前青涩的自己，心中百感交集。2019年暑假，在完成书稿的第一次修改的时候，我又"返田野"，去看看那些山，那些路，那些人……用脚步再次丈量、体悟我用文字编码的土地。2019年底，惊闻在我论文中多次出现的旭仕修老人逝世，最后一位故事歌手远行了，静静地化成了天空繁星中的一枚。那一刻我深刻地感受到，真实的记录、准确的阐释、完整的表述至关重要！写作是一个修行的过程，注定永远抵达不了彼岸，这个过程中我不断地向自己妥协，不断地和自己和解。囿于个人学养不足，短时间内难以突破自身的局限，将书稿交给编辑的时候，我能坦然地面对和接受不成熟的作品和不可或缺的遗憾，无论如何，或深或浅，这是我曾走过的道路，是我成长的印记。

现在回忆起来，时间仿佛静止了，回忆凝固在初到川大的那个秋天，荷花池边的读书声、银杏树下金黄的落叶、图书馆窗外的玉兰树、小北门屏气收腹穿过的通道、校园里三轮车来回穿梭的铃铛声……我是个经常"失忆"的人，有时候会忘记以前发生的事，但是会铭记生命中每一个瞬间的感动与温暖。特别感谢恩师徐新建教授，他对自己要求严苛，对学生要求也非常严格，除了每周的圆桌课堂以外，学术会议、工作坊、学术讲座、讲读会，甚至是音乐会、戏剧都督促我们参与，他称之为"无处不在的田野"，当然也要写田野报告。我们经常会抱怨徐老师对我们期望太高，"密谋"如何让学术止于课堂，摆脱每天熬夜写作业的窘境，但从未付诸行动。每次徐老师拿出他的新作对我们都是"无形的鞭策"，他严谨的学风和培养学生自创的"徐氏兵法"，让我们羞于自己的惰性和随性。老师三年以来孜孜不倦的教导和鞭策让我受益匪浅，我的每一篇文章都有老师批注的痕迹，我的每一小步进步都凝结着老师的辛劳与耐心。我是个幸运儿，在学习和写作的过程中多次得到学界前辈的鼓励指点、师长的耳提面命、同门的交流砥砺、挚友的资料馈赠，这些不同文字、不同专业的文献资料和研究成果极大地拓展了我的学术视野和惯有的思维模式，为论文的写作增色不少，要感谢的人太多太多，不一一致谢！

最后，我要将此书献给我的家人，感谢我的爱人郝宇先生一直默默地支持我，主动分担家里的家务俗事，以及我的父母和公婆，不辞劳苦地帮我照顾两个女儿，让我在嘈杂的环境中能享一分安宁。更加感谢我的两个可爱的女儿央金和央宗，陪伴我在川大度过了最艰难也是最温暖的时光。妈妈给了你们生命，你们让妈妈变得坚强、坚韧、成熟、勇敢。

感谢遇见的每一个人，我的生命因为与你们相遇而温暖、精彩！

王　艳

2020 年 10 月 30 日于兰州

图书在版编目（CIP）数据

面具之舞：白马人的神话历史与文化表述 / 王艳著
. --北京：社会科学文献出版社，2020.12（2023.2 重印）
ISBN 978 - 7 - 5201 - 7710 - 8

Ⅰ.①面… Ⅱ.①王… Ⅲ.①藏族 - 少数民族风俗习
惯 - 文化人类学 - 研究 - 中国 Ⅳ.①K892.314

中国版本图书馆 CIP 数据核字（2020）第 255755 号

面具之舞
—— 白马人的神话历史与文化表述

著　　者 / 王　艳

出 版 人 / 王利民
责任编辑 / 张倩郢
责任印制 / 王京美

出　　版 / 社会科学文献出版社
　　　　　　地址：北京市北三环中路甲 29 号院华龙大厦　邮编：100029
　　　　　　网址：www. ssap. com. cn
发　　行 / 社会科学文献出版社（010）59367028
印　　装 / 北京虎彩文化传播有限公司

规　　格 / 开　本：787mm × 1092mm　1/16
　　　　　　印　张：15.25　字　数：227 千字
版　　次 / 2020 年 12 月第 1 版　2023 年 2 月第 3 次印刷
书　　号 / ISBN 978 - 7 - 5201 - 7710 - 8
定　　价 / 89.00 元

读者服务电话：4008918866